汽车驾驶技巧与禁忌大全

第2版

吴文琳　主编

机 械 工 业 出 版 社

《汽车驾驶技巧与禁忌大全》是针对汽车驾驶人快速提高汽车驾驶技术，并解决相关问题而编写的。主要内容包括：汽车基本驾驶技巧与禁忌，典型路况和环境的驾驶技巧与禁忌，安全行车、事故的预防与禁忌，意外情况的应急技巧、车辆自救技巧与禁忌，以及节油与节胎的驾驶操作技巧与禁忌。

本书图文并茂，通俗易懂，突出汽车驾驶技术难点和各种误区，内容实用，且具有针对性，是广大新、老汽车驾驶人（包括职业汽车驾驶人）和汽车爱好者丰富汽车驾驶知识的良师，提高汽车驾驶技术的益友。本书也可作为汽车驾驶培训学校的教学参考书。

图书在版编目（CIP）数据

汽车驾驶技巧与禁忌大全/吴文琳主编. —2版. —北京：机械工业出版社，2016.9（2024.1重印）
（车主实用锦囊系列丛书）
ISBN 978-7-111-54690-0

Ⅰ.①汽… Ⅱ.①吴… Ⅲ.①汽车驾驶-基本知识 Ⅳ.①U471.1

中国版本图书馆CIP数据核字（2016）第203091号

机械工业出版社（北京市百万庄大街22号 邮政编码100037）
策划编辑：齐福江 责任编辑：齐福江 母云红
责任校对：王 欣 封面设计：路恩中
责任印制：常天培
固安县铭成印刷有限公司印刷
2024年1月第2版第9次印刷
169mm×239mm · 14.75印张 · 2插页 · 301千字
标准书号：ISBN 978-7-111-54690-0
定价：42.00元

凡购本书，如有缺页、倒页、脱页，由本社发行部调换

电话服务
服务咨询热线：010-88361066
读者购书热线：010-68326294
010-88379203

网络服务
机 工 官 网：www.cmpbook.com
机 工 官 博：weibo.com/cmp1952
金 书 网：www.golden-book.com
教育服务网：www.cmpedu.com

前言

随着社会经济建设的发展和人民生活水平的提高，汽车已进入家庭并逐步普及，这使得驾驶汽车成为人们越来越普及的日常行为。由于汽车是高速运行的交通工具，要熟练掌握汽车安全驾驶技术并非是一件容易的事情。为了满足广大汽车驾驶人的迫切需要，我们编写了这本《汽车驾驶技巧与禁忌大全》。本书第 1 版经过多次重印，深受广大读者欢迎。本次修订增加了一些精美的插图，并补充了新的内容，使本书更具有实用性。

本书是针对汽车驾驶人快速提高驾驶技术，并解决相关问题而编写的。主要内容包括：汽车基本驾驶技巧与禁忌，典型路况和环境的驾驶技巧与禁忌，安全行车、事故的预防与禁忌，意外情况的应急技巧、车辆自救技巧与禁忌，以及节油与节胎的驾驶操作技巧与禁忌。

本书图文并茂，通俗易懂，突出汽车驾驶技术难点和各种误区，内容实用，且具有针对性，是广大新、老汽车驾驶人（包括职业汽车驾驶人）和汽车爱好者丰富驾驶知识的良师和提高汽车驾驶技术的益友。本书也可作为汽车驾驶培训学校的教学参考书。

本书由吴文琳任主编，参加编写的人员还有：林瑞玉、林国洪、林清国、陈玉山、许宜静、刘燕青、吴荔城、邱宗许、傅瑞聪、陈瑞青、黄国良、施先柏、杨向阳、林莆杨和张志远、徐伟。

在本书的编写过程中还得到许多同行的帮助和指导，并参阅了大量的文献资料，谨向同行和相关作者表示衷心的感谢。

感谢全球道路安全合作伙伴中国事务顾问丁保国主任、元贝驾考网站（www. ybjk. com）、腾讯汽车视频张小康、一和一公司创始人姚洪涛、湖南省交警总队秩序支队副支队长梁少雍等专家和媒体对本书编写的大力支持。

由于编者水平有限，书中难免存在错误和不当之处，恳请广大读者批评指正。

编　者

目录

第一章
汽车基本驾驶技巧与禁忌

第一节　一般驾驶技巧与禁忌

一、汽车发动机起动停熄技巧与禁忌

1. 发动机起动技巧

口　诀

起动之前要检查，燃机油水要充足；
起动程序要遵守，起动之后应“热身”；
起动困难应检查，忌起动后即起步。

驾驶人在上车起动发动机之前（汽车在水平路面上），应绕行汽车一周，观察车体周围是否有人或障碍物；检查汽车技术状况以及机油、燃油和冷却液是否足量，尤其要检查机油和冷却液，以免烧毁发动机，如图 1-1 所示。

图 1-1　起动前检查

（1）手动档（MT）汽车发动机的起动（见图 1-2）

1）确认驻车制动器处于有效制动位置；

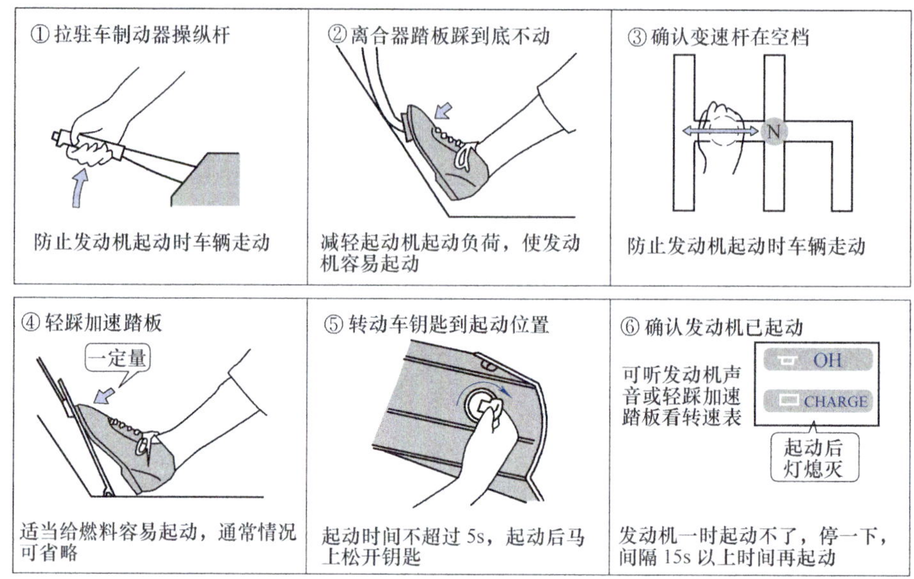

图1-2　手动档汽车发动机起动步骤

检查转向盘是否被锁定，如锁定，应先予以解除。

2）检查变速杆是否在空档位置。

3）左脚将离合器踏板踩到底。

4）将发动机点火开关向右转至“START”（起动）位置，如图1-3所示，听到发动机的起动声音后即可放手。注意：每次起动时间不得超过5s，再次起动应间隔15s。

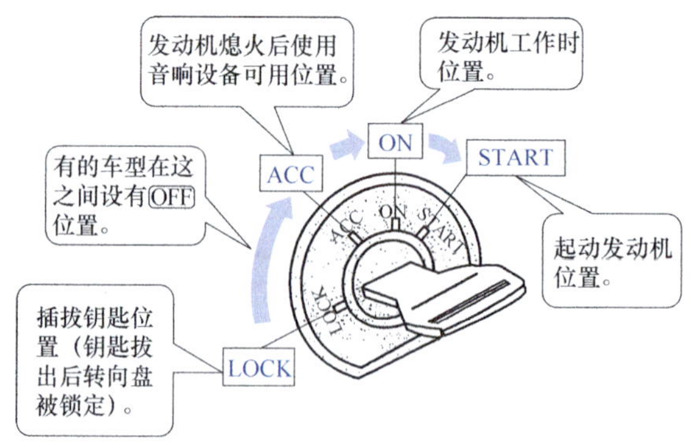

图1-3　发动机点火开关各档位功能

5）刚起动时汽车会自检，仪表盘上各种指示灯会亮起来，过几秒钟会自然熄灭。如有指示灯不灭，说明有对应的故障。

6）发动机稳定在怠速（一般1min左右）即可起步。

发动机起动后，要注意观察各仪表的指示情况，并注意观察发动机有无异常响声和漏水、漏油等现象。

特别提醒

1）有些车辆的转向盘是被点火钥匙锁止的，在起动时可能因为前轮停车位置使转向盘产生扭力，所以插入钥匙时可能打不开。处理方法是：左手左右晃动转向盘，右手向前拧钥匙，两者配合就能打开。

2）一般电喷发动机不需要专门预热，起步后低速行驶一段时间即可。

3）发动机起动后，不能猛踩加速踏板使发动机立即进入高速运转状态，否则会加速发动机的磨损。要在中低速空转一段时间（预热），待发动机温度升高后再开动车辆。

4）发动机起动后要确认油压警告灯、充电警告灯以及故障警告灯是否已经熄灭。若警告灯没有熄灭，则说明发动机异常，要认真检查排除故障后方可起步。

5）若没注意发动机已被起动，而再次起动可能有损起动电动机，这时，可轻踩加速踏板确认发动机是否已起动。

6）慎用推车起动（MT车型）。蓄电池电量不够起动发动机时，尽量寻找施救车或蓄电池采用跨接电缆的办法起动（图1-4）。对于使用气压控制制动的中大型车辆，若没有足够的气压，则禁止使用推车起动。

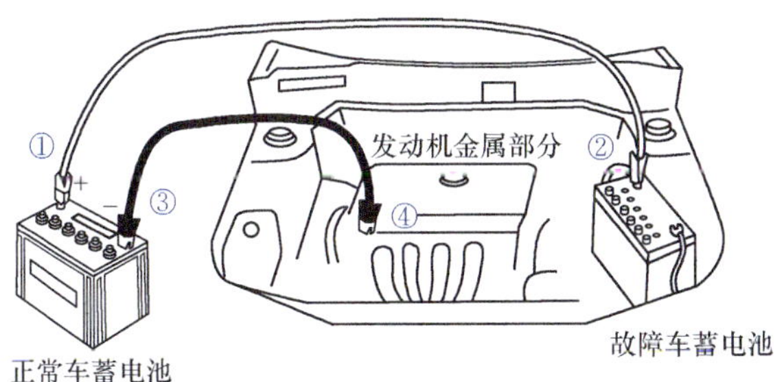

图1-4　跨接电缆起动方法

（图中①~④为电线连接顺序）

1

应急起动方法

- 确保援助汽车的蓄电池电压为12V，且其负极已接地。
- 电线的连接顺序是：①正极连接线一端接故障车无电蓄电池正极（+）；②另一端接助力蓄电池正极（+）；③负极线接助力蓄电池负极（-）；④另一端接故障车发动机缸体上的金属零件上。

（2）自动档（AT）汽车发动机的起动

起动自动档汽车发动机时，应先查看驻车制动器操纵杆是否拉紧，然后踩下制动踏板，将变速杆置于P位或N位，转动点火开关钥匙起动发动机，如图1-5所示。

图1-5　自动档汽车发动机起动步骤

（3）柴油车发动机的起动

起动柴油机时，只要稍微踩下加速踏板，按正常起动发动机的要求起动即可。在低温起动时，应当注意预热过程：插入车钥匙点火转动到“ON”位置，预热指示灯亮。等到指示灯灭后（约3~5s），表示可以起动，再转动到“START”位置起动发动机。若发动机是暖机，则不必预热，直接转动到“START”位置起动发动机。

如果变速杆在行驶档位，如R位、D位、2位、1位等档位，发动机是不能起动的。

有些汽车的点火开关设有防止二次起动功能，即如果第一次起动不成功，需要重新起动时，必须先将点火开关钥匙转回到关闭位置，然后再进行二次起动。

2. 发动机起动六禁忌

1）一忌长时间连续使用起动机。

2）二忌发动机再次起动时间隔时间不足（至少15s）。发动机起动后，应马上松开车钥匙。

3）三忌起动后猛踩加速踏板。发动机起动后猛踩加速踏板不仅增加油耗，而且会因发动机润滑不良而加速机件磨损。

4）四忌起动后立即起步。发动机起动后，注意观察发动机转速稳定至怠速方能起步。

5）五忌汽车突然起步。手动变速器的汽车起步时，离合器踏板和加速踏板要配合好。自动变速器的汽车起步时，加速踏板要缓慢踩下。

6）自动档汽车不宜采用推车或牵引起动的方法，否则易造成自动变速器损坏。

特别提醒

1）发动机起动后应及时松开开关钥匙，否则会造成起动机损伤。

2）发动机温度较低时，应避免立即高速运转。

3）在封闭的场所起动发动机时，应注意排气通风，防止发动机废气使人中毒。

4）轿车上警告灯闪亮时不能继续运行。

① 当点火开关转至“ON（Ⅱ）”（发动机不起动）时所有警告灯亮；当发动机起动、驻车制动松开时，所有警告灯应熄灭。否则，应检查和排除故障后再起动汽车。

② 当轿车运行中警告灯闪亮时，应立即停车检查，待故障排除后再运行，绝不能带故障勉强运行。

3. 发动机熄火

当需要将发动机熄火时，关闭点火开关即可。停熄前不要猛踩加速踏板。发动机温度过高时，应怠速运转1～2min，使发动机均匀降温后再熄火。

停熄方法如下。

1）将钥匙转动到“ACC”位置，此时点火开关关闭，发动机熄火。同时察看发动机转速表指针的摆动情况，以判明电路是否已经切断。

2）关闭钥匙时记住向后旋转至“LOCK”位置。如果方向反了，会出现发动机重复起动，起动器与齿圈会发出刺耳的声音，易造成两部件损伤。

3）当车辆未停稳时，不要挂入P位；否则会造成变速器损坏。

注意：不同车型拔钥匙的方法也不尽相同。

二、汽车起步的技巧与禁忌

1. 手动档汽车起步

口　诀

起步之前要检查，车辆仪表和气压；
货物装载要牢固，发动车辆无异常；
安全确认不可少，起步周围无障碍；
左脚下踩右手挂，转向灯亮鸣喇叭；
挂档抓稳轻推拉，找准位置稳住挂；
左脚快抬听声音，音变车抖稍一停；
起步操作按顺序，此时别忘松手刹；
右脚稳踩加速板，左脚慢抬车前进；
起步不要打方向，观察细致不要抢；
坡道起步油跟上，车辆后溜要预防；
离合加速配合好，起步柔和又平稳；
起步内外均无碍，瞻前顾后平安在；
一踏二挂三拔灯，四看五按六制动；
七快抬停八慢加，九慢抬起十灯掐。

（1）平路起步

汽车起步应做到迅速、平稳、无抖动、不熄火、不前冲、不后坐，最关键的是离合器踏板与加速踏板之间的良好配合。

实用锦囊

油离配合技巧

开始松抬离合器踏板时动作要快（空行程）；当听到发动机声音变低沉、感觉到车身有抖动时，再慢抬离合器踏板（初联动）；待汽车即将移动时，离合器踏板在此位置稍作停顿（半联动），轻轻踩下加速踏板，略加大一些节气门开度；与此同时，放松驻车制动器操纵杆（俗称手刹），再继续缓抬起离合器踏板，渐踩加速踏板，汽车就可平稳起步。当汽车完全获得发动机动力后，应迅速抬起离合器踏板，左脚放在踏板正下方。

手动档汽车平路起步步骤（如图 1-6 所示）：

①踩离合器踏板

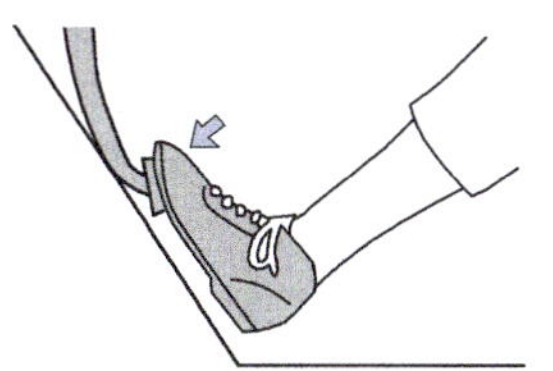

离合器踏板一直踩到底

②变速杆进 1 档

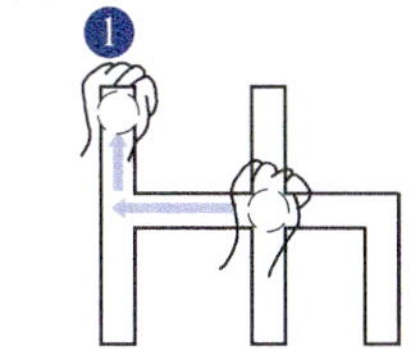

确认档位正确

③开左转向灯发信号

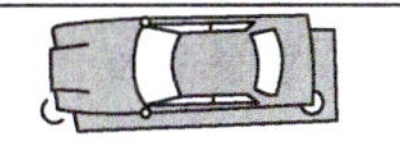

④放下驻车制动器操纵杆

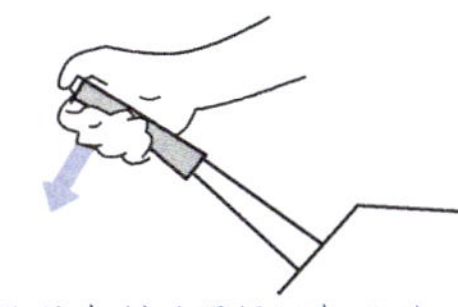

确认驻车制动器操纵杆已放下（制动信号灯熄灭）

⑤踩加速踏板

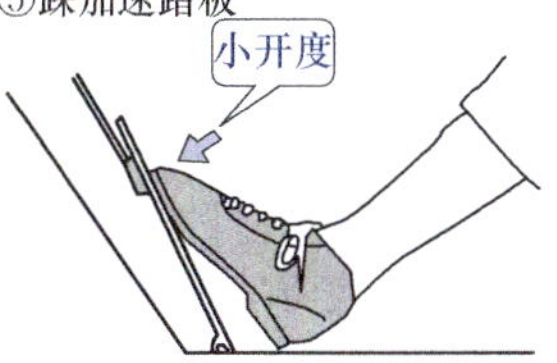

⑥缓抬离合器踏板（半联动）

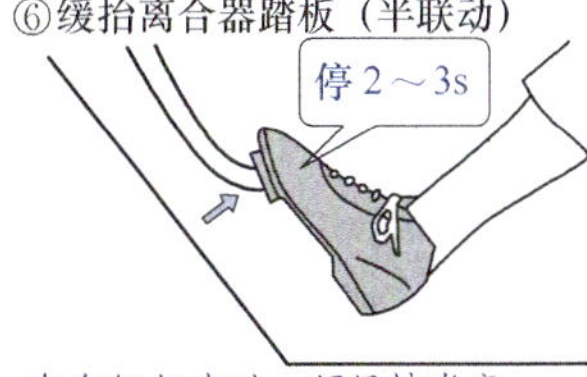

在车辆起步时，须保持半离合器状态 2～3s

⑦松离合器踏板的同时，踩加速踏板

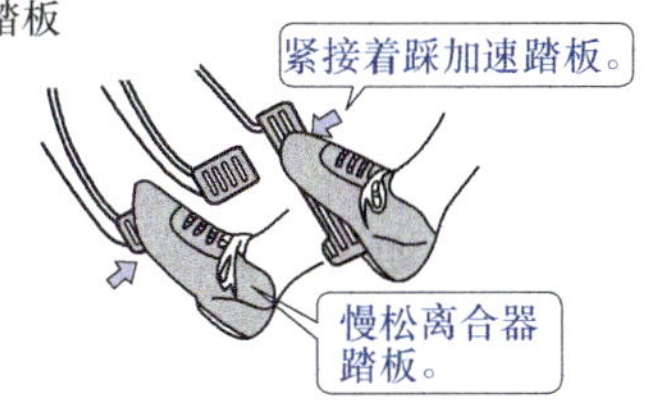

图 1-6　手动档汽车平路起步步骤

1）左脚迅速踩下离合器踏板，右手将变速杆挂入 1 档。

2）观察后视镜，打左转向灯，鸣喇叭（禁鸣区域除外）。

3）右手松开驻车制动器操纵杆。

4）左脚抬离合器踏板至“半联动”（此时车的变化：车身发抖，发动机声音变小、车头微微抬起）位置时停住，同时右脚慢踩加速踏板至 1/3 位置加速。

5）起步后，靠道路右侧行驶一段时间，通过后视镜再次确认无汽车超越时，再逐渐驶入正常行驶道路。

6）进入正常车道后，及时关闭转向灯，回正转向盘，然后再提速加档。

特别提醒

1）起步前，应检查所有车门是否关好，若车门未关好，应提示乘员或自行关好。

2）起步前，通过后视镜对车左、后方进行安全确认尤其重要。

3）开启左转向灯。

4）在道路交通情况复杂有碍起步时，应合理使用喇叭。

5）起步的同时应松开驻车制动器操纵杆。

6）起步时，加速踏板控制要得当，要轻缓踩踏，不要猛踩，以免车辆闯动。

7）起动发动机前，要调整好驾驶座椅、后视镜等；起动发动机后，应检查仪表的指示状况是否正常。

8）起步时应使用低速档。在平坦的硬路面上空车起步时，轿车最好用1档起步。

9）如果在起步过程中感到动力不足，发动机将要熄火，应立即将离合器踏板再踩下，适当踩下加速踏板，重新起步。

（2）上坡起步

口　诀

坡道起步听声音，音变车抖稍一停；
右手迅速松手刹，紧跟加速松制动；
加速大小视坡度，不冲不溜不熄火；
熄火后溜踩制动，车停稳后重起步。

坡道起步除按一般道路起步程序、要领操作外，关键是加速踏板、离合器踏板的配合和放松驻车制动器操纵杆（俗称手刹）的时机，以达到平稳、迅速起步，不后溜。

上坡起步有以下两种操作方法。

方法一：拉紧驻车制动器，左手握稳转向盘，两眼注视前方，踩下离合器踏板，挂入低速档。适当提高发动机转速，左脚松抬（先快后慢）离合器踏板至半联动状态（车身抖动，发动机声音变得沉闷，此时可使发动机转速再提高一些，以克服坡道阻力），放下驻车制动器操纵杆的同时，继续松抬离合器踏板并继续逐渐踏下加速踏板平稳起步。上坡起步操作全过程如图1-7所示。

当放松驻车制动器后，车辆仍不能前进时，应即稍抬离合器踏板的同时，踩下加速踏板，略提高发动机转速，即能平稳起步。

方法二：用行车制动上坡起步操作步骤如图1-8所示。

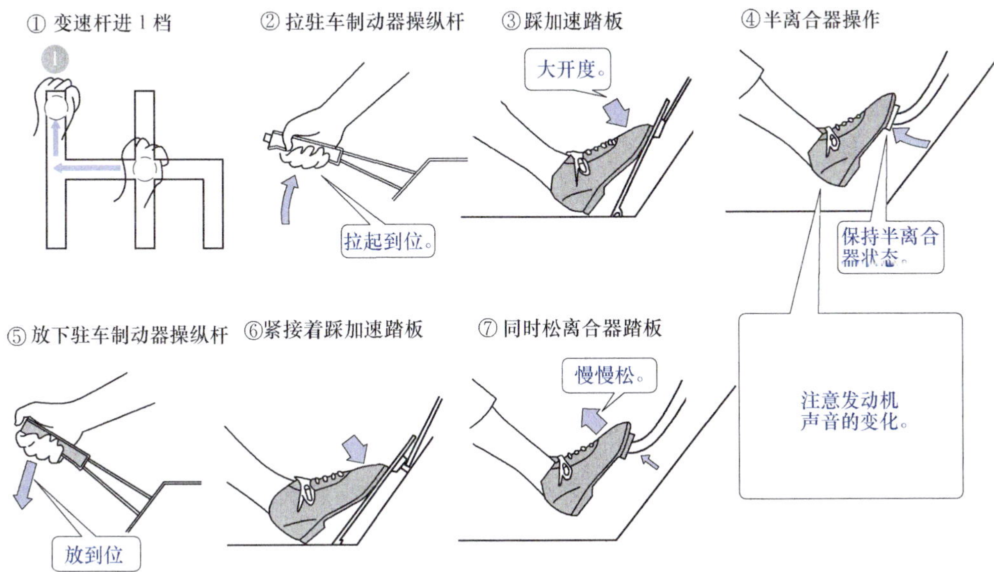

图 1-7　上坡起步操作全过程

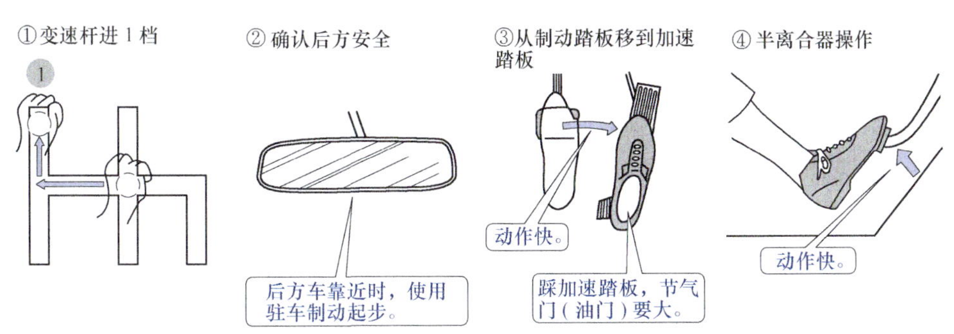

图 1-8　用行车制动上坡起步操作步骤

1）用行车制动上坡起步时，车辆有少量下滑，若下滑会造成危险时，则应使用驻车制动器起步。

2）湿滑泥地及冰雪路面附着力降低，为防止 1 档起步驱动轮打滑，引起危险，应使用 2 档起步。自动档车在 D 位选择“雪地模式”或按“HOLD”开关，均可 2 档起步。

3）汽车起步如配合不好发生后溜时，应立即踩下制动踏板和离合器踏板，同时拉紧驻车制动器操纵杆，待车停稳后重新起步。**切忌在汽车后溜时，猛抬离合器和猛踩加速踏板起步；也不能用驻车制动器来阻止车辆倒溜，以免损坏机件。**

发动机熄火后，行车制动器没有助力作用，要大力踩制动踏板，然后再起动发动机。

4）起步过程中特别注意加速踏板和离合器踏板的配合（俗称油离配合）和放松驻车制动的时机。如过早（或过快）松抬离合器踏板，没能及时提高发动机转速或没能及时放松驻车制动器，都会造成发动机熄火。如过早地踩下加速踏板提高发动机的转速，而没能及时地使离合器平稳接合，将造成发动机空转浪费动力；如果离合器踏板松得过快，而发动机转速较高时，将造成起步时猛然冲出。

当发动机在坡道上熄火需要重新起步时，在驻车制动器失效的情况下可运用行车制动器和加速踏板配合起步。

5）上坡起步时，坡度越大，加速踏板应该踩下越深，以免发动机熄火。

（3）下坡起步

下坡起步可按平路起步要领操作，但加档前的加速踩离合器时间可适当缩短，起步时的档位可根据当时坡度选择。将离合器踏板踩到底，进 1 档或 2 档，松开驻车制动器和行车制动器，当车辆有一定速度后，松离合器踩加速踏板。

用驻车制动器下坡起步方法：

1）下坡起步时，拉紧驻车制动器，左手握稳转向盘，两眼注视前方，踩下离合器踏板，根据道路的坡度情况选择起步档位，坡度较大或较陡时应高于平路起步 1～2 个档位，鸣喇叭。

2）松开驻车制动器操纵杆，在车辆开始溜动时，再缓抬离合器踏板，一经联动可视情况挂入中速档行驶。一般不宜在高速档下坡起步，避免操作不当损坏机件。在解除驻车制动前，先用行车制动器控制汽车，然后放松驻车制动操纵杆。当松抬离合器踏板至半联动位置时，开始平稳、缓慢地松抬制动踏板，适时地控制车速，同时逐渐缓抬离合器踏板，使汽车平稳起步后，解除行车制动，但脚不得离开制动踏板，如图 1-9 所示。

3）起步后，视坡道的需要逐级换至中速档或高速档行驶，换档的速度要比平路迅速，换档的时机要比平路提前。若坡度较大时，可用起步档直接下坡。

4）重车下坡起步时，由于重车下坡的惯性比空载汽车惯性大，起步时可视坡道的长短、坡度的大小及装载情况选择低速档，一般应选择最低档或比空车起步低一级的档位。

5）**下坡起步时，严禁在发动机未起动时用“溜动”的方法起步，以防出**

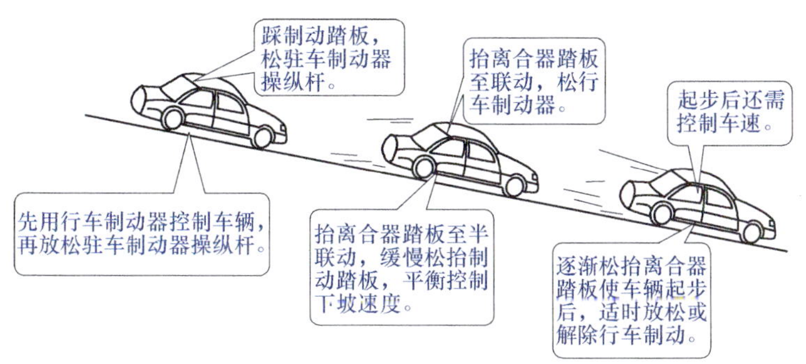

图 1-9　下坡起步方法

现危险。

2. 自动变速器汽车起步

1）右脚踩住制动踏板。

2）前进时将变速杆置 D（驱动）位，后退时置 R（倒车）位。

3）松开驻车制动器操纵杆。

4）慢慢松开制动踏板（车会缓慢蠕动）。

5）右脚移到加速踏板上，轻踩车辆便会起步前行。

自动档汽车起步步骤如图 1-10 所示。

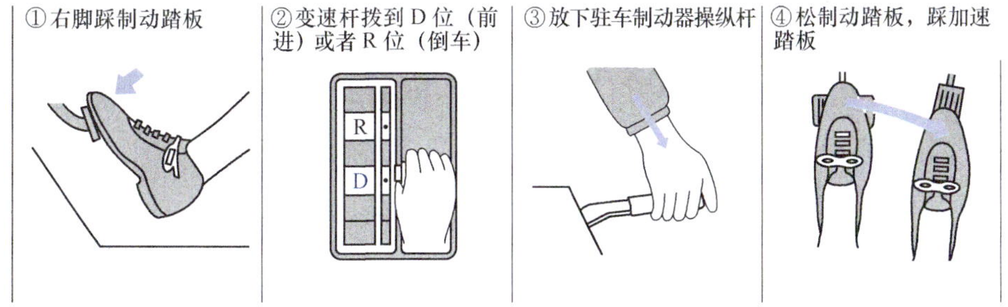

图 1-10　自动档汽车起步步骤

3. 汽车起步六禁忌

（1）一忌起步前不检查，不明周围情况就上车起步

驾驶人上车前要养成绕车一周检查车辆外观及车况的习惯，如仔细检查是否漏水、漏油、漏气，四个轮胎的气压是否正常一致，车灯及外观是否有污损等。确认无影响安全起步的隐患，并由前向后观察交通情况及有无障碍物，确认安全后再打开车门，按规范动作进入驾驶室。在人员较多的地方或在车库、农贸市场、装卸场等地起步时，更要绕车巡视，并认真检查车底，确认无障碍后，方可起步；否则，有可能在起步时就会发生事故。

（2）二忌起步不打转向信号灯，或打转向信号灯时不看后视镜，或不鸣笛

起步前一定要打开左转向信号灯，发出车辆出发信号；通过后视镜看清左后方无超越车时，再向道路中央行驶；鸣笛5s后再起步，以便给周围人员有足够的避让时间。不可鸣笛后立即起步，更不可在鸣笛的同时起步，严禁不鸣笛就起步。

（3）三忌起步时未进行仪表检查

起步前要调整好座椅、头枕、后视镜，检查操纵装置、安全带、仪表等。着车后要等检查仪表一切正常后才能起步。

（4）四忌档位选择不当

起步时，若档位选择过高，易产生抖动、熄火等现象；若档位选择过低，会延长起步后的加速时间。汽车起步应根据汽车所处的道路、交通及环境等具体情况选用合适的档位。

轿车最好用1档起步，踩踏加速踏板的力度适中，把发动机转速维持在2000～3000r/min。对于货车的起步，一般的原则是：载重车起步用1档，空车起步用2档。

（5）五忌起步后迅速变更车道

欲变更车道行驶时，应先通过左、右后视镜观察，在确认汽车后方、侧方和准备变更的车道上没有汽车后，打开左转向信号灯，提示其他汽车注意；发出变更车道的信号后，汽车应继续行驶约3s，再向左轻转转向盘进行变道。不要发出信号就立即变更车道，否则就会使其他驾驶人措手不及，容易引起交通事故；向左转动转向盘逐渐驶入路中（注意观察左侧交通情况）后，关闭左转向信号灯。

（6）六忌起步后就急加速行驶

刚起动车辆上路，如果这时就急加速行驶既伤车，费油，又不安全，同时又使车内乘员感觉不舒服。

特别提醒

1）起步时应松开驻车制动并松到位。

2）未起步时不应原地转动转向盘。原地转动转向盘不仅严重损伤轮胎，而且还会损害助力系统，如漏液、漏气等。

三、汽车直线行驶的技巧与禁忌

1. 汽车直线行驶的技巧

口　诀

目视前方注意两旁，稳控及时修正方向；
左手为主右手为辅，一手拉动一手推送；
跑偏“画龙”不能要，匀速行驶保直线。

（1）行驶方向的注视

要根据行驶车速及时调整行驶前方注视距离，车速升高，注视距离就应延长（表 1-1），以便发现安全视野内的行人和汽车，能立即采取措施。

表 1-1　按车速调整前方注视距离参考表

行驶车速/(km/h)	前方注视距离/m	行驶车速/(km/h)	前方注视距离/m
30	>90	60	>180
40	>120	>70	>280
50	>150		

注视方向与距离和驾驶人坐姿有关，驾驶人应调整自己的坐姿，养成坐姿正确的良好习惯。

行车时，驾驶人要做到目视前方，看远顾近，注意两旁。

（2）转向盘的操纵与控制

汽车直线行驶时，驾驶人双手保持与肩同宽握住转向盘，双手用力不要太大，因为转向盘有 25～50mm 的自由间隙。汽车在道路上行驶时，路面的不平会反映到转向盘上，使转向盘有轻微的摆动，所以双手不要将转向盘握得太死。当路面不平冲击前轮使汽车方向偏斜时，驾驶人要用转向盘及时校正方向，以维持汽车直线行驶。

转动转向盘时，以左手为主，右手为辅，控制好转向盘的自由行驶。行驶在拱形路面的右侧时，自由行程偏向左边；行驶在拱形路面的左侧时，自由行程偏向右边。

转向盘要做到少转少回，预转预回。行车中感觉车辆向左或向右有偏移时，要及时控制转向盘，向右或向左适量修正，防止车辆偏向行驶。当车头向左（右）偏斜时，应向右（左）转动转向盘，当车头行驶到行驶路线时，再逐渐将转向盘回正，两手操纵转向盘要平稳、自然，如图 1-11 所示。

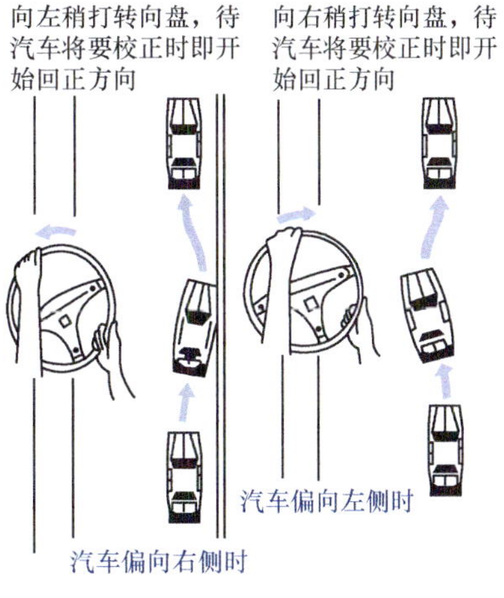

图 1-11　直线行驶的方法

（3）行驶目标的确定

将汽车开到道路右边，驾驶人身体对正转向盘，以自己的目光沿散热器罩中点略左侧处斜视下去（指长头货车），目光所能看到的道路最近点 B，就是右前轮直线行驶的轨迹。将驾驶人的目光移至散热器罩中点略左侧处的道路端点 B，三者连成一线，以此来估计直线行驶时的车辆位置，此法也称为“三点法”，如图 1-12 所示。

由于驾驶人身高的不同，各人的目光所看到的公路最近点 B 也会略有不同，但这对确定目标影响不大，各驾驶人可根据自己目视到的 B 点确定目标。此法简便、可靠、易学，是低速直线行驶确定自身车辆位置的有效方法，特别在会车、停车时，一般驾驶人均采用此种方法来确定会车或停车时的车辆位置。

不过，“三点法”较难确定高速直线行驶的目标。因此，当汽车高速行驶时，驾驶人应将视线放远（一般在 150m 以外），以自己的目光从车头前方斜视下去，所看到的位置大约在道路中心线偏左 50cm 处，如图 1-13 所示。同时应看远顾近，注意两旁。此时汽车基本上就在道路中间行驶。如果发现汽车偏行，就应及时修正，视线放得越远，发现偏差就能越早，修正偏行就越及时。

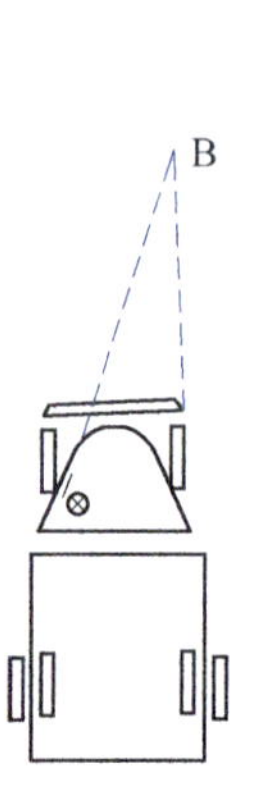

图 1-12　三点目标确定法

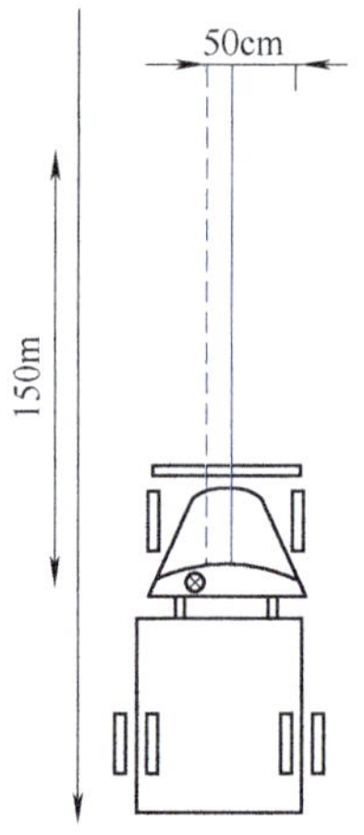

图 1-13　高速行车目标确定法

实用锦囊

车体位置的判断

1）车宽的感觉

① 左侧的感觉，驾驶人中心位置距车左端有 0.5m 左右的距离。

② 右侧的感觉，驾驶人中心位置距车右端有 1.2m 左右的距离。

2）车长的感觉

① 前方的感觉，驾驶人中心位置距车前端有2m左右的距离，距前轮中心位置约1.2m。

② 后方的感觉，驾驶人中心位置距车尾端有2.5m左右的距离，距后轮中心位置约1.3m。

3）车高的感觉

① 上方的感觉，头顶距车顶端有0.15m左右（轿车）的距离。

② 下方距地面有0.5m左右的距离。

4）前左、右轮位置判定方法

- 直线行驶的车辆（轿车），右前轮的中心点距驾驶人中心点的横向距离大约为1m。
- 驾驶人中心位置距左前轮的中心点大约为0.3m，如图1-14所示。

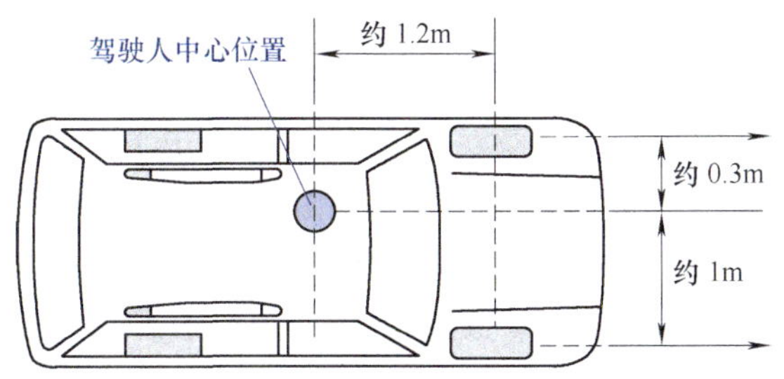

图1-14　前轮位置尺寸图

2. 直线行车四禁忌

（1）一忌直线行驶时“画龙”

保证汽车直线行驶的关键是回正转向盘的时机，过早、过晚都会造成汽车来回蜿蜒前进，俗称“画龙”。

（2）二忌手握转向盘过紧

握转向盘过紧，不仅会加速驾驶疲劳，还会影响对方向的感知。

（3）三忌习惯性左右晃动转向盘

当路面不平冲击前轮汽车方向偏斜时，驾驶人要用转向盘及时校正方向。修正方向时，要早打、少打，有打有回，保持车辆直线行进。如汽车在道路左侧行驶时，为防止车头向右偏转，应将转向盘的游动间隙控制在左侧，以便维持汽车直线行驶。

（4）四忌转动转向盘时用力过猛、过急或猛打、猛回转动转向盘速度要慢，尤其是在高速行驶时，不得用力过猛、过急或猛打、猛回，以防车辆方向失控而发生危险。

四、手动档汽车换档技巧与禁忌

1. 手动档汽车换档技巧

口 诀

低档加到高档位，适当冲车要记住；
一踏摘来二踏挂，三抬加油不要忘；
减档不把“油门”加，看准车速不要慌；
一踏摘来二抬轰，三踏挂档油跟上；
换档时机动力衡，操作同步细无声；
一准二稳三节奏，动作迅速且流畅；
车速档位相匹配，不冲不拖平稳走。

（1）低速档换高速档

汽车起步后，逐渐踩下加速踏板（俗称油门）提速，凭听觉感到发动机进入中速运转时，应换高一级档位。如图 1-15a 所示，加档时，首先放松加速踏板，同时踩下离合器踏板，并随即把变速杆挂入高一级档位，如图 1-15b；最后，如图 1-15c所示，在放松离合器踏板的同时，平稳地踩下加速踩板使汽车继续前进。

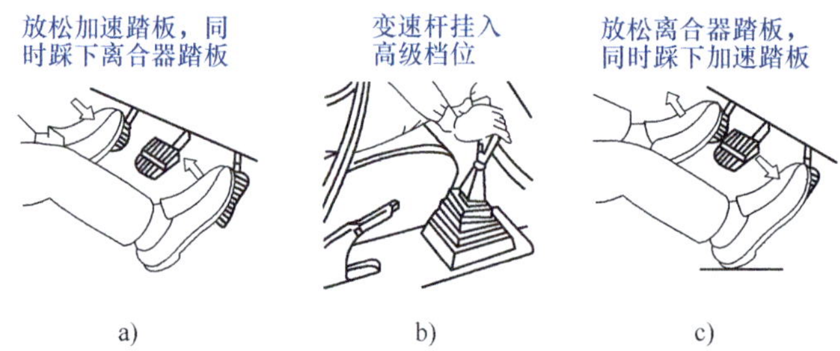

图 1-15　离合器加档法

（2）高速档换低速档

当汽车行驶阻力增大或车速降低，高速档难以提供足够的动力时，需要将高速档换入低速档。减档时，放松加速踏板的同时踩下离合器踏板（图 1-16a），将变速杆挂入低一级档位后（图 1-16b），放松离合器踏板，同时踩下加速踏板，使汽车继续行驶（图 1-16c）。

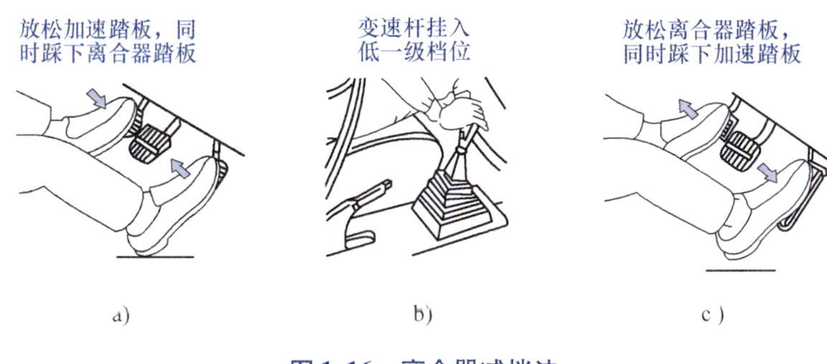

图1-16　离合器减档法

2. 换档经验

（1） 掌握好换档时机

• 换档时机一方面可以根据发动机的声音或动力来确定，另一方面也可以根据各档对应的车速来确定，一般在汽车使用说明书上都列有各档的车速范围，供驾驶人参考。

• 一般来说，高速档比低速档要省油。所以**起步后，应及时升档，不要拖档行驶**。

• 不得在坡路或车速降低时，使用高速档勉强行驶。

• **在汽车行驶中变速时，非特殊情况，不得越级换档**。只能在一些极特殊的情况下，例如冰雪路不宜使用制动器，或者行车中制动器突然失效时，可越级换档（如5档换到3档，4档换到2档等），且必须借助汽车发动机制动使用。

下坡由低速档换入高速档动作要快，空档要一带而过，不可停留。否则，下坡助力的作用会使变速器主、从动齿轮的转速差急剧增大，难以换入档位。

（2） 加速时要控制好加速踏板和离合器踏板

换档时应注意离合器踏板、加速踏板、变速杆三者的配合协调。换档时变速杆必须切实推到位，使齿轮完全啮合，以免损坏齿轮或变速器在汽车行驶中自动脱档。

各档位车速范围如图1-17所示。

3. 手动档汽车换档八禁忌

1） 一忌换档低头看变速杆的档位。特别是在城市道路驾驶或高速行驶时，低头看变速杆的档位容易使方向跑偏，发生事故。

2） 二忌长时间用低速档行驶。汽车起步后，应及时升档，不要拖档行驶。以下3种情况不宜换档：①汽车涉水过河时；②汽车过铁路道口时；③汽车过不长的险要路段时。

3） 三忌换档时离合器踩不到底。由于离合器踩不到底，发动机和变速器第一轴不能彻底脱开，造成换档时发响，容易打坏齿轮。另外，不要在不使用离合器时也将脚放在离合器上，造成分离轴承过度磨损。

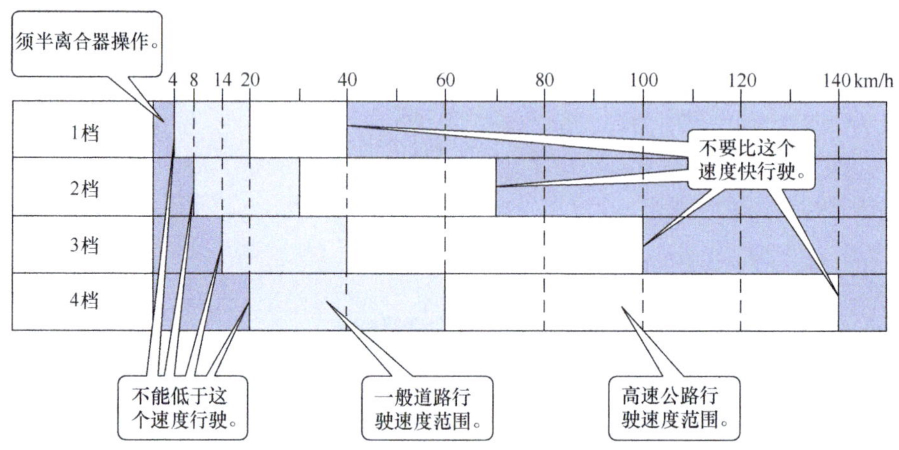

图 1-17　各档位车速范围（以 4 前进档为例）

4）四忌换档时方向跑偏。许多驾驶人在右手换档时，左手用力向下拉转向盘使行进方向朝路中心偏移，这是一个不好的驾驶习惯。

5）五忌一次换不进档位时，生拉硬推，这样容易打坏齿轮。

6）六忌变速杆移至空档后来回晃动，这样会影响换档时机件不必要的磨损。

7）七忌越级加档。一般情况下应逐级加档，防止汽车动力不连续。

8）八忌汽车没有彻底停稳时挂倒档，这样容易打坏齿轮。

五、汽车转弯的技巧与禁忌

1. 汽车转弯的技巧

口　诀

车辆行至转弯处，减速鸣号靠右行；
左转贴近中心线，让出对方行车道；
向右转弯要牢记，保持靠右小转弯；
转弯之前想一想，无车要当有车让；
先降车速再转弯，行驶平稳最安全。

1）汽车接近弯道时，根据弯道缓急，适当降低车速（有限速标志按限定速度行驶，无限速标志要将速度控制在 30km/h 以内），鸣喇叭，并将汽车尽量靠向右侧。在弯道中，双眼注视最前方，汽车离开弯道后，迅速回转转向盘，并进入直线行驶。

2）汽车驶入视线不良的弯道转弯时，必须做到减速、鸣号、靠右行。同时，汽车在转弯时，驾驶人利用汽车行经弯道的机会，扫视后视镜，发现后方有情况应及时处理。转弯过程中，应尽量避免紧急制动及不必要的换档操作。尤其是不要紧急制动，否则将会造成侧滑或意外事故的发生。

3）汽车在平路上遇到视线清晰的左转弯（图1-18）时，转向盘的转动角度应小一些，左转弯时车辆应转大弯通过，注意避免右前轮驶出路外。在视线清晰的路况左转弯，如前方无来车及其他情况时，可适当居中偏左行驶，即小转弯，减小离心力的作用，以提高弯道通行的速度和车辆行驶的稳定性。转弯过程中，应尽量避免紧急制动和不必要的变速换档。

4）汽车右转弯时，要待汽车已驶入弯道后，再将汽车完全驶向右边（图1-19），不宜过早靠右，否则会使右后轮偏出路外而迫使汽车头部驶向路中，影响会车。

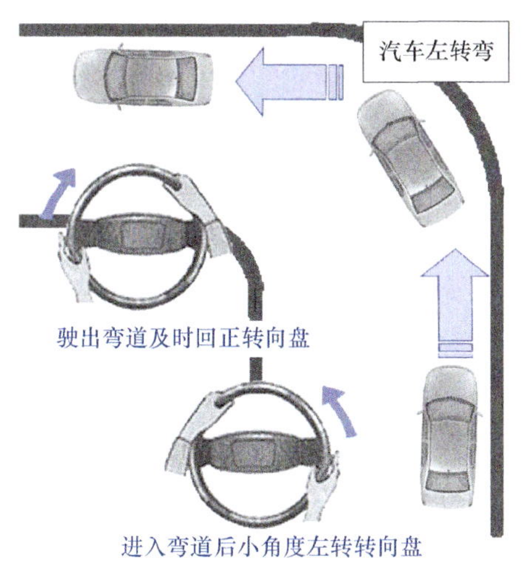

图1-18　汽车左转弯

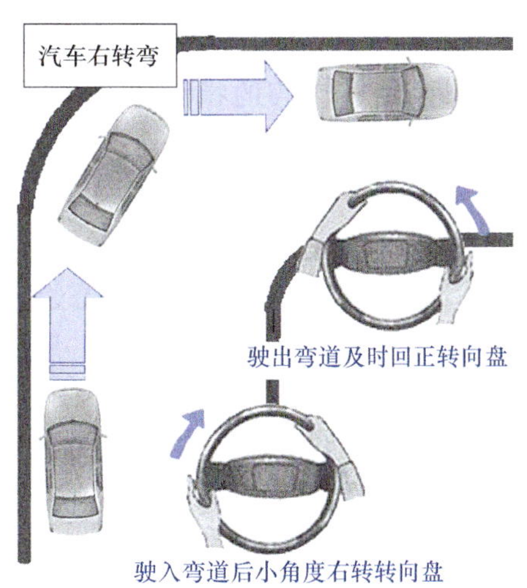

图1-19　汽车右转弯

5）汽车急转弯时，弯道半径小，汽车转弯困难，转弯时必须减速，沿道路外侧缓慢行驶，转向时机应当推迟，以防后轮驶出路外。一般应在车头转过内角点时，再迅速转向。一次转向汽车不能通过时，应延迟转向时间，用倒车的方法变更轮胎方位后再继续行驶。在急弯道上转弯时，可采用大角度转动、双手交替操纵转向盘的方法，如图1-20所示。

6）汽车连续转弯时，应将各个弯道分解为独立的单个弯道，如图1-21所示，依照左、右转弯的操作方法逐个对待。适当鸣喇叭，沿道路的中心线右侧行驶，谨防与来车相撞。

驶入连续弯道时，应保持匀速行驶，根据弯道弯度的情况进行操作，注意在

① 用两手转动转向盘

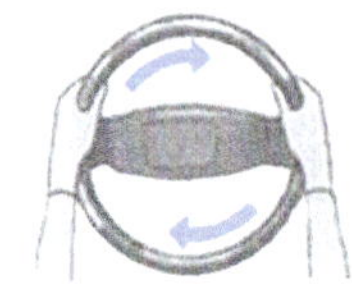

② 右手松开
左手继续转动

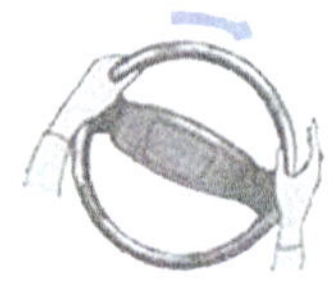

③ 右手重新握住转向盘上部左手继续转动

④ 右手转动
左手迅速松开

⑤ 左手重新握住
右手继续转动

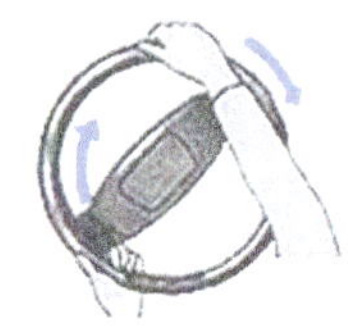

⑥ 重复以上过程

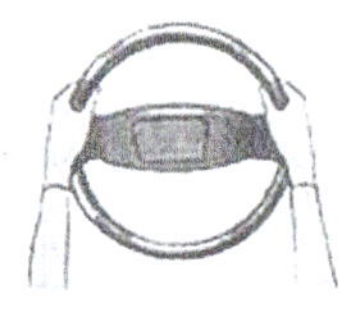

图 1-20　在急弯道上转弯操纵转向盘的方法

通过第一个弯道时，及时观察第二个弯道的情况，按照左右转弯的操作方法通过。转弯时，要控制好车速和转向的配合；正确选择行驶路线，适时鸣喇叭，沿道路中线右侧行驶。

7）汽车通过直角弯时，必须首先判断路面宽度，降低车速，缓慢行驶。通过约 7m 宽路面的直角弯时，如果是向右转向，应骑跨道路中心线行驶，当车头接近内角点约 1m 处时，迅速向右转动转向盘，车头朝向新方向时，回正转向盘，再正直前进；如果是向左转向，应首先靠道路的右侧行驶，待车头接近内角点时开始转向，车头朝向新方向时，逐渐回正转向盘，再正直前进。

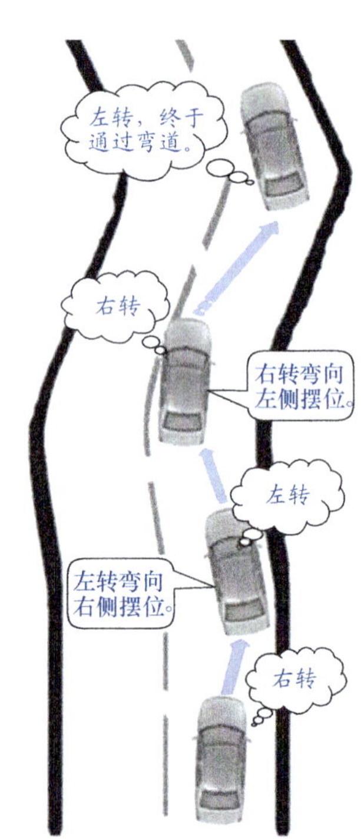

图 1-21　连续转弯的方法

8）在弯道会车，要注意对方车辆尾部的运动规律（尾部是指车辆后轮到车辆末端的距离，此距离随不同车型及装载情况有所差异，距离越大，在转向偏转时，所占的空间也就越大；反之则越小）。当尾部长短一定时，单位时间内转向角度越小，它所占的空间位置也越大，行家称“扫尾”。因此，**行驶中遇到会车及障碍物时，转动转向盘应注意对方车辆的运动空间，防止发生“扫尾”事故。**

弯道上行车要尽量避免超车，在视线不良和交通法规规定禁止超车的弯道严禁超车。

9）后倒转弯的难度大于前行转弯，后倒转弯时，先要观察，鸣喇叭。起步后，将转向盘慢慢地向内转，使车身靠近路边。当后轮中心靠近道路转角点时，立即急速将转向盘向内转动，待车轮转到新方向后应逐渐回正转向盘，照直后退。如判断一次不能通过时，应停车并将转向盘急速回转两三把，将前轮回到准备前进的方向，前进时，等车身已成斜形后，立即将方向回正，再行后退。

汽车转弯时，要做到转向角度适当、转向时机恰当、回转方向及时。严禁双手脱离转向盘，以防方向跑偏而发生危险。单手操作时注意左上臂用力向内夹紧，两大腿向上稍用力，使身体重心下移，以保证单手操作时方向的稳定性。

2. 转弯的五禁忌

1）一忌转向过早或过晚。如果转向过早，后内轮通过就有困难；如果转向过迟，前外轮就会有越出路面或碰撞障碍物的危险。

正确的转向方法

前进时靠外线行驶，当汽车行至前部到了路边选定的界线，迅速向内转动转向盘，待车头基本转到新方向时，立即将方向回正照直行驶。如果判断一次不能通过，当前轮将要到外线时，应立即回转方向，在踩下离合器踏板的同时停车，准备后退。

2）二忌急转弯时车速太高。急转弯处因弯度大，转弯困难，如果车速太高，极容易发生事故。

3）三忌连续转弯道路行驶时顾近不顾远。

4）四忌转弯不提前打开转向灯、减速和鸣喇叭。驾驶人应视道路情况在开始转弯前50~100m处鸣喇叭，减速慢行。在有雾的天气下驾车转弯时，应早打开示宽灯和防雾灯，勤鸣喇叭，以引起行人及其他车辆的注意，缓慢前进，并随时做好制动停车的准备。

5）五忌转弯路口挤占强行。在比较拥挤的交通路段，驾驶人应自觉遵守道路交通法规，不管何时、何地、何情，遇到红灯都按规定停车，耐心等候，不得无视信号灯或警察的指挥，挤占强行。

六、汽车倒车的技巧与禁忌

1. 汽车倒车的技巧

口 诀

向后倒车车要慢，倒车观察方法多；
后窗门窗后视镜，雷达摄像指挥者；
车速方向控制好，防止擦碰和误陷；
左右转弯倒车难，方向使用莫迟缓；
直倒修正量要小，急弯晚修缓弯早；
弯险繁华莫倒车，高速路上也杜绝；
心中没底别勉强，专人指挥保安全。

（1）倒车前的安全确认

汽车倒车时，由于操作习惯、观察视野和作业盲区同车辆前进时有较大变化，操作难度大，在任何时候，倒车前都应该认真地进行安全确认。安全确认方式主要是车体四周情况的观察。如果周围的环境较为复杂，必要时，须下车或开门确认，倒车时最好有人指挥，防止发生意外。

大型客车倒车时要注意其高度、宽度和长度，尤其是双层大客车在低空障碍物较多的地方更要注意高度限制。

（2）倒车观察的方法

在倒车时，应根据自己所驾车的宽度、高度及周围的交通环境、道路和视线条件，选择不同的倒车姿势和采取不同的观察方法。正确的倒车方法主要有三种：一是注视后视镜，二是注视后窗，三是注视侧方倒车。

1）通过后视镜观察。常选右侧后视镜中出现的路沿、树木等参照物为目标，借助后视镜观察判断车尾部或车后轮与所选定参照物之间的距离和转向幅度而进行倒车。如图 1-22 所示，通过左、中、右后视镜看后面及车身两侧情况，进行倒车操作。注视后视镜倒车是间接找目标，因此操作难度大，**一般只是在道路右侧右转弯倒车的时候采用**。倒车时，两手握好转向盘，身体在驾驶室内坐正，两眼通过后视镜注视目标。可依照后视镜中出现的道路边线或障碍物和车身边缘线，车身边缘线与道路边线或障碍物之间保持适当的距离进行倒车。如距离过大，就意味着汽车过于靠近路中。

2）通过后窗观察。左手握转向盘上缘（即时钟 12 点处），上身向右侧转，下体微斜，右手扶住右侧座椅靠背上，头转向后窗，两眼从后窗中部注视后方目标（尽量看比较远的地方）。一般选择车库门或停靠位置的标杆、建筑等作为参照物，

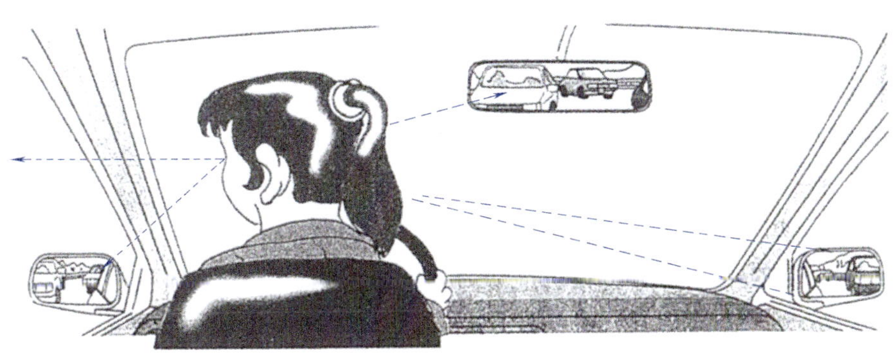

图 1-22　看后视镜倒车

根据车尾中心或车后角与选定目标参照物之间的距离进行倒车，如图 1-23 所示。在室内向右后转头通过后风窗玻璃向后看，这种倒车观察方式，操作轻松，后面的情况看得比较清楚（适用于小型汽车）。

图 1-23　看风窗玻璃倒车

此方法适用于后方视线宽阔、道路较为空闲时的情况。

运用此法时，对于车后面很多看不到的地方，应利用左右后视镜进行辅助观察。

特别提醒

一般只在长距离直线倒车时才采用透过车窗直接观察的方法，其余绝大多数情况都是利用后视镜倒车的。因为一般情况下倒车时最需要注意的是处于车身侧面的低矮的障碍物、地面的凹陷等，这些是从车窗里看不到的。

3）通过左侧车窗观察。右手握住转向盘上缘（即时钟 12 点处），左手摇下左车门玻璃，把左侧窗玻璃降到底，头伸出窗外向后方看。观察时，应该尽量以远处的目标作为参照物。通过后面车体延长线判断，以便确定行驶路线。

此种方法只能看见道路左侧的情况，车右侧情况可以通过内外后视镜观察，如图 1-24 所示。也可打开车门，左手扶在半开的车门窗框上，上体向左微斜伸出车室，转头后视目标。

左侧探头观察方式不适用于大、重型载货车

看侧面倒车

图 1-24　通过左侧车窗观察倒车

把头从左侧车窗探出来看车左侧后面的情况，这种操作方法不适用于驾驶大型载货车的驾驶人群，只适用于小型汽车驾驶操作。

（3）倒车操作方法

1）机动车倒车时，先观察好周围的环境，进行安全确认，并选好倒车时的参照物。

2）鸣喇叭，发出倒车信号。

3）将变速杆挂入倒车档。

4）根据实际情况选择合适的倒车观察方法。

5）倒车时，一般利用离合器“半联动”，控制车速慢慢后倒。

6）如遇需加速或在不平路面倒车时，车速一般不超过 5km/h，不可忽快忽慢，防止车辆熄火或因倒车过猛而发生危险。

7）倒车完成后，如倒车信号未跳转，须回正倒车信号，然后熄灭发动机；如需移出车辆，则按车辆起步顺序重新开始。

（4）倒车操作技巧

1）直线倒车：直线倒车时，转向盘的运用与前进时相同，应使前轮保持正直。

若车尾向左（右）偏斜，应立即向右（左）进行适当的修正。

修正方向时，转向盘要少打少回，回方向的时机要稍提前，以保证车辆直线后倒。

在倒车行驶中要稳住加速踏板，控制车速，不可忽快忽慢，既要防止加油过小而熄火，又要防止因加油过大造成车速过快而发生危险。

2）曲线倒车：曲线倒车前，应先看清车后情况，在具备倒车条件的前提下，方可倒车。

① 倒车时，欲使车尾向左（右）转弯，转向盘也应向左（右）转动。

② 急转弯时，转向盘应转得多且快；弯缓时，转向应少而慢，要做到“慢行驶、快转向”。

③ 倒车转弯时，在照顾全车动向的前提下，要特别注意前外侧车轮及翼子板是否会驶出路外或碰及障碍物。

在倒车过程中，内后轮应尽量靠近桩位或障碍物，以便及时修正方向避让障碍物。

➢ 右转弯倒车。待车身的后部突出部分先行超过路沿边线时，将转向盘向右转动，使车轮沿右侧边沿线弧形移动。当车身将与路边沿线平行时，开始回正方向，保持车身与路边沿线平行再继续后倒。

➢ 左转弯倒车。待车身后部突出部分接近路边线时，开始向左转动方向，使车轮沿弧形轨迹切近路边线。当车身将与路边沿线平行时，开始回正方向，保持车身与路边沿线平行再继续后倒。

特别提醒

在道路右侧右转弯倒车时，应选用右侧后视镜中出现的路沿、树林等的影像为目标，根据车身的边缘或右后轮的影像与所选目标影像之间的空隙进行倒车。

在道路左侧左转弯倒车时，应左手握住转向盘，从驾驶室向左转头，两眼向后注视左后轮后退路线倒车。

3）坡道倒车：坡道倒车有向上坡方向倒车和向下坡方向倒车等。

➢ 向上坡方向倒车，起步可按上坡起步操作要领进行，起步后应控制好加速踏板，保持均匀速度平稳后倒；注意从后视窗或后视镜观察车后情况，保证后倒安全；停车时，踩踏离合器踏板与制动踏板要同时进行，但踏离合器踏板的速度应略快，以免发动机熄火。

➢ 向下坡方向倒车，起步时，右脚应踏在行车制动器踏板上，松开驻车制动器操纵杆应与松抬离合器踏板同时进行；车辆后倒时，首先利用发动机的怠速牵制车辆后倒的速度，并视情况轻踩制动器踏板配合倒车；停车时，踩下离合器踏板的同时踩下行车制动器踏板，以防车辆后溜。

在下坡路段倒车时，有的人使用空档倒车，这样做速度不容易控制，特别是在滑溜的坡路上，踩制动踏板或离合器踏板时都会造成车体的侧滑或失控。

4）指挥倒车：汽车在复杂地形、危险地段掉头和倒车时最好有人指挥，以便安全地将车倒进预定位置。

指挥倒车时，要注意以下几个方面。

特别提醒

① 指挥位置。指挥者指挥汽车后倒时，应面对车辆，一般位于汽车左前方5～6m处，以便于兼顾前后，保证倒车安全。指挥者不宜在车的后方倒退行走，否则易发生意外。

② 指挥手势。倒车前，指挥者要与驾驶人统一指挥手势。

③ 注意事项。指挥者与驾驶人要密切配合，指挥要果断，切勿搞错。驾驶人精力要集中，看清指挥手势，转动转向盘要及时，以确保安全。

在夜间或是视线不良的环境下指挥倒车时，要用口令指挥，口齿要清楚，声音要洪亮。

无论采取哪种方法倒车，在倒车前必须了解车后情况，确知倒车的稳妥范围，方可进行倒车。

5）危险地点的倒车技巧：如果必须在危险的地点倒车时，驾驶人必须勘察倒车地点的地形，认真研究好倒车时的进退路线和可能发生的各种险情及防范措施。

① 有条件时，应修整倒车地点的地形，尽可能消除各种隐患，如在危险地段边缘放置大块的砖石或木头等，以防制动不及时时，车轮能被这些东西阻挡而停止。

② 倒车时，应将车头对着危险地段，车尾对着安全地段，以便于观察。

③ 倒车和前行都要留有余地，应在车轮离危险界线1m处停车。

④ 倒车时，应准备随时停车，车一旦停不住，应立即运用驻车制动。

⑤ 在有危险的地点进行转向倒车时，应掌握“慢行车、快转向”的操作方法。

（5）倒车的速度调整

倒车应该保持比较低的速度，一般车速应控制在5km/h以内。倒车时，几乎不踩加速踏板，利用离合器“半联动”控制车速缓慢后倒。

遇到坡路或不平的路面需加速时，一定要轻踩加速踏板，速度应保持在随时能控制停车的程度。速度较低时，可踩下离合器踏板来进行控制，避免发动机熄火。如有必要，可适量轻踩制动踏板，进行速度的微量调整。

（6）倒车的注意事项

1）倒车时，必须了解车和道路的情况，在确保安全的情况下倒车。一定要选定参照物，以此控制转向盘的转动幅度，保证倒车时的准确性。选择参照物时，应选择那些较明显、易观察，并且有对比角度的目标作为倒车的参照物。

2）倒车时应选择道路宽阔、视线良好、交通情况不太复杂的路段倒车，尽量避免在道路环境较差、视线不良、人员较多、交通情况复杂的路段倒车。

禁止在铁路道口、急弯路、单行道、陡坡、窄路、桥梁、坡路、隧道和交通繁华路段倒车，如图 1-25 所示。

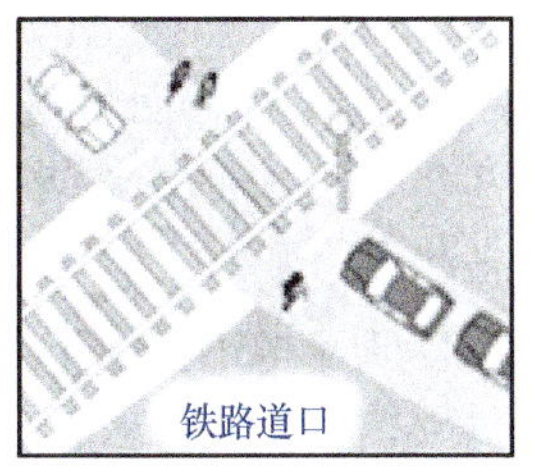

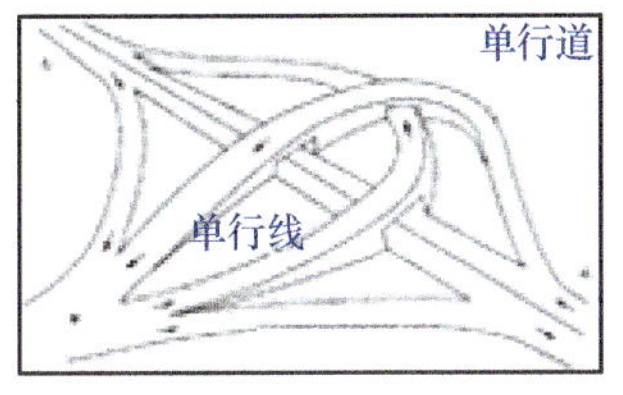

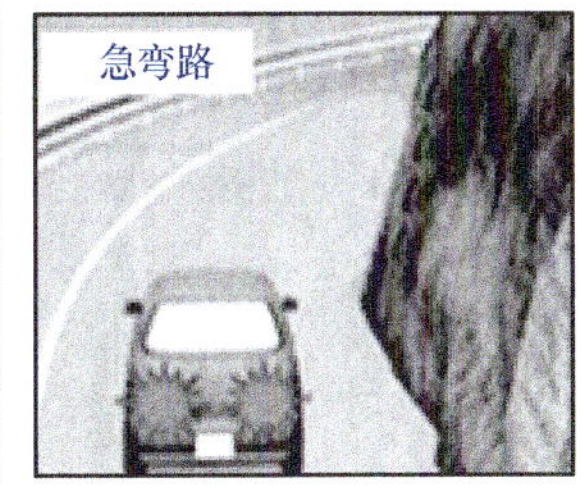

图 1-25　禁止倒车的路段

3）倒车时应尽量不影响其他车辆通行。如遇来车，应主动停让。附近有人或其他障碍时要小心，尤其对儿童更应提高警惕，提前鸣喇叭，以防造成伤人事故。

4）倒车时，若有人指挥（必须是内行），必须与指挥人员密切配合。驾驶人不但要倾听指挥人员发出的口令信号，而且自己应根据具体情况掌握好方向，采取正确的措施。另外，指挥者不应站在车后倒退行走，而应站在车辆侧面，兼顾前后，以确保安全。

5）在倒车中，因地形或车辆转向角所限，须反复前进。后倒时，应在每次后倒或前进接近停车前的一瞬间，迅速利用车辆的移动回转转向盘，为再次前进或后倒做好转向准备，但不允许在车辆停住后强力转动转向盘，以免损坏转向机构。

2. 倒车七禁忌

1）一忌在对车后道路不明确的情况下盲目倒车。

2）二忌倒车时车速过快且不均匀。

3）三忌在危险路面实施倒车。

4）四忌在法律规定不准倒车的地段倒车。

5）五忌倒车前未鸣喇叭。

6）六忌倒车过程中未留余地。

① 后倒时对车后距离把握不准，倒车过于靠后，没有留有余地，因估计不足而出现碰碎尾灯、后轮掉沟或刚碰障碍物等事故。

② 后视镜一般都将后面的景物缩小了，主要是让驾驶人在判断后面情况时能留有余地，倒车时要掌握这一点。在危险地段倒车时，更要留有余地。如果没有把握，最好装上先进的倒车雷达。

③ 大型客车倒车时要注意车辆高度、宽度和长度；双层大客车倒车时，尤其应注意车身高度，特别是在低空障碍物较多的地方倒车更要注意高度限制。

④ 当一次后倒难以达到目的时，不要勉强，应再次向前，重新调整汽车位置，以减小倒车的难度。倒车时一旦感到碰撞到异物或车辆受阻时，要及时停车，下车看清楚情况后再决定是否继续后倒。

7）七忌加速倒车显车技。有的驾驶人自认为驾驶技术高超，在倒车时把发动机轰得嗡嗡直响，像在玩杂技。殊不知这是很危险的！

七、汽车掉头的技巧与禁忌

1. 汽车掉头的技巧

口　诀

掉头地点宽平静，坡道狭窄路难行；
掉头地形很重要，因地制宜少进倒。
窄路掉头多进倒，停车回轮效率高；
紧贴右侧慢前进，方向急转过中心。
距线一米回方向，切记车轮莫过线；
停车需要拉制动，起步莫忘把它松。
倒车继续回方向，千万记住向后望；
起步注意打方向，猛打硬拽太荒唐。
距线一米及时回，右前胎面莫突围；
半联死轮都不要，不要熄火操作好。

(1) 掉头地点的选择

1) 汽车掉头时，必须遵守交通规则，在确保安全的前提下，尽量选择没有禁止掉头或者没有禁止左转弯标志、标线，便于掉头的地点掉头，但不得妨碍正常行驶的其他车辆和行人的通行。

2) 机动车在有禁止掉头或者禁止左转弯标志、标线的地点以及在车流量较大的路段、繁华街道、存在盲区的路段、铁路道口、人行横道、桥梁、急弯、陡坡、隧道或者容易发生危险的路段，不得掉头，如图 1-26 所示。

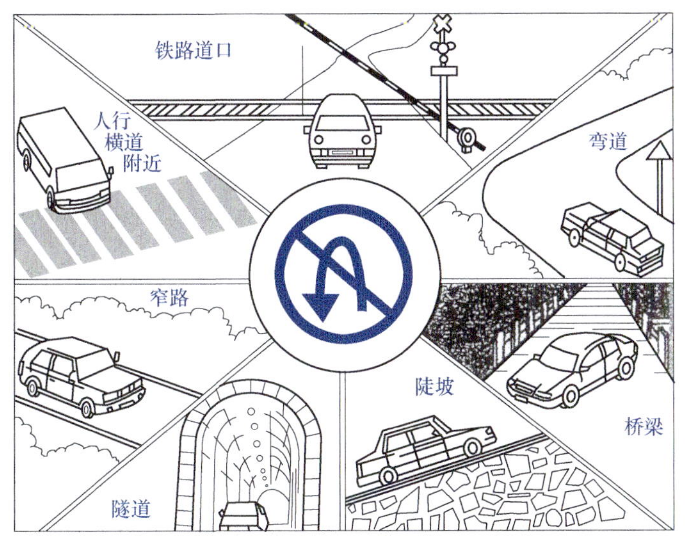

图 1-26　禁止掉头的路段和地点

3) 掉头地点应尽量选择交通流量小、道路较宽、能一次完成掉头的地段或路口进行。

① 选择宽敞的广场或设有掉头标志的地点。

② 选择车流量较少的交叉路口。

③ 选择右侧有支线的路口掉头。

④ 选择左侧有支线的路口掉头。

⑤ 选择有平面或立体环岛处掉头。

⑥ 在同向多车道行驶时，应根据交通标志或地面标线，在虚线车道线区域选择好允许掉头的车道，如图 1-27 所示。

⑦ 在有车道线的区域掉头，一定要在车道线虚线区域内完成掉头操作，不得在实线区域掉头，如图 1-28 所示。

(2) 掉头的操作技巧

掉头的技巧有以下四种：

1) 一次性顺车掉头。适用于大交叉路口、道路宽阔的路段和公路立交桥（互

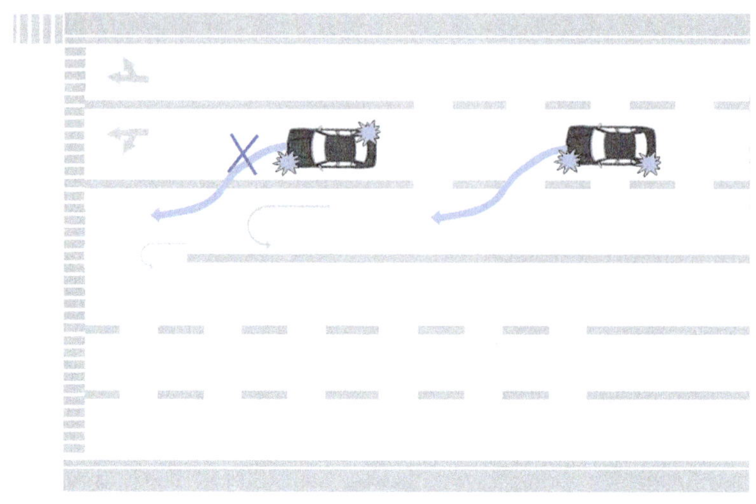

图 1-27　掉头车道选择

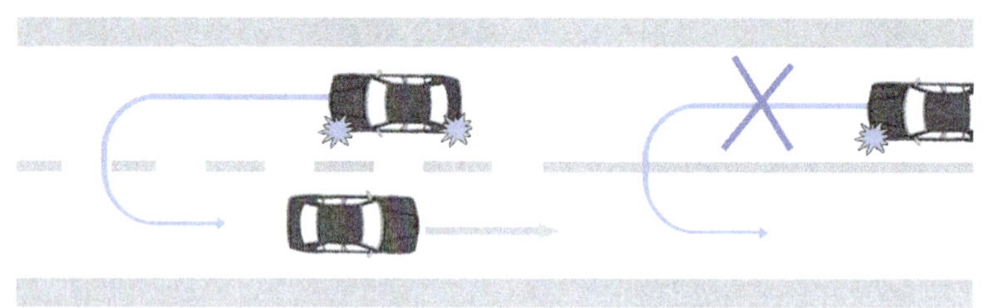

图 1-28　掉头区域选择

通式)，可以一次顺车掉头。

在较宽阔的道路上，应尽量地应用大迂回一次顺车掉头，此法迅速、方便、经济、安全。如在有交通指挥人员的地方掉头，应事先发出掉头信号，得到指挥人员的许可并示意后，降低车速用低速档，鸣笛慢车行驶掉头。

① 道路上一次顺车掉头（图 1-29）。在道路上进行一次顺车掉头时，首先降低车速开右转向灯，使汽车驶向道路右侧（尽量靠近路边），挂入低速档，打开左转向灯，观察后视镜及附近交通情况，确认安全后，迅速向左转动转向盘。当车头行驶方向与原行驶方向相反时，逐渐踏下加速踏板，在加速的同时回正转向盘，关闭转向灯。

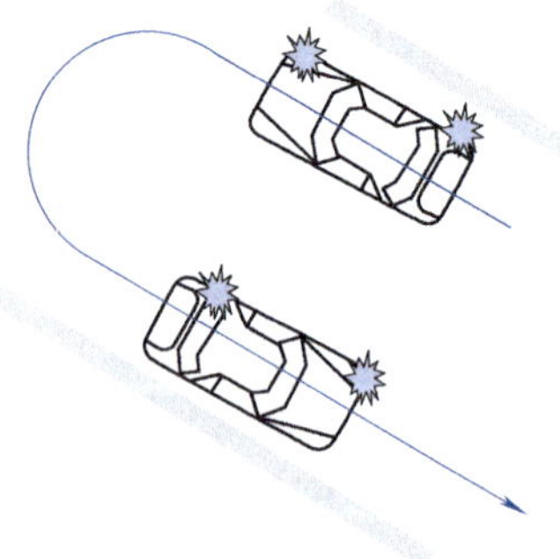

图 1-29　较宽路面一次顺车掉头

② 路口一次顺车掉头（图 1-30）。在路口进行一次顺车掉头时，汽车进入路口

前，首先降低车速，开左转向灯，待车头接近路口时，换入低速档，然后向右转动转向盘，紧靠右便道角向右方深入。车头接近右方路口中心时，向左转动转向盘，使车驶向第二个便道角，使前（右）车轮紧靠右角驶过，然后将转向盘向左转够。在不动转向盘的情况下，以平稳的低速驶过第三便道角。与此同时，要观察后视镜和周围有无来车，确认安全后，应逐渐踩加速踏板加速的同时，迅速向右回转转向盘，至第四个便道角加速驶离路口，关闭转向灯。

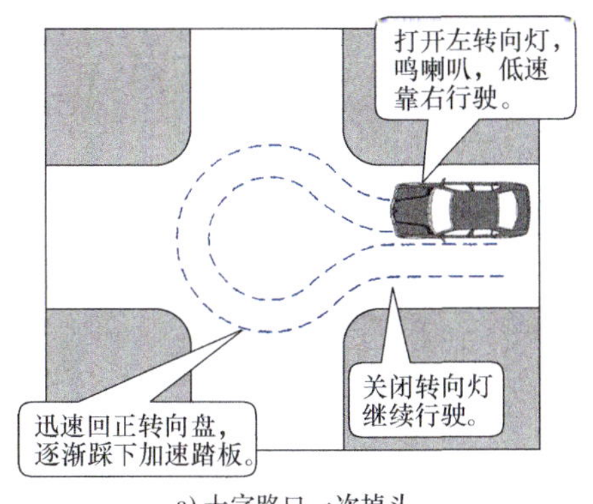

a) 十字路口一次掉头

b) 利用右侧岔路口掉头

图 1-30　路口一次顺车掉头

在宽阔的路口掉头时，行驶路线上可不必过多地靠近便道角，但轨迹必须圆滑。在进入交叉路口前可不必换入低速档。可低速完成向右深入，向左转够转向盘后，及时减档，然后加速回正转向盘迅速驶离路口。

2）利用 T 形岔路口掉头。如果遇到有适合于掉头使用的路口或路旁空地，应尽可能地充分利用，因为这对实现迅速掉头非常有利，如图 1-31 所示。

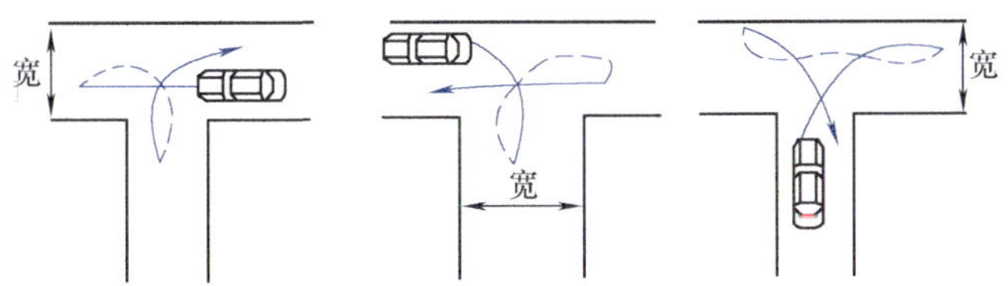

图 1-31　T 形岔路口掉头

① 在路口（或空地）前 1m 处停车，确认后方、内角的安全状况。

② 倒入路口。

③ 注意左右交通状况，起步左转向进入行车道。

在狭窄的 T 形岔路口掉头时，要将车头朝向较宽的路面，车尾朝向较窄的路面。由于倒车转弯时车尾的横扫宽度较大，将车头朝向较宽的路面转弯倒车，可以防止倒车时车头越出路边或撞击路边障碍物。

经过一次前进、后倒不能达到掉头目的时，可按上述方法反复多次。

掉头时，应尽量多前进少后倒。**如果在较危险的地段掉头，则车尾应朝向较安全的一边，车头则朝向较危险的一边，**这样既便于观察，又能保证安全。必要时使用驻车制动配合起步、停车，以防轿车前后溜动。

3）顺车与倒车相结合的掉头方法，如图 1-32 所示。

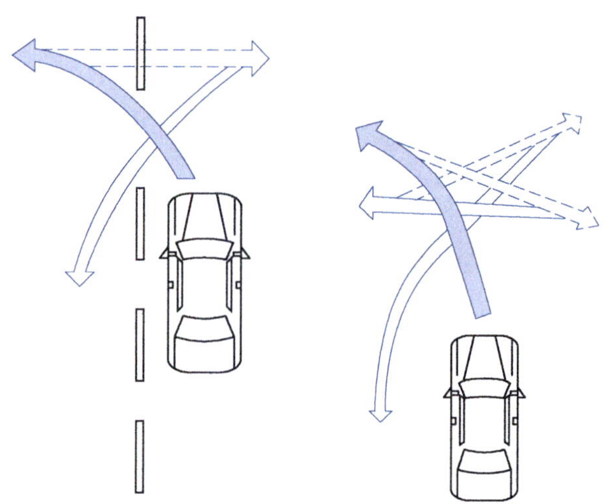

图 1-32　顺车与倒车相结合的掉头法

实用锦囊

先降低车速，靠道路右侧缓行或停车；打开左转向灯，观察前后方道路（通过后视镜或后风窗），注意有无影响掉头的情况；确认安全后，迅速将转向盘向左转至极限位置；待前轮驶近左侧路边（路肩）或车前端接近障碍物时，踩下离合器踏板，轻踩制动踏板；同时在车辆尚未停稳之前，迅速向右回转转向盘，随即停车，准备后倒；挂倒档起步后，迅速向右将转向盘转至极限位置，待后轮接近路右侧边缘时，迅速向左回转转向盘，随即停车；挂前进档起步，向左转动转向盘，使车辆沿与原来相反方向驶出，逐渐驶入正常路线，并关闭转向灯。

4）利用立体交叉桥、环形岛路口掉头。利用互通式立体交叉桥掉头能避免与其他车辆及行人的交会和冲突，是最安全的掉头方法。通过立体交叉桥掉头时，应适当降低车速，注意观察道路交通标志及道路情况，选择正确的出口。

① 利用苜蓿叶形立体交叉桥。两次左转弯行驶即完成掉头。

② 利用环形立交桥掉头。按交通指示标志，可直接绕环道一周再折返原路完成掉头。

③ 利用环形岛路口掉头。驶入环形岛路口前，应减速慢行，注意避让已在路

口内行驶的车辆，根据情况合理切入；沿环岛内侧，按逆时针方向绕行一周；当行至驶入路口前，开右转向信号灯，右转弯驶出，完成掉头。

掉头的注意事项如下：

1）掉头时应严格遵守交通法规的有关规定，起步、前进、后倒、停车等都应按照操作规程进行。不能掉头时要停车等待，不可强行掉头。

2）掉头过程中，每一次进退应低速行驶。各车轮接近路的距离不等，估计车位时，应以先接近路边的车轮为准。路旁如有障碍物限制，前进时，应以保险杠为准；后退时，可以后车厢或后保险杠为准，切勿与障碍物触碰刮蹭。

3）横过道路时，要认真观察道路上有无来车、行人及其他影响掉头的情况。在有行道树的道路上掉头，必须注意不使车辆碰到树干。

4）选择倒车目标时，一般从后视镜看路沿的行道树或其他目标，也可以从车门窗看道路中心作为判断依据。前进应尽量到边，后倒则应留有余地。

5）前进、后倒将停车时，都要迅速回转转向盘，为后倒与前进创造转向条件；同时应注意不宜过早踩下离合器踏板，防止路面的边沿较低时，车速突然变快，造成操作上的难度。

6）应尽量避免在坡道、狭窄路或交通复杂的地方掉头。

7）严禁在人行横道线、铁路道口、窄路、弯道、陡坡、窄桥、桥梁、隧洞、涵洞、铁路与道路交叉路口等处掉头。

8）在设有隔离设施、允许掉头的路段或路口掉头时，应提前打开左转向灯，在不影响其他车辆正常行驶的情况下，向左侧变更车道，按交通标志的指向完成掉头。掉头时，应严格控制车速，认真观察道路上的交通动态，确保安全通行。

9）在无隔离设施的路段掉头，应仔细观察道路上的交通情况，必要时应停车进行观察，确认车辆前后无车辆或无行人通过后，方可打开转向灯进行掉头。掉头时，不得妨碍正常行驶的其他车辆或行人通行。

10）掉头的每一次前进或后倒，都应认真观察车辆后侧道路的交通情况并确认安全，充分考虑车辆的前端及路边障碍物的距离，以防发生意外。

11）禁止左转的路口同时禁止掉头。左转和掉头是十分近似的，都要占据对面车道。因此除非路口有特殊说明，一个路口只要禁止左转，同时也意味着禁止掉头。

12）中心线为实线时禁止掉头。

2. 掉头四禁忌

1）一忌目无交通法规，强行掉头。

2）二忌在危险地段盲目掉头。尽量避免在危险地段掉头。若实在需要在危险地段掉头，后倒或前行时，随时准备停车；如果车辆一旦停不住，应立即使用驻车制动器使车停住，防止车轮掉下路面或翻车，如图 1-33 所示。

图 1-33　危险地段盲目掉头

不要在坡路上掉头，如别无选择，确实需要掉头时，要协调使用制动踏板和驻车制动器操纵杆，以防溜车，发生危险。后倒或前行时，随时准备停车，一旦车子停不了，应立即运用驻车制动器操纵杆将车停住。

在特殊情况（路面倾斜或狭窄）掉头时，没有安排人员指挥，或有指挥人员，但没有听从指挥，或盲目快速掉头的行为都会造成掉头事故。

3）三忌未细致分析行车路线就掉头。在掉头的过程中，没有测定准确目标，也没有把握准确前进、后退的距离，致使车辆碰撞障碍物。

4）四忌在未开转向信号灯、未鸣笛示意的情况下掉头。

八、汽车制动技巧

口　诀

制动操控须注意，车速路况和顺序；
转弯制动要小心，防止增大离心力；
弯道要想保安全，使用制动要谨慎；
车辆超载车速快，制动效能会降低；
路滑制动要当心，预防侧滑路中心；
制动使用时间长，轮毂发热刹不灵；
多用预见牵阻好，不得已才急制动。

1. 制动的类型及应用场合

汽车制动时要根据情况采用不同的制动方法，以提高行车安全。

1）先急后稳法。碰到紧急情况时，先急速踩下制动踏板，紧接着缓慢第二脚，然后根据发生情况的距离慢慢松开制动器踏板，换入适当位置，踩加速踏板，恢复正常行驶，这样可降低由于车速的急剧变化所造成的来回摆动，使行驶平稳。

2）连续制动法。遇情况提前松加速踏板减速，同时缓缓踩下制动踏板。这种提前减速制动降低了因紧急制动所造成的摆动。

3）间歇性制动法。这种制动法通常是在雨天或泥泞路面时使用，间歇性轻轻一点一点制动，以降低由于车轮被抱死所出现的方向失控现象。

4）紧急制动法。遇到十分紧急的情况时，左手应握紧转向盘，右脚迅速将制动踏板踩到底。有时为了充分发挥车辆的最大制动能力，在使用行车制动器的同时，还可以拉紧驻车制动操纵杆，使车辆尽快减速或停住。

特别提醒

1）在紧急制动时，千万不要同时踩下离合器踏板，以免发生危险。

2）很多初学者踩制动的方法是逐渐增强力度。其实恰当的做法正好相反，踩制动踏板开始的一瞬间要最快最用力，随着车速的下降渐渐放松的做法才是正确的。

2. 预见性制动

预见性制动是指汽车行驶中，当发现前方道路通过困难时，可事先放松加速踏板，利用发动机的怠速运转迫使汽车缓慢减速。待车辆减速后再根据具体情况，持续或间歇地轻踩制动踏板，使车速进一步降低。

车辆行驶过程中，大多采用预见性制动，使车辆平缓减速。这样可减少运转机件的冲击和轮胎的磨损，便于提前处理道路情况，保证行车安全，也有利于提高车辆的平均行驶速度。预见性制动多用于预定地点停车和预见性处理情况或列队行驶中的车速控制。

操作方法可分以下两个步骤。

① 预见性减速。车辆正常行驶中，当驾驶人观察到道路上的车辆、行人有异常动态，并判断可能出现难以通过的情况时，有目的地运用发动机和制动器使汽车逐渐减速，称为预见性减速。

实用锦囊

预见性减速可采用下列两种方法

a. 发动机牵阻减速。当遇一般情况，需要降低车速时，右脚应离开加速踏板，并放在制动踏板上，利用发动机的牵阻力降低车速。这种方法减速比较平稳，使用方便，行驶中经常采用。当情况排除后又可徐徐踩加速踏板继续前进。

b. 制动减速。在使用发动机牵阻减速不能达到预期要求时，再运用制动器进行减速。右脚离开加速踏板，轻踩制动踏板（只踩制动踏板的自由行程），然后根据车辆惯性和障碍的距离，适当踏下制动踏板，但不完全踩下，使车辆保持一定的速度，即所谓“刹慢不刹停”，待情况解除后将变速器挂进所需档位，再加速继续前进。

② 预见性停车。车辆在行驶中遇路口红灯、前方交通堵塞等情况时，驾驶人预先有目的地采取制动措施将车停住，称为预见性停车。

预见性停车可联合采用发动机牵阻和制动器制动的办法，使车轮制动鼓“早踩长摩”，以加快车辆减速。当车速降到10km/h以下时，踩下离合器踏板，在驶近停靠地点时，逐渐放松制动踏板，让车辆在到达停靠点前略有一点余速。待车辆将停时，制动踏板稍许抬一点，然后轻轻踩下，这样可减少惯性冲动，使停车平稳，即“轻—重—轻”的制动方法。

车停稳后，应拉起驻车制动器操纵杆，松开制动踏板，不要养成紧踩制动的坏习惯，这样既不损害制动装置，又可延长制动灯寿命，还可节省用电。

3. 紧急制动

汽车在行驶中遇到紧急情况时，驾驶人迅速地使用制动器，在最短时间内将车停住，达到避免事故的目的，称为紧急制动。紧急制动是在运行过程中处置某些突发情况而采用的应急措施，在紧急情况下使用。重车行驶时，处理道路交通情况应提前，尽量用预见性制动，避免用紧急制动。

普通小型车不同速度的制动距离如图1-34所示。

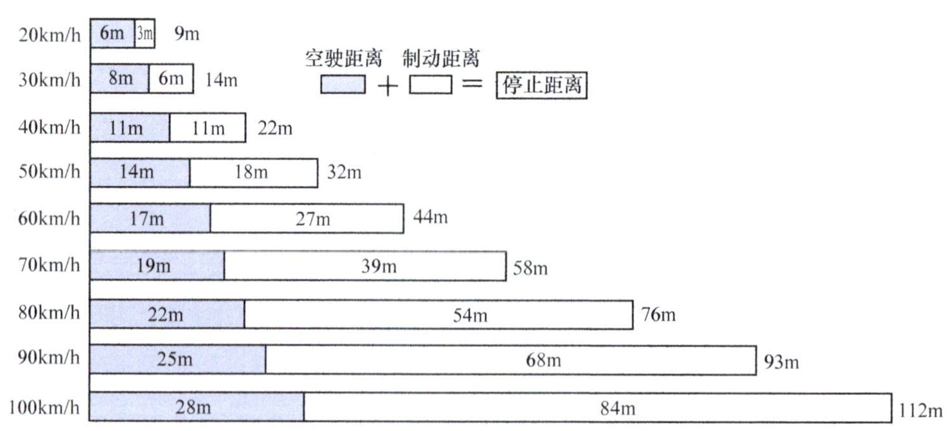

图1-34 普通小型车不同速度的制动距离

注：以上数据为通常情况新铺路面紧急制动停止距离，若条件变化停止距离应延长。

4. 正确使用 ABS（防抱死制动系统）

由于 ABS 在紧急制动时车轮不会抱死，前轮仍有导向作用，因此制动时可以转动转向盘进行紧急避险。使用 ABS 制动时，还应该注意以下事项。

① ABS 在紧急制动时，由于产生高频率的液压脉冲，制动踏板会有抖动现象，制动的尖叫声也比较大，这些都属于正常现象，不用担心。

② 车辆行驶中，如果仪表板上的 ABS 警告灯点亮或闪烁，表明 ABS 有故障或已经失效，此时制动系统不具有防抱死功能，只相当于普通液压式制动系统。

特别提醒

1）驾驶有 ABS 的汽车，在遇到紧急情况时必须谨记以下三点。

① 行车制动踏板用力踩到底。

② 踩住行车制动踏板不松开，而不能采用“点制动”。

③ 可同时适度地转动转向盘进行危险规避。

2）ABS 可以缩短制动距离，但是效果还是有限的，它不能大幅缩短制动距离。

5. 制动注意事项与禁忌

1）汽车在狭窄弯道或雨、雪、冰冻、泥泞等路面行驶时，不得紧急制动。若制动过急，容易使车轮抱死，从而发生侧滑或倾翻等交通事故。

2）除制动器失效或不宜使用制动器等情况外，严禁由高速档直接换入低速档来代替制动。

3）紧急制动时，切不可先拉驻车制动器操纵杆后踩制动踏板，不得先踩离合器踏板或者把变速杆挂入空档。

4）避免踩错加速踏板和制动踏板，如图 1-35 所示。

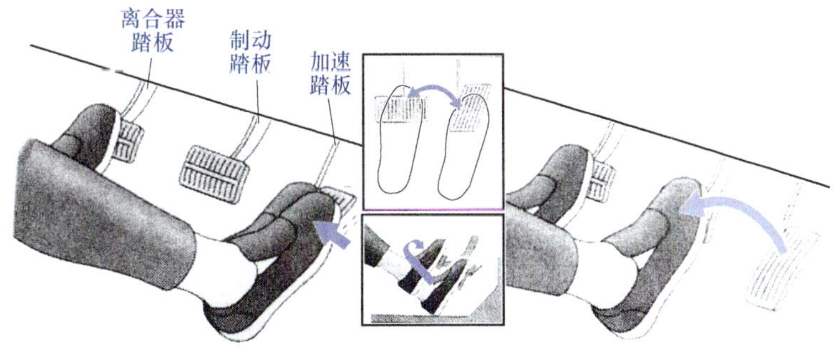

图 1-35　避免踩错加速踏板和制动踏板

特别提醒

防踩错踏板技巧

① 开车时注意力要集中，要看得远些，一般要观察到150m外，看看前方车辆的动态和前边是否有路口和学校等，提前减速，尽量避免紧急制动。**保持右脚不空，即只要在开车，右脚不在加速踏板上就一定在制动踏板上。**

② 早做制动准备，只要没有加速，就要及时把右脚放在制动踏板上，不要将脚搭在加速踏板上滑行。

③ 注意路面情况，遇有红绿灯、行人通过人行道时要提前减速并做好制动准备，这样就可以避免在处理紧急情况时，把加速踏板当作制动踏板踩了。

九、汽车停车技巧与禁忌

1. 停车技巧

口　诀

停车地点要选好，前后左右观察到；
停车首先要想到，以下路面停不了：
繁华路段和弯道，交叉路口和死角，
窄路陡坡和桥梁，单位门前和隧道，
上述地点要注意，三十米外再停好。
停车地点要平实，以防误陷走不了；
减速靠右车身正，适当制动把车停；
拉紧制动放空档，踏板松开再关灯。
临时停车人不离，妨碍交通让开道；
坡道冰雪和泥泞，起步困难要预料；
高速路上危险多，驾驶途中免停车；
遇有故障靠边停，设立标记莫忘掉；
匝道车道不准停，遵守法规要记牢；
交叉路口人车多，交通复杂不停车；
停车禁忌记得清，危险地段双闪灯；
停稳之后要牢记，拉紧手刹很重要；
车辆停稳上下人，开门观察要做到。

（1）停车的形式

汽车在城市道路上停车时，应按顺序停放，注意排列整齐，并保留驶出间隔。通常停车的方式有直线停放、90°停放、45°停放三种形式，如图1-36所示。

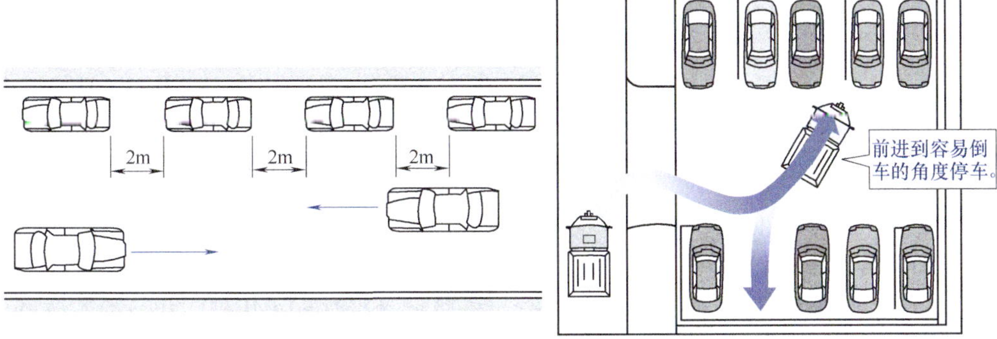

a) 直线停放

b) 90°停放

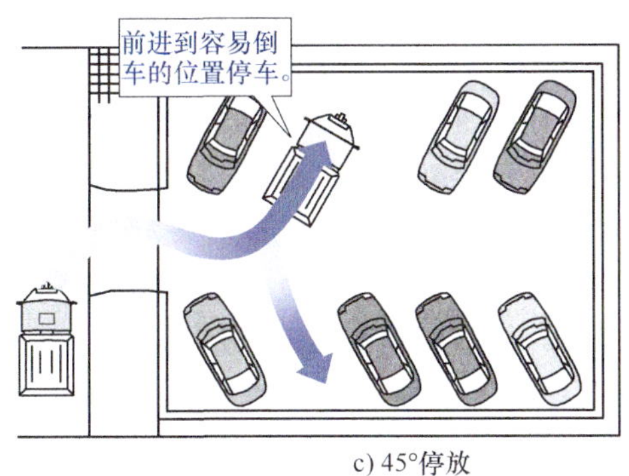

c) 45°停放

图1-36　汽车停放形式

（2）停车的方法

当需要停车时，应提前开启右转向灯，并利用右侧后视镜观察右后方有无来车。当确认安全后，采取预见性制动降低车速，并使车辆逐渐靠向道路右侧，在接近预定停车地点时回正转向盘，将变速杆挂入空档，待汽车停稳后拉紧驻车制动器操纵杆，关闭点火开关和转向灯。

特别提醒

1）如果是手动档车，则必须先踩离合器踏板，紧接着踩制动踏板（图1-37），等车停稳后，将变速杆置于空档位置，拉紧驻车制动器操纵杆，然后将两只脚抬起即可。

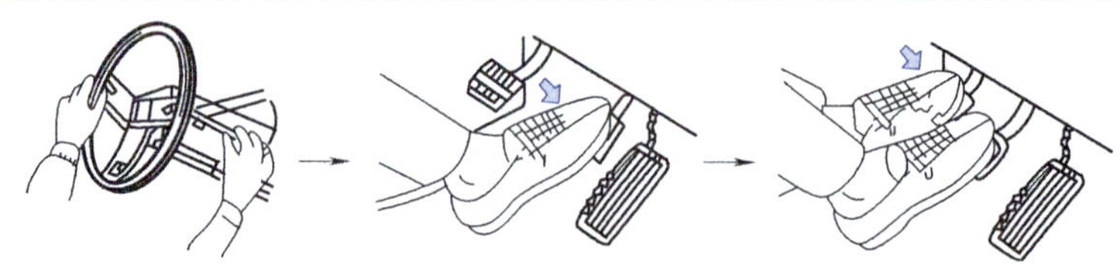

图 1-37　手动档汽车的停车

2）如果是无级变速（或自动档）车，则先抬起加速踏板，然后踩制动踏板，等车停稳后，将驻车制动器操纵杆拉紧，并将变速杆置于 P 位。

（3）停车的操作技巧

1）上坡路边停车。如果路边有路沿，将前轮向左打一定角度，让右前轮后部接近或紧靠路沿，防止汽车沿坡倒滑。如果路边没有路沿，则将前轮向右打一个比较大的角度，避免汽车沿坡倒滑后驶入道路中央。

2）下坡路边停车。停车后如果路边有路沿，则将前轮向右打一定角度，让右前轮前部接近或紧靠路沿，防止汽车沿坡顺滑。如果路边没有路沿，则将前轮向右打一个比较大的角度，避免汽车沿坡顺滑后驶入道路中央。

3）停车场上坡区域停车。停车后将变速杆拨到 1 档（手动档）。此时应该将前轮向左或向右打一定角度，避免汽车可能会一直沿坡倒滑。如果坡道比较陡，那么就应该采取一些辅助措施，如紧靠后轮垫上石块等。

4）停车场下坡区域停车。停车后将变速杆拨到倒档（手动档）。此时也应该将前轮向左或向右打一定角度，避免汽车可能会一直沿坡顺滑。如果坡道比较陡，那么就在前轮下面垫上石块等，以防万一。

5）车辆在行驶途中因故障需要停车时，应迅速将车移至安全地段，以免妨碍交通。如车辆无法移动，应在车辆前后设置标志，防止发生碰撞事故。夜间停车或在大雨、大风、大雾的天气中停车，还应打开示宽灯和危险警告灯，如图 1-38 所示。

6）在道路上停车时，应选择平坦坚实、视距较长和不影响其他汽车交会的安全地点，并顺交通方向（车头向前）停在道路的一侧。

7）汽车与其他车辆临近停放时，至少应保持 2m 的间距，不得与其他车辆在道路两侧并停，以免影响其他车辆的通行。

道路边停车的动作要领

道路边停车的技术要领可以总结为“三把轮，一个点”，即找好参照点，一把打到位，二把调直车，三把做微调。

1）“一个点”，车型不同选择的点也不同。如果是面包车，可以拿前风窗玻璃的右下角做参照；如果是轿车，就选择发动机罩的右前角或将发动机罩中间的突出车标做参照。

2）“三把轮”，就是第一次转动转向盘的动作要大一些，根据参照点，让前轮基本到位；第二次转动转向盘是向相反方向打，把后轮也要带到相应位置；第三把就是进行微调。

（4）停车入位的技巧

1）前进式入位。侧位前停车是指向前行驶进车位。它的前提是前后两个障碍物之间有足够的空间距离，一般有两个车位的距离就可以。此种操作比较简单，可以首选此种形式进行侧位停车。一次停车不成功可通过前进和后退操作调整车身位置，如图 1-39 所示。

图 1-38　故障车停车

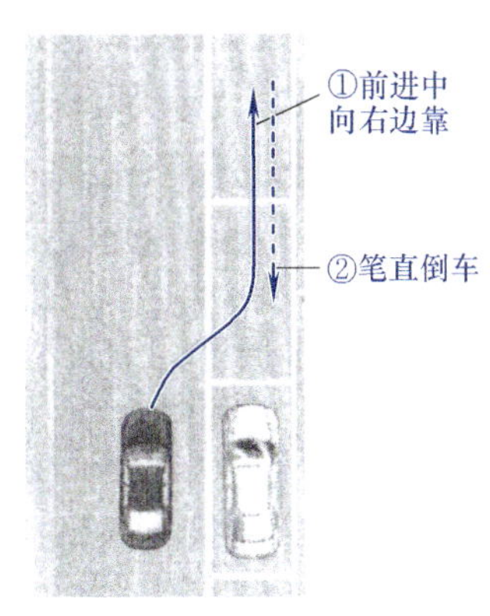

图 1-39　前进式入位

① 驾驶人在缓慢前进中先将转向盘向右转 1 圈半左右，当右前轮越过车位外侧线1/3 ~ 1/2 时，就立即向左转。

② 当车头接近前车车尾时，驾驶人挂倒档，向右转动转向盘倒车，当从右后视镜中看不到道牙时，迅速向左转动转向盘接近极限位置并继续倒车。

③ 当驾驶人从左侧后视镜中观察到车尾左侧与后车左前角对齐后，回转转向盘并停车。这时车应该在车位偏后的位置，即使不正也相差不远，而且前方还留出一定的距离。

④ 驾驶人驾车向前缓慢行驶并调整一下转向盘的角度，使车停在车位正中前后留有适当的距离。

2）后退式入位。后退式停车入位操作方法如下。

① 接近场地时，打开右转向灯，确认右后方安全状况和停车场场地安全。与右车位边线保持约 1m 的距离前进，当车尾部将要与右侧车尾平齐时停车，同时向右转动转向盘，为后倒做准备，如图 1-40 所示。

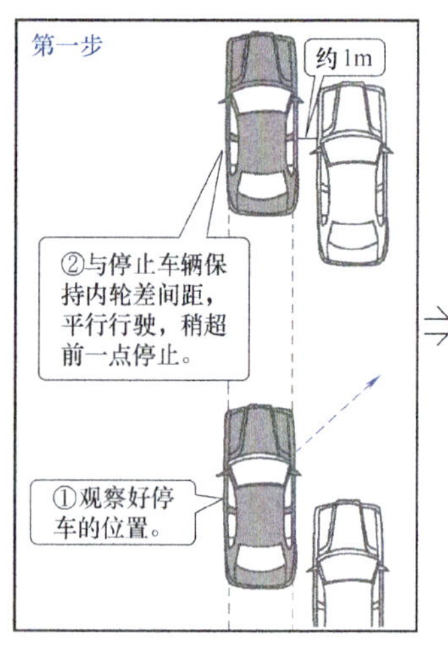

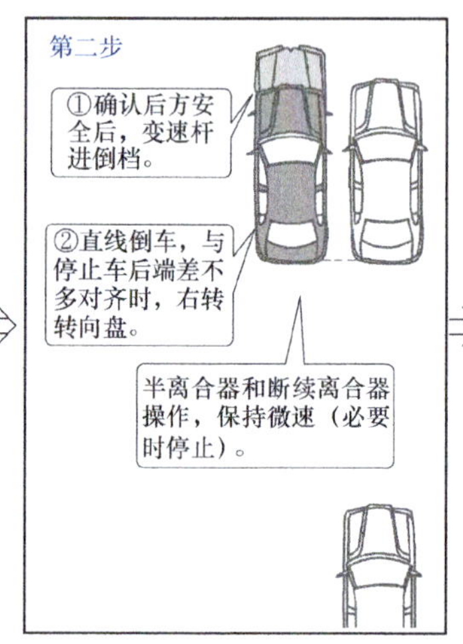

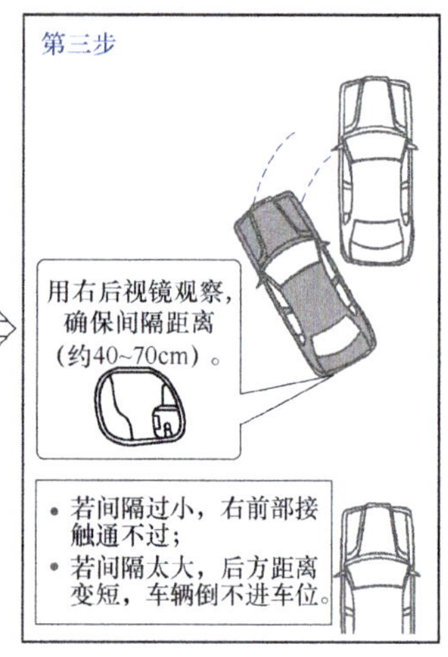

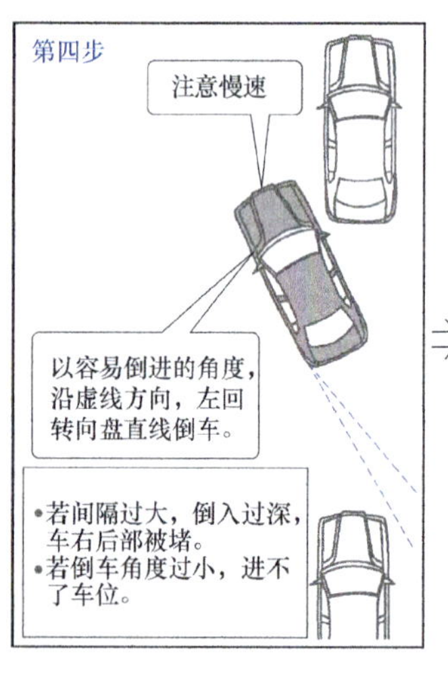

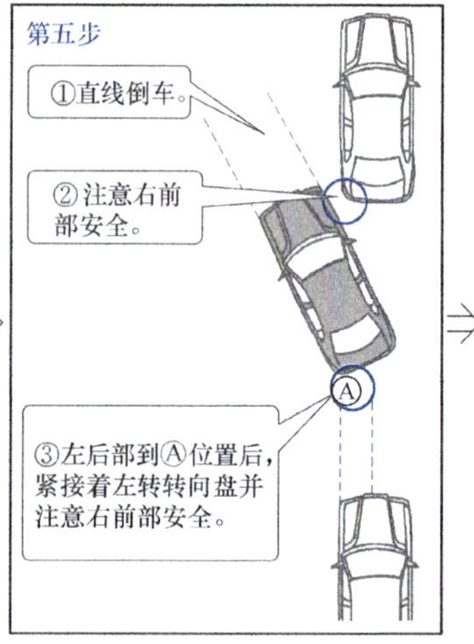

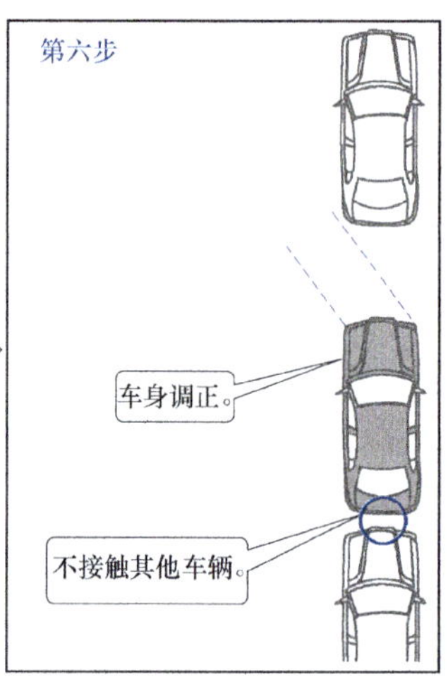

图 1-40　后退式停车入位步骤

② 由右后视镜确认右侧后方安全后，向右迅速将转向盘转足，使车辆与边线成 45°角缓慢后倒，待车体入位过半，本车车头与前车车尾将要平齐时，迅速将转向盘向左打满，缓慢后倒，待车即将摆正时，迅速回转一把转向盘，使车辆回正，摆正车身，车辆就基本停好了。

③ 如果车体没停在车位中央或车体及转向轮没有摆正，可以再稍微前进或后

倒，予以调正。

特别提醒

1）路边停车时，要记住，无论停车位长度如何，一定要让车尾先入才能顺利到位。

2）有些驾驶人懒得把变速杆推入倒档，一看车位前后距离长，便右打转向盘切进线内，此种忽略车体宽度的错误判断，驾驶人势必会因怕车头右前轮触及马路路肩而向左修正。如此一来，不是把车尾留在慢车道上，就是前后来回几趟才能将车停妥。

（5）停车注意事项

1）在倒车过程中，不仅要注意车的右后角与路肩的距离，还需要观察右前侧与前车车尾的距离。当车辆后倒车头与前车尾即将平齐，向左回转方向时，要注意使车辆右前侧不要碰擦前车尾部及障碍物。

2）在设有禁停标志、标线的路段，在机动车道与非机动车道、人行道之间设有隔离设施的路面以及人行横道、施工地段，不得停车。

特别提醒

1）禁停标志有方向性，立在道路左侧，道路的左侧禁止停车，右侧可以停车；立在道路右侧，则右侧禁止停车，左侧能够停车。

2）地上有黄色网格线不能停车。

3）交叉路口、铁路道口、急弯路、宽度不足4m的窄路、桥梁、陡坡、隧道以及距离上述地点50m以内的路段，不得停车，如图1-41所示。

4）公共汽车站、急救站、消防栓或者消防队（站）门前以及距离上述地点30m以内的路段，除使用上述设施的车辆外，不得停车。

5）车辆停稳前不得开车门和上下人员；开关车门不得妨碍其他车辆和行人通行。

6）车辆在行驶途中因故障需要停车时，应迅速将车移至安全地段，以免妨碍交通。如车辆无法移动，应在车辆前后设置标志，以引起过往车辆注意，防止发生碰撞事故。夜间停车或在大雨、大风、大雾的天气停车，还应打开示宽灯和故障警告灯（俗称双闪）。

7）不要随便占他人固定车位，或者停车堵住他人的通道，以免遭到报复，划漆、扎胎、放气、敲碎玻璃等都可能发生。

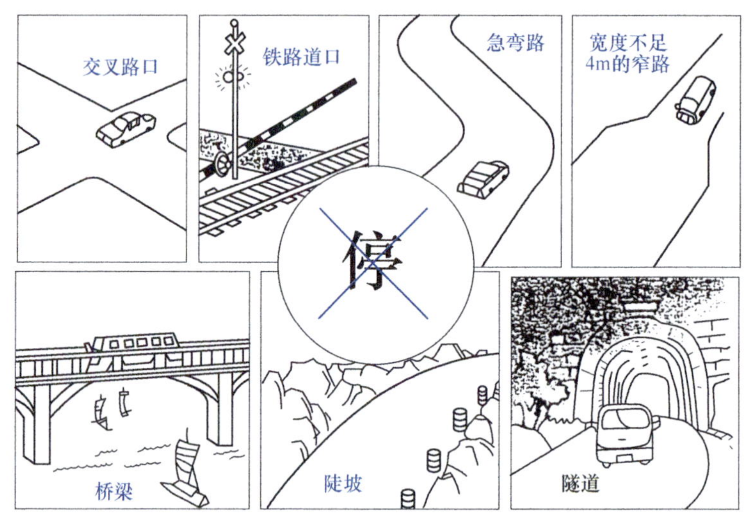

图 1-41　禁止停车地点

8）小心车门被其他车辆的车门击坏！

空车位的挑选有大讲究

地下车位两根立柱之间有几个停车位，其中最不好的位置是居中的位置，因为左右都有车，其他人开门不小心敲坏本车门的概率最大。最左和最右的两个车位中，最左的更好。因为车左侧无法停车，右侧是其他驾驶人的开门侧，驾驶人通常开门都小心，以免碰重了两败俱伤，但不开车的乘客这种意识比较欠缺。

9）**树底下停车要注意。**有的树会在某个季节掉果实，果实掉在车上会砸破，流出的汁水可能会对车漆造成影响；另外，树底下比较容易掉下鸟粪，鸟粪腐蚀性很强，如果不及时处理，车漆上会留下痕迹。

2. 停车的九禁忌

1）一忌突然停车。突然紧急制动很容易发生追尾事故。

2）二忌停车前不看清车位情况。路边停放车辆，驾驶人一定要仔细观察车位前后有无障碍物，如石墩、立柱等。

3）三忌逆向停车。逆向停车是指汽车没按行车方向靠右停放，而是逆向停在左侧车道上，并占用左侧车道。逆向停车直接引起交通秩序混乱，既违法，也是不文明驾驶行为。

4）四忌在路中停车交谈。

5）五忌在 T 形路口两侧附近停车。车停在 T 形路口两侧附近，形成出入路口汽车的路障和视线盲区，很容易引发直行车和转弯车相撞、相剐事故。

6）六忌停放在已有停放车辆的对侧。道路一侧已有停放的车辆，又将自己的车停在道路对侧，一条横线上同时停放两辆车，会影响过往车辆。

7）七忌夜间或大雨、大风、大雾天气停车时不打开示宽灯、尾灯或危险警告灯（双闪灯）。

8）八忌路上停车不设警示标志（三角牌）。

9）九忌停车后立即下车。**在没有确认车辆后方是否有非机动车和机动车驶近就打开车门下车，很可能引发严重事故。**

十、汽车进库的技巧与禁忌

1. 进库的技巧

口 诀

夜间倒库要注意，灯光使用是关键；
后倒途中不要急，控制车速要记牢；
情况不明不硬倒，找人指挥保安全；
入库停放要注意，防止火灾别忘了；
出库一样要留心，方向不宜打太大。

（1）进入车库的方法

汽车一般采用倒车方式倒进车库，使车头向外，以保证出车方便。具体操作方法如图1-42所示。

1）降低车速，使汽车沿行驶的路线向前缓慢行驶，并尽量使车向右侧靠拢。汽车行驶到图1-42中A点时，将转向盘右转，并保持这一位置使汽车行驶至B点，然后将转向盘左转，使汽车行驶至C点并停车。

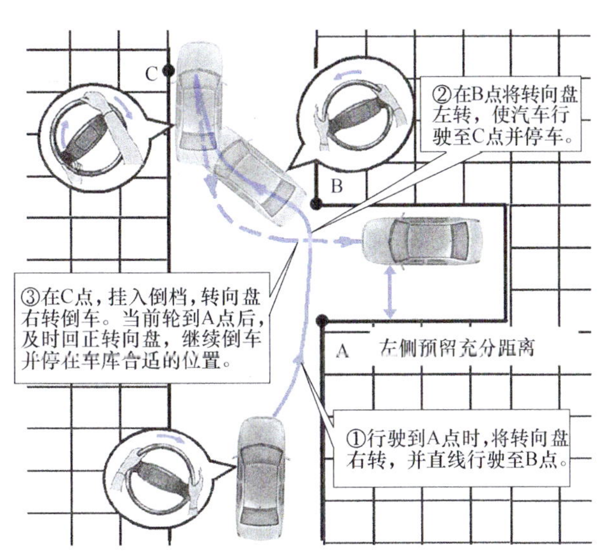

图1-42 汽车进库操作方法

2）汽车停止在C点后，将变速杆挂入倒档，将转向盘向右转并起步缓缓倒车，使汽车右转弯倒车。当汽车前轮达到B点后，及时回正转向盘，继续倒车并停在合适的位置。汽车倒入车库后，停车位置要得当。

（2）立体停车场入库方法

立体停车场如图1-43所示，大多楼层层高较矮，通道窄，斜坡陡，弯道急，

1

入库空当小，立体停车场基本上都是单向通行。

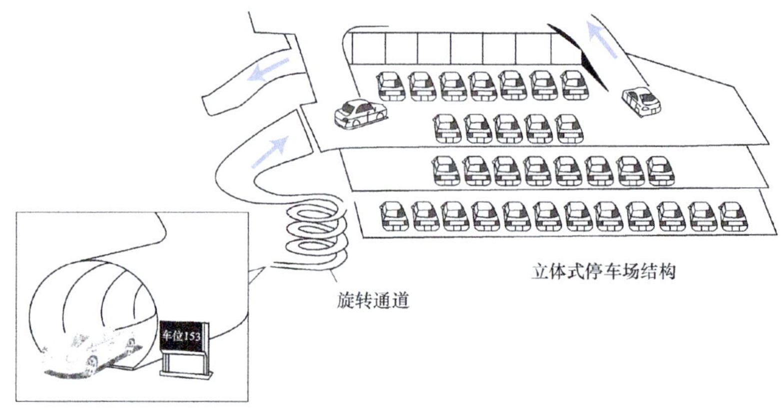

进入管状通道后，墙壁的压迫感可能让人有些恐慌

图 1-43　立体式停车场

使用立体停车场时，应注意如下要点。

1）立体停车场都是智能化管理，入口处设有电子显示屏，显示车位情况，没有“车满”显示，说明一定还有空车位，可以放心地开进去。

2）通常各楼层之间连接通道坡陡弯急，车往上开时，不要紧跟前车，以免前车后溜。

3）**立体停车场楼层间的连接通道为管形，墙壁的压迫感让人有些恐慌。驾驶时尽量不要看墙，把握好转向盘，保持稳定行驶。**管形通道的尽头就是收费口，并注意前车可能会停车。

特别提醒

1）有些高层建筑地下车库的后墙是斜的或是弧形的，应特别注意，一定要搞清哪个部位离车体最近。

2）要留心车位后部的障碍物，特别是一些矮小而坚硬的物体，如消防栓、水泥墩等，有些停车场还有过于“高大”的限位柱。

3）点亮前照灯或是制动灯对判断与障碍物的距离有帮助，通常在被照物上留下的光斑越小说明车辆距离障碍物越近。

4）停放时与旁边的车辆保持一致的方向能降低车辆被碰坏的概率。

5）倒车要慢！即使失手，足够慢的车速也不会造成太大损失。

6）不冒不必要的风险，不行就重来一次。

2. 进库三禁忌

1）一忌车速过快。

2）二忌停车时，踩制动踏板时误踩到加速踏板上。

3）三忌转向盘转动幅度过大。

十一、自动档汽车驾驶技巧与禁忌

1. 自动档汽车驾驶技巧

口 诀

起动踩下制动器，怠速运转 30 秒；
起步挂档松手刹，莫忘加速要稳缓；
停车挂前或倒档，松开制动防意外。

自动档汽车与手动档汽车驾驶的最大区别就在于起步和换档操作，停车之后的操作也有一些区别。在行车档时，发动机牵阻制动效果不明显，只有在使用3档或低速档（2 档和 1 档）时，才能产生发动机牵阻作用。

（1）发动机的起动与熄火

1）发动机的起动

① 先将驻车制动器操纵杆拉紧，然后踩住制动踏板。

② 将变速杆放在 P（停车）位上。虽然放在 N（空档）位也可以起动，但为了安全还是以在 P（停车）位起动最佳。

③ 将点火开关向右转到“START”（起动）位置，听到发动机的起动声音后即可放手。

开关转到点火位置 5s 左右发动机仍未起动时，先将开关还原，稍等一会儿再重新点火起动。试几次仍不能起动时，要检查是否有其他原因。

特别提醒

有些汽车的点火开关有防止二次起动功能，如果第一次起动不成功，需要重新起动时，必须先将点火开关钥匙转回到关闭位置，然后再进行二次起动。

起动时要确认油压警告灯、充电警告灯是否已经熄灭，如果没有熄灭，则说明发动机异常，要认真检查。

2）发动机的熄火

① 首先要拉紧驻车制动器操纵杆。

② 将发动机开关的钥匙向左转到位置 2 即关闭。

③ 将钥匙从位置 2 转至位置 1 后即可拔出钥匙。钥匙拔出后转动转向盘，直到听到被锁住的啮合声，即转向盘同时被锁住，这样可以有效防止车辆被盗。

（2）汽车的起步与停车

1）自动档汽车的起步过程，如图 1-44 所示。

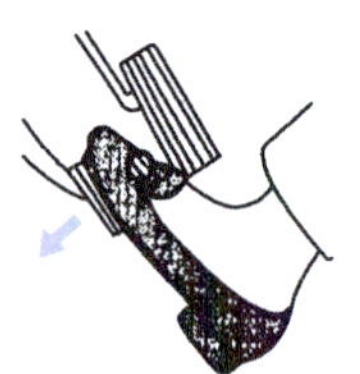

①右脚踩制动踏板

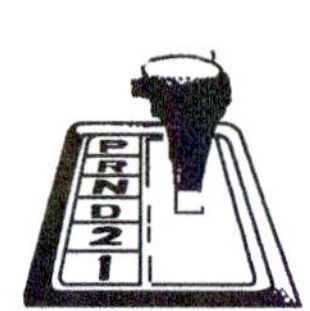

②挂起步档（D位或R位）

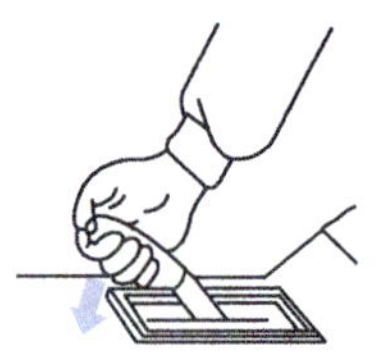

③松驻车制动器操纵杆

④平稳地松开制动踏板后，右脚踩加速踏板

图 1-44　自动档汽车的起步过程

① 在汽车起步前，必须踩下制动踏板。

② 将变速杆移至前进档（D 位）或倒档（R 位）。

③ 解除驻车制动，平稳地松开制动踏板。

④ 右脚踩下加速踏板，汽车便可平稳地起步。

特别提醒

① 汽车发动机起动后不宜立即起步加速，最好让发动机怠速运转 30s 以上，以便自动变速器油完全充满各部位的油腔，保持较好的工作状态，然后再挂档起步行驶。若是冷车状态，尤其是冬季寒冷地区，起动后应保证发动机和自动变速器内的机油有足够的升温时间，待发动机冷却液的温度升到 40℃以上，发动机怠速正常后起步操作为佳；否则，会增加汽车起步时自身的消耗，造成起步失败或急加速起步等异常现象。

② 在汽车起步前，必须确认已经踩下了制动踏板，然后将变速杆移至前进档或倒车档。解除驻车制动后，再平稳地松开制动踏板，轻踩加速踏板，汽车便可平稳起步。

③ 可采用右脚控制加速踏板、左脚控制制动踏板的操作方式，不要再左、右脚一起使用，以保证汽车的起步平稳、制动减速迅速和停驶可靠。

④ 同机械式变速器一样，当行驶中需要将自动变速器的档位由 D 位变成 R 位时，或由 R 位变为 D 位时，一定要等汽车完全停稳后才能换档操作。起步也是如此，否则将会损坏自动变速器。

⑤ 汽车起步时对加速踏板的控制要柔和，不能过猛。如果操作过猛，节气门开度过大，容易造成起步过程的追尾事故（手动档汽车由于受档位速比的限制，在低档位时，其速度是不可能过高的）。此外，起步时也应注意及时解除制动，以免造成自动变速器的损坏、制动器的磨损加剧和发动机的熄火。

2）汽车的停车。自动档汽车临时停车方法如下。

① 若停车时间较短（30s 内），如等待交通信号灯时停车，可将变速杆仍置于 D 位，并踩下制动踏板，这样只要一放松制动踏板便可重新起步。

② 若估计停车时间稍长（30s 以上），最好将变速杆由 D 位移至 N 位，并踩下制动踏板。这么做是因为，在发动机运转的状态下，变速杆在 D 位停留时间过长，会致使自动变速器油升温过高，影响其性能和使用寿命，这一点在夏季堵车时更要注意。

③ 若临时停车时间相对较长，应拉紧驻车制动器操纵杆，并将变速杆推入 N 位，同时松开制动踏板。

④ 若是在较陡的坡道上停车，应拉紧驻车制动器操纵杆，并将变速杆置于 P 位。驻车制动的使用，不仅可以防止自动变速器推入 P 位时锁止机构负荷过大，也能使 P 位更易于分离。

自动档汽车停车方法如图 1-45 所示。

特别提醒

自动档汽车在任何路况下停放时，都必须把变速杆置于 P 位。

（3）档位及换档模式开关的选择

1）换档模式开关的选择。为了适应不同条件下的经济性和动力性要求，电子控制自动变速器上一般都装有换档模式选择开关。模式选择开关一般提供经济模式、动力模式和雪地模式三种不同模式选择。

➢ 经济模式。自动变速器的经济模式通常为缺省选择，无须按任何键，不论变

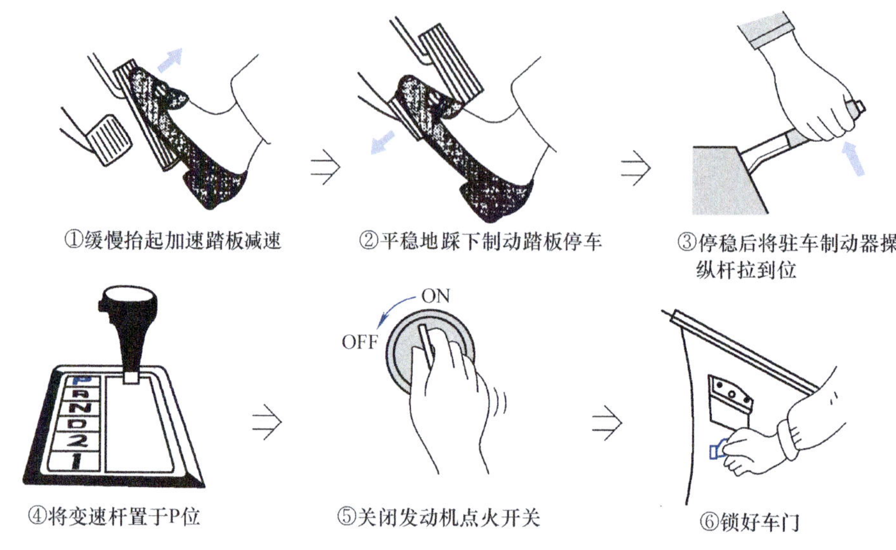

图 1-45　自动档汽车的停车

速杆在什么位置，只要发动机起动，即自动进入经济模式。自动变速器在经济模式下工作，其计算机控制变速器自动换档时，以省油为优先，可降低燃油消耗和噪声水平。

汽车在一般城市道路、良好的路面行驶时，应选择经济模式。

➢ 动力模式。自动变速器在动力模式下工作时，计算机控制变速器自动换档时以动力性考虑为优先，发动机可在较高的转速下进行换档，汽车可获得更好的加速性能。进入动力模式时，需要操纵控制开关。

汽车在上坡及山路上行驶，或汽车遇到较大的阻力，处于低速大负荷的工况下工作时，可选择动力模式，以增强汽车的动力性。

➢ 雪地模式。自动变速器在雪地模式下工作时，计算机能控制自动变速器适应汽车在低附着系数路面上的起步，防止驱动轮打滑。进入雪地模式时，需要操纵控制开关。

雪地模式一般适应在雨雪等滑溜路面上的起步。

2）自动档汽车前进档的使用。

➢ D 位的使用。自动档变速器的换档时机与车速和加速踏板踩下的程度（节气门的开度）有关，在使用 D 位行驶时，可以通过加速踏板来调节变速器的换档时机。

在较高车速时升档。汽车以 D 位起步后，可以始终以较大的幅度踩下加速踏板，自动变速器会在较高车速时升入高一级档位。这样可以缩短车辆提速的时间，更好地体现车辆的动力性。

在较低车速时升档。汽车以D位起步后，先较大幅度地踩下加速踏板，此时车辆在较短的时间内将提高到一定的车速（如30～40km/h），然后轻抬加速踏板，一般在2～3s内变速器就会自动升档，使发动机在相同车速时保持较低转速，从而获得较好的经济性和安静的驾驶感觉。

➢ 2位或3位的使用。在市区行车速度不快时，可将档位放在2位（3速自动档车）或3位（4速自动档车），这样车跑起来会更加有力。

➢ 2位或1位的使用。在山区道路行驶时，要根据具体情况选用2位或1位，这样除了可以保持汽车行驶的动力以便于爬坡外，还可以利用发动机制动，以减少行车制动的使用。**一般汽车在高速时不可置于1位，只可置于2位，只有车速较低时才可挂1位。**

➢ 超速档的使用。使用超速档行驶时，传动比较小，因此可以减少燃油的消耗。

实用锦囊

使用超速档的操作方法

发动机起动后，将自动变速杆置于D位，同时按下变速杆上的超速档开关，然后逐渐踩下加速踏板，当车速持续升高后，自动变速器的档位便可自动升为2位、3位直至超速档；若不按超速档开关或者按下后再按起来，则变速杆在D位时将不能进入超速档传动。

特别提醒

① 切忌在车速很高的情况下从D位换入2（S）位或1（L）位，否则会引起发动机强烈的制动作用，使低档换档执行元件受到较剧烈的摩擦而损坏。应在车速下降以后再从高档位换入低档位。

② 在换入1（L）位后，不要猛踩加速踏板，否则容易使发动机的转速过高，造成自动变速器中的摩擦片磨损加剧和自动变速器油温度过高。

③ 自动变速器变速杆应挂入何位，与汽车的行驶条件有关。通常，在正常的市区或公路条件下，自动变速器应置于D位；在市区交通繁忙的情况下，自动变速器应置于3位；在上大坡或下坡时需要发动机制动，可根据需要使用1位或2位，但1位的爬坡能力最强，发动机制动效果最为显著。

3）自动变速器的手动换档。有些自动变速器还设有手动换档功能，以一汽MAZDA6为例，如图1-46a所示，由P位向其他档位移动时须踩下制动踏板，其他档位之间的变换可直接进行。变速杆在M位置时，将变速杆向后扳动1次可调高1个档位，即M1→M2→M3→M4→M5；将变速杆向前扳动1次可调低1个档位，即M5→M4→M3→M2→M1。

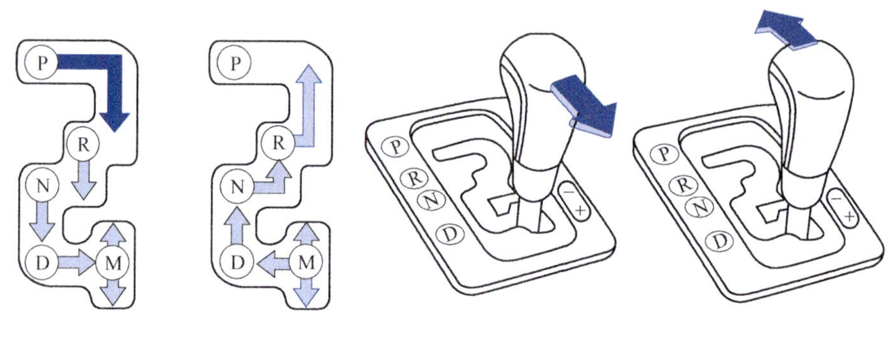

a）

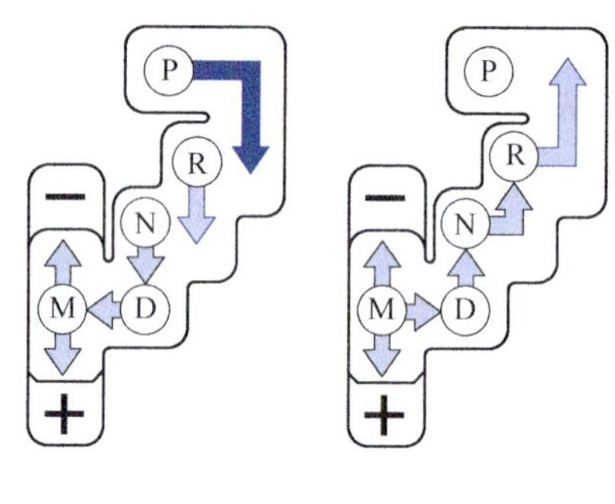

b）

仅在踩下制动踏板后，方可换档(点火开关必须切换至ACC或ON)。

变速杆可任意移动至任何位置。

图1-46　手动自动一体变速器

另外，还有一部分比较高档的自动档车型，即手动自动一体的，在通常的自动档位基础上还标有“+”“-”的档位选择符号。将手柄推入其中任何一个符号，便可以实现手动换档操作功能，如图1-46b所示。

(4) 汽车行驶与换档技术

1) 汽车行驶的方法

① 正常路面的行驶方法。正常行驶时变速杆放在D位（正常行驶）即可，踩加速踏板加速，松开加速踏板后即可减速。速度很快时，单靠松开加速踏板无法达到减速目的时，可踩下制动踏板。

② 下坡的行驶方法。因处于D（正常行驶）位置的发动机牵阻不起作用，下坡时车速会越来越快。为防止出现这种情况要换到2位，并同时踩下制动踏板，仍无效时换到1位，并用力踩下制动踏板。

2) 换档操作技术

① 汽车在行驶时，如果是把变速杆按L→2→D的顺序进行变换，可以不受任何车速条件的限制，即不管汽车的行驶速度高还是低，都可以按此顺序变换变速杆的位置；如果是按D→2→L的顺序变换变速杆的位置，就必须在实际车速不高于相应的升档车速的条件下才能进行。例如，D位降档的车速一般在80km/h，超过100km/h能降档的情况不多，若在超过规定降档车速的情况下强制降档操作，则会造成发动机转速降低，而此时变速器的转速仍保持着高速。在这种转速差的作用下，自动变速器内的液压油（ATF）会因此而迅速升温，从而降低自动变速器的功能并损坏系统中的橡胶件，因此，自动档汽车的驾驶人在操作中要特别注意。

驾驶自动档汽车下长坡时，应将变速杆置入1（L）位，禁止将变速杆置入N位。

② 自动档汽车的倒车。自动档汽车平路倒车时，应在汽车安全停稳后，将变速杆移至R位，松开制动踏板和驻车制动器后，以发动机的怠速缓慢后倒即可，无须踩加速踏板。倒车若要越过台阶或其他障碍物时，应稍踩加速踏板，并在越过障碍后，及时松抬加速踏板，必要时稍踩制动踏板，以保持慢速安全后倒。

实用锦囊

自动档汽车的倒车方法

自动档汽车的加速踏板和制动踏板一般都是由右脚来操纵的，但是在倒车时，为了便于迅速准确地操纵，可将左脚放在制动踏板上，右脚放在加速踏板上。这样，在倒车过程需要停车时，可在放松加速踏板的同时，随即踩下制动踏板，以确保倒车的安全。

特别提醒

1）汽车行驶时，除非必要，尽量不要将加速踏板猛踩到底，因为这样会出现立即强制性地换入低档，即“强制低档”，容易使发动机的转速过高，从而造成自动变速器内摩擦件的磨损和自动变速器油温度的升高，对自动变速器的使用不利。

2）汽车行驶时，特别是高速行驶时，不能选用 N 位滑行，这很容易烧坏变速器。因为这时变速器输出的转速很高，而发动机却在怠速运转，自动变速器油油泵供油不足，润滑状况恶化，易烧坏变速器。**有些驾驶人为了节油，而选用 N 位滑行，结果只能是得不偿失。**

3）汽车超车时，往往要迅速踩下加速踏板，利用“强制低档”来提高汽车的加速能力。但要注意的是，一旦车辆的加速要求得到满足时，应立即松开加速踏板，否则，对自动变速器的使用不利。

4）汽车下坡时，除踩制动踏板外，同时可利用发动机制动。当车速降至 30km/h 时，可将变速杆置于 1 位或 2 位，使汽车获得最有效的制动。

5）汽车高速行驶时，不允许将变速杆自 D 位拉向 2 位或 1 位，否则会“强制低档”，有损于自动变速器。

6）途中熄火重新起动的方法。如果路面没有意外情况，自动档汽车可以在不停车的情况下重新起动，方法如下。

把变速杆迅速推入空档（N 位），点火开关转到起动（START）位置，重新起动成功后，再迅速把变速杆拉到行驶档（D 位），即可正常行驶。如果多次尝试，发动机仍无法起动，则说明故障比较严重，这时就应该果断地停车检修。采用这种方法必须对车辆比较熟悉，如果把变速杆误推入倒档（R 位），就会对变速器造成较大损害。还有一些汽车的点火开关有防止二次起动的功能，钥匙必须先转回到关闭的位置，才能重新起动，但一定不要让转向盘锁死。另外，发动机熄火后，制动和转向助力随之失效，这时，需要更大的力量才能控制住车辆。

如果是新手，途中熄火最好还是老老实实地把车辆停在路边，重新起动发动机。

7）紧急情况应急处理的方法如下。

① 如果自动档汽车的制动器失灵，应该立即“收油”减速并拉紧驻车制动器操纵杆。操纵杆如有锁紧装置，则要在车速降至低档程度时锁紧操纵杆，并把车驶向安全的地方。

② 行车中误挂 N 位莫心慌。在行驶过程中，如果不慎将变速杆拨到了 N 位上，不必手忙脚乱，只要松开加速踏板，等到发动机转速降到怠速后，再换入 D 位就行了。

2. 自动档汽车驾驶八禁忌

1）一忌牵引或推动汽车起动发动机。若蓄电池电压低，不能起动发动机时，自动档汽车不能采用牵引或推动汽车的方法起动发动机，可用跨接电缆连接另一辆车的蓄电池进行起动。

2）二忌空档滑行。

3）三忌自动档汽车被长距离牵引。自动档汽车被牵引时，牵引速度不要超过30km/h，并且每次被牵引的距离不得超出 50km。

4）四忌自动变速器车辆长时间停车时，变速杆挂在 D 位。若停车时间长，最好换入 N 位（空档），并拉紧驻车制动器操纵杆。等于对这种前移强行制动，会导致变速器油温升高，油液容易变质。

5）五忌在自动变速器 P 位或 N 位以外档位起动发动机。有些驾驶人在 P 位或 N 位以外档位起动发动机，这时虽然发动机不能运转（因为有连锁机构保护，汽车只能在 P 位和 N 位才能起动），但有可能烧坏变速器的空档起动开关。因此，起动发动机前一定要确认变速杆是否在 P 位或 N 位。

6）六忌自动变速器车辆坡道停车时不使用驻车制动器。装有自动变速器的汽车在坡上停车时，有些驾驶人仅仅将档位置于 P 位，而不使用驻车制动器，这样做极容易引发事故。因为虽然自动档汽车在 P 位设有的停车锁止机构一般是很少失效的，但一旦失效就会造成意外事故。因此，在坡道停车时，仍然应该使用驻车制动器。

7）七忌起动时不踩制动踏板起动。

8）八忌忽略其他档位。

汽车在爬陡坡时，仅仅使用 D 位，驾驶人会明显感觉汽车行驶比较慢。这个时候不妨使用 1 位，这样汽车不仅跑起来会非常有力，而且会更加轻快。如果一味地坚持使用 D 位行驶，会导致发动机“拖拉”得更厉害，增加损坏的可能性，而且油耗也会加大，发动机积炭还会增加。

另外，在下坡的时候，挂 D 位连同一直用踩制动的方式下坡，会增加制动器的磨损，并使制动系统过热，从而造成制动效果减退，影响安全。这个时候就可以采用制动器和低档交叉使用，减少制动器的磨损。

十二、灯光及喇叭使用技巧

1. 灯光使用技巧

口　诀

灯光喇叭是语言，变道超车和转弯；
昼用喇叭夜用灯，视线不好早亮灯；
特殊情况特用灯，使用得当保安全。

1）示宽信号灯（小灯）的使用。汽车的示宽灯俗称小灯，是用以显示汽车宽度和所在位置的信号装置。一般在汽车的前部设置于前照灯两侧一边一个白色小灯，在汽车的尾部是设置在车体两侧的红色小灯，与牌照灯同亮。使用方法如下。

① **汽车在夜间**行驶即使**在路灯照明条件良好的街区行驶或靠路边暂时停放，也不要把所有灯光全部关闭，应保留示宽灯。**

② 在白天，**下雨、下雪、起雾或傍晚等光线较暗时，应打开示宽灯行驶，**用以提示过往的汽车、行人本车所占道路的宽度。

③ **夜间在道路边停车，特别是雨后，**整个车尾被后轮卷起的泥水覆盖，与地面的颜色接近时，**更应打开示宽灯或应急灯，**给过往的机动车和行人发出信号，以免发生剐碰或相撞。

2）应急信号灯的使用。应急信号灯在工作时，前后四个转向灯同时闪亮，驾驶人在行车中遇有下列情况须开亮应急信号灯，其他汽车应注意避让。

① 汽车发生故障停于路边。

② 汽车发生交通事故。

③ 汽车因故障被迫停在高速路紧急停车带。

④ 执行紧急公务或特殊勤务。

⑤ 白天遇有雨、雪、雾等能见度较低。

⑥ 车队行驶。

3）倒车信号灯的使用。倒车信号灯是设置在汽车尾部的白色小灯，当汽车变速杆挂入倒档时，倒车信号灯随即开亮，它的作用是提示其他机动车和行人注意避让。

4）制动信号灯的使用。制动信号灯是用以提示后车减速的红色信号装置，有的设置在汽车尾部的左右两侧，有的同尾灯设置一起，当驾驶人踩制动踏板时尾灯亮度增强。

5）转向灯的使用

① 向左转弯、向左变更车道、准备超车、驶离停车地点或者掉头时，应当提前开启左转向灯，如图 1-47 所示。

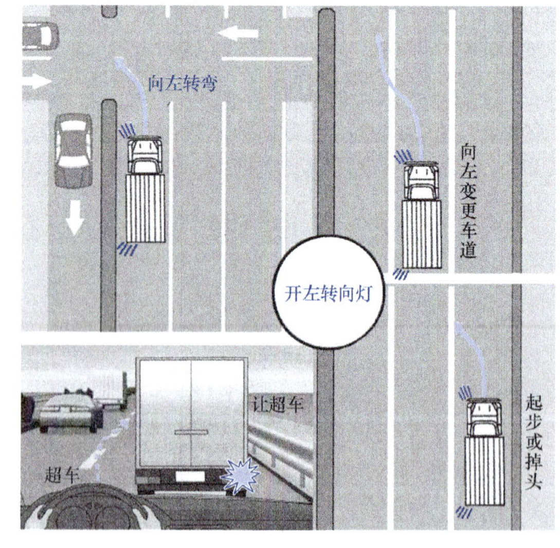

图 1-47　开启左转向灯

② 向右转弯、向右变更车道、超车完毕驶回原车道、靠路边停车时，应当提前开启右转向灯，

如图1-48所示。

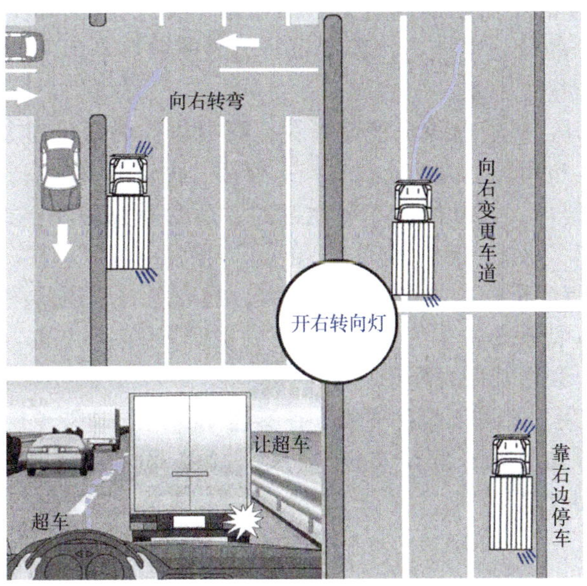

图1-48　开启右转向灯

特别提醒

① 一般平面交叉路口。汽车行至一般平面交叉路口时，应根据路面宽度、交通流量的大小以及当时的行驶速度，在距路口30～100m处，按转弯方向开启转向灯。设有导向车道的路口，应在进入导向车道前开启转向灯。

② 环形交叉路口。汽车驶入环形交叉路口时，可不开转向灯。当汽车欲驶出环形交叉路口时，应开启右转向灯。

③ 转向灯的开启时间要掌握好，应在距转弯路口30～100m左右时打开。开得过早会给后车造成“忘关转向灯”的错觉，开得过晚会使后面尾随车辆、行人毫无思想准备，忙中出错。

6）前照灯（俗称大灯）的使用

① 遇对面来车时，应关闭远光灯改用近光灯。

② 在黄昏行车时，打开前照灯的时间宜迟不宜早。提前打开远光灯或近光灯，都会给对方来车造成眩目，而且还影响自己的视觉。但是在较为颠簸的路段行驶，则宜提前打开前照灯，这样，路面坑洼会看得更清楚一些。

③ 遇大雨和大雾时，宜将远光及时转换为近光，这样路面看得更清楚一些。

同时，还应将雾灯打开，以提示过往车辆。

④ 在黎明行车时，关闭前照灯宜早不宜迟。因为经过一段时间的夜路行车，眼睛已经有了较强的暗适应能力，黎明较早关闭前照灯不但不会影响观察，而且还会对道路状况看得更清楚。

⑤ 白天行车时，提拉前照灯变光开关，既可以作为暂借对方“路权”行驶，请求合作的信号，也可以作为防止对方汽车穿插、占道的提示信号。

⑥ 行车中遇到熟人驾驶的汽车打招呼时，通常是在两车接近时鸣一声短笛，而白天在禁止鸣笛的区域行驶，也可改为闪一下前照灯以示问候。

⑦ 白天在城市禁止鸣笛的街道上行驶时，遇有左右车道的汽车企图强行变线插入本车前方时（特别是本车位于侧方前车的视线盲区时），也可将前照灯的光线打到前车的尾部，利用其反光作用加以提示。

7）雾灯的使用。它可以帮助驾驶人在雾天驾驶时提高能见度，并能使对面来车及时发现，以采取措施，安全交会。所以，雾天驾车时驾驶人一定要开雾灯，不能用示宽灯取而代之。

特别提醒

非雾天气如果打开后雾灯，则会影响后车驾驶人视线，不利安全。

8）夜间使用灯光的技巧

① 夜间驾车使用灯光的时间，一般与城市路灯开启时间相同。如果遇到阴暗天气视线不良时，可提前开灯，凌晨可推迟闭灯。

② 行驶中，当车速低于 30km/h 以下时，可使用近光灯；车速在 30km/h 以上，且没有路灯、道路空旷、车辆较少时，应使用远光灯。

③ 夜间通过交叉路口或转弯、变更车道时，应在距路口 30～100m 处关闭远光灯，改用近光灯，并根据需要使用转向灯。通过没有交通信号灯控制的交叉路口时，可用变换远光灯和近光灯的方法，提示其他车辆、行人的注意。

④ 夜间会车时，应在距对面来车 150m 以外，将远光灯改为近光灯，降低车速，并靠向道路右侧行驶，注意眼睛不要直视对方来车的灯光。遇到对方不关闭远光灯时，应立即减速并连续交替使用远光灯、近光灯，示意对方关闭远光灯。如果对方仍不关闭远光灯，应靠道路右侧停车，关闭前照灯，切忌用远光灯对射，以免发生危险。

特别提醒

夜间会车时严禁使用防雾灯，因为汽车防雾灯采用散射能力强的黄色灯光，这种色光能使对面来车驾驶人眩目，会车时易导致两车相撞的危险。

⑤ 夜间超车时，应连续变换远光灯、近光灯警示前车，并及时打开左转向灯，在确认前车让超的情况下，方可超越。

⑥ 在道路旁临时停车时，应打开示宽灯、尾灯、以提醒其他过往车辆和行人的注意。

2. 喇叭的使用技巧

车用喇叭是汽车通过音频传递交通行驶信号的装置，是利用声源传播的声音对有能力行为的自然人的一种提醒和威慑。正确使用喇叭是保证行车安全的一种手段，驾驶人应掌握运用汽车喇叭进行交流、处理交通行为中遇见各种情况的技巧。

汽车的喇叭应选择在其他机动车和行人即将接近行车通道，影响本车行驶时使用。使用时应根据对象不同选择适当时机区别对待。

1）遇行人时，应轻按一声喇叭，鸣笛时机以行人有足够的时间做出反应，离开行车通道为准。

2）遇到非机动车时，如自行车、脚踏三轮车和电动自行车等，鸣笛的时机应以非机动车能够顺利完成避让操作所需的时间为准。

3）超车前，要在前车可以听到本车发出的喇叭声的距离范围内（约 20m）鸣笛，表示要超车，请避让。并等待前车做出让行表示后，方可超车。

4）超车时，如遇有封闭性能较好的小型汽车或噪声较大的货车、农用三轮、拖拉机等机动车时，应跟近鸣笛，距离的远近以前车能够听清为准。

5）通过视觉盲区时，如通过弯道、窄巷、有障蔽物的交叉路口、路侧停放的大型客货车等这些无法预测盲区交通情况的路段，应提前鸣笛，至少连续按两次喇叭，以此告知盲区的汽车和行人，要注意安全。

6）通过视线模糊不清的路段时，如通过起雾的路段、扬尘严重的路段、黄昏黎明时分两种光线交替的路段时，要用鸣笛引起对方警惕，做出避让准备。

7）遇到畜力车时，应长鸣提醒赶车人提前把牲畜控制住。当汽车靠近畜力车时，不要再鸣笛，以免牲畜受惊吓与汽车发生剐碰。

8）弯道行驶中，如果看不到弯道另一个方向的情况，可鸣笛示意——请注意，对向有来车！

不宜鸣笛的情形：

① 前面是新手驾驶的车辆，后面贴着“实习”标识，或女性驾驶的车辆，则不宜鸣笛催促。他们在熄火、起步太慢或行驶不畅的情况下，如果一听车后有喇叭响就心急发慌，常会出现“油离”配合不好、换档失误或多次熄火现象。

② 前面有行人或非机动车正在横穿马路，不宜鸣笛，否则他们可能会突然站住或后退，反而更加危险。

③ 前方车辆正在上下人员，虽然暂时影响了本车的通行，但也要稍微等待，此时鸣笛容易招致上下车人员的反感，有些人反而故意放慢速度。

④ 进出小区或其他较为狭窄的通道时，如果前面有行人正在道中行走，则不

宜鸣笛催促。

⑤ 在郊外行车时，如果遇到马车或其他牲畜车，不要鸣笛，否则容易引起牲畜受惊而更加危险。

⑥ 在医院、学校等单位门口，都悬挂有禁鸣笛的标志。这些区域人流量比较大，红灯时间也较长，驾驶人一定要养成良好的习惯，不管是否看到禁鸣笛的标志，都不要随便使用喇叭催促行人。

第二节　安全载运与牵引技巧和禁忌

一、安全载运技巧与禁忌

口　诀

车辆装载有规定，长宽高度要遵行；
人员货物要分开，超载超员都要禁。

1. 载人技巧和禁忌

汽车运载人员时，对驾驶人的操作要求较高，必须集中精力，谨慎驾驶。

1）起步前鸣笛预告乘员，缓慢地放松离合器踏板，使汽车平稳起步。

2）起步后加速踏板应平稳踏下，切忌猛跑猛冲，避免使乘员前趴后仰。

3）行驶中遇转弯应小心谨慎，进入弯道前，先放松加速踏板，利用发动机制动减速，并根据弯道情况和车速适当间断地轻踏制动踏板，使汽车进一步降低速度，以减小转弯时的离心力。

4）通过坡道时，若路面较宽而且平整，两侧没有危险，可适当利用惯性冲坡。客车将行至坡顶时，应适当减慢车速，鸣笛警告对方车辆和行人，并根据上坡道路情况，选用合适的档位控制车速。下陡坡时尽量用中速档下坡，运用档位辅助行车制动器联合控制车速。

5）停车时，通常使用预见性制动，除紧急情况外，不可使用紧急制动停车。停车方法是：确定停车位置后，先放松加速踏板，利用发动机制动降低车速；待车速降低后，逐渐靠向道路右侧，同时轻踏制动踏板，使汽车平稳停住。

实用锦囊

载人驾驶时，转向、制动运用要平缓，处理情况要提前，保证加速、减速、转弯以及停车时的平稳、舒适。

载人禁忌：

1）一忌人员超载。公路载客汽车不得超过核定的载客人数，但按照规定免票的儿童除外。

2）二忌载货汽车车厢载客。在城市道路上，货运机动车在留有安全位置的情况下，车厢内可以附载临时作业人员1~5人；载物高度超过车厢栏板时，货物上不得载人。

2. 载物技巧与禁忌

1）机动车载物的基本要求。

机动车载物应当符合核定的载质量，严禁超载；载物的长、宽、高不得违反装载要求，不得遗洒、飘散载运物。

机动车载运超限的不可解体的物品，影响交通安全的，应当按照公安机关交通管理部门指定的时间、路线、速度行驶，悬挂明显标志。

机动车载运爆炸物品、易燃易爆化学物品以及剧毒、放射性等危险物品时，应当经公安机关批准后，按指定的时间、路线、速度行驶，悬挂警示标志并采取必要的安全措施。

2）机动车载物长度、宽度、高度的限制。

① 重型、中型载货汽车，半挂车载物，高度从地面起不得超过4m，载运集装箱的车辆不得超过4.2m。

② 其他载货的机动车载物，高度从地面起不得超过2.5m。

载客汽车除车身外部的行李架和内置的行李箱外，不得载货。载客汽车行李架载货，从车顶起高度不得超过0.5m，从地面起高度不得超过4m。

3）载物驾驶技巧。

① 起步。大型货车载重起步时，为了动力传递平稳，使汽车顺利起步，在操纵离合器的过程中，半联松抬时间（抬起过程）要比空车稍长一些，加速踏板也应适当深踩。

② 换档。车辆载重时，加档冲车距离要比空车长，减档时机要提前，动作应更迅速、准确。下坡减档时，车速应降至低一级档位的最低速度，且动作要敏捷、快速。

③ 转向。大型货车载重驾驶时，通常会感到方向“发飘”，这是由于车辆装载物资后重心后移造成的。因此在操纵转向盘时要平稳转向，少打少回，切不可猛打猛回。装载物资的重心偏高时，更要稳打稳回，以防重心突然偏移造成事故。

④ 制动。在相同的行驶速度下，重车的制动距离要比空车长，这是惯性大造成的，所以，制动减速的时机应适当提前。

载物四禁忌

1）一忌物资装载不当，行车时紧急制动。物资的装载要适当，捆扎要牢固；行车时应尽量避免使用紧急制动，以防物资移位和倾翻，甚至损坏车辆。

2）二忌超速行驶。绝不能为赶时间、赶任务而超速行驶。行车中应做到思想集中，不急不躁，坚持中速行驶，杜绝开快车，开英雄车。

3）三忌下坡时空档滑行。

4）四忌长途行驶不检查物资装载情况。加强对车辆和装载物资的途中检查，发现问题及时处理。

二、机动车牵引技巧

口 诀

牵引行车有规定，时刻牢记不危险；
拖挂行车注意多，连接坚固细操作；
转弯之前要减速，制动使用早轻缓；
上下坡道用好档，掉头停车细点心。

1. 牵引故障车的方法

牵引故障车的方法有硬连接牵引和软连接牵引两种。

1）硬连接牵引。硬连接牵引的拖杠可用长约3m的金属杠，在两端各镶焊上圆环。牵引制动失效的故障车时，必须用硬连接牵引。

2）软连接牵引。软连接牵引时，可用钢丝绳或其他高强度的绳索。绳索的长度一般为4~6m，在城镇繁华街道或弯曲、狭窄的路段上，应适当缩短绳索的长度，但最短不可少于4m。

2. 被牵引车注意事项

① 被牵引车应放松驻车制动和制动踏板，变速杆应置于空档。

② 为便于观察前方路面情况，行驶中被牵引车可稍偏向路中间行驶，但须注意对面来车和后方超车，若发现突发情况，应及时靠右让路。

③ 下坡时，应踩踏制动踏板适当地控制车速。牵引中如遇情况必须停车时，应立即鸣笛告知牵引车停驶，待牵引车做出反应后，被牵引车方可制动停车。

实用锦囊

被牵引车遇牵引车在下坡时紧急制动的处理方法

若前车紧急制动，后车在制动的同时，要转动转向盘，使车头偏向前车后栏板的某一侧，以免发生碰撞。

第二章 典型路况和环境的驾驶技巧与禁忌

第一节　一般道路驾驶技巧与禁忌

一、道路交通情况处理的技巧与禁忌

1. 行人动态的处理技巧与禁忌

口　诀

行人动态判断清，谨慎小心随时停；
人多车多别硬挤，对方乱抢莫生气；
提防横穿马路人，安全行车有保证。

（1）行人动态的处理技巧

1）老年人视力欠佳，听觉不灵，行动迟缓，常常不能正确估计车速和自己横过马路的速度，准备横穿时犹豫不决，有时行至中途看到左边有车开来时又突然退回。

① 白天遇老人在路右侧行走时，应减速慢行，提前鸣笛（切不可到其近前突然鸣笛），并增加鸣笛的次数，以防老年人突然走向道路左侧。

② 夜间、黄昏、黎明遇老人在路上行走时，应提前用远近光灯交替变换的方法来引起他们的注意，以防他们突然走向路中。

2）行车中遇少年儿童在道路上玩耍时，应提前减速。必要时应停车避让，不能用鸣笛的方法驱赶，待情况稳定、方向明确后，低速通过。

遇儿童与成年人分别在道路的两侧时，必须先减速，再观察儿童的动向，预防突然有一方横穿道路奔向对方。

3）女性在路上行走较为迟缓，喜欢成群结队、拖儿带女，要预防突然跑向对面同伴，避免发生意外事故。

女性行走方向存在不确定性。通过时，应以制动、减速、停车的措施来应付，以防其突然改变行走方向。

4）与奔跑横穿道路的行人距离较远时，应鸣笛，催促其尽快通过；如距离较近，则应迅速减速避让，待其横穿后再行通过。

大风、暴雨来临行人乱跑时，应减速慢行，注意道路两边的行人窜上道路，也要注意在道路上行走的人为找避雨的地方而乱跑，如图 2-1 所示。

图 2-1　遇奔跑横穿道路的行人的驾驶方法

5）有些行人因正在专心思考某些事情，注意力往往高度集中在所思考的问题上，除了两条腿本能地移动外，对外界的一切都置若罔闻。

遇到这种行人，应减速，距较远的地段就鸣笛，缓行通过，细心观察他们的动态，尽可能保持较大的安全距离，并做好停车准备。不得临近沉思的人再鸣笛，如果猛然惊醒沉思的行人，他们会不知所措，易造成危险。

6）有的行人麻痹大意，往往看到汽车或听到鸣笛声，甚至汽车已尾随鸣笛也不迅速避让，或虽有避让，却根本不考虑效果。遇到这种行人时应减速并急促鸣笛，耐心地设法避让通过，必要时可停车等待时机通过，切不可加速强行绕过，以免发生事故。

7）行车中，遇到集体行走或结伴而行的人，应特别注意领头的人和那些表现比较犹豫的人，尤其在同行人大都已穿越道路还剩少数人在另一边时，要特别注意这些少数人的行动，防止他们急速横穿道路发生危险；还要注意这些人因打闹玩笑而跑到道路中间。对于列队而行的团体，只需稍鸣笛提示，按正常速度通行即可。当队列正在横穿道路时，应停车等候队列全部通过完毕，不可鸣笛催促，更不可抢行冲断队列。

8）雨天行车，遇行人混乱时，要提前减速、鸣笛，严禁争道强行；不要从行人身边绕过，以免发生事故。

遇到撑伞或穿雨衣的行人，要考虑他们的视线和听觉都会受到伞或雨衣的妨碍，做好随时停车的准备。

9）冬天戴棉帽或穿大衣的人，视线受限，听觉受阻，不能及时发现驶来的车辆。驾驶人应鸣笛，注意行人动向，做好随时停车的准备，谨慎通过。

10）初进城市的行人，不熟悉道路和交通规则，常慌张地横穿道路。因此，必须预防他们横穿道路。遇到上述情况应减速或绕行。

11）遇到智障人和精神病人，应当预防其突然冲向车辆，必须设法低速缓慢绕行。

（2）遇到行人的处理四禁忌

1）一忌高速行驶。

2）二忌开斗气车。

3）三忌和行人抢道。

4）四忌对行人没有耐心。

2. 遇机动车及非机动车的处理技巧

（1）遇机动车处理技巧

口　诀

出租车后远距离，横穿急停要注意；
货车占道抢行多，让行弯道不会车；
大客赶路爱超车，乘客上下起停多；
路遇特种消救警，及时避让路边停；
教练车慢左右摆，忽动忽停莫循踪；
摩托横冲远距离，以防制动来不及；
农用车慢噪声大，占道抢行最可怕。

1）与占线行车者在同一路段行车。首先应鸣笛，向跨线行车的驾驶人发出警告，观察行车的动向。如果这时跨线车向右靠，让出了行车道会车，汽车就可以以正常速度与其会车。若跨线车出现方向不稳，听到鸣笛声虽然靠右让车，但立即又驶到跨线上，这时，驾驶人应观察道路右侧的情况，若右侧较宽，又没有障碍物或行人行走，就可以靠右一点，将左边的间距留宽点，让对方车占线行驶；若右边较窄或右前方有障碍物或有人行走，就应选择路面稍宽点的地方停让，当跨线车通过后，再继续向前行驶。

2）与蛇行行车者在同一路段行车。行驶中遇到这种车，不得鸣笛催促其让车。首先观察道路的情况，选择较宽的路面，按超车规定超越。若是会车，也应选择路面较宽的地点，多留一点横向间距与其交会，以免发生事故。

3）与教练车在同一路段行车。超越教练车时要多用鸣笛提醒，等待其减速、靠边，做出避让和让超表示后才可超越。超越时，应拉大两车间的横向间距。超越后，驶离被超车有足够的安全距离时，再缓缓驶回正常车道。

4）路遇执行紧急任务的汽车。如执行紧急任务的汽车与本车交会，应提前缓行于公路右侧；如是要超越本车，则应迅速减速，靠右行驶，并做出让超表示。**无论会车还是被超，都要积极主动地为执行紧急任务的汽车提供方便。**

在交叉路口，绿灯开启，本车可以通行，当遇横向驶来的执行紧急任务的汽车时，本车仍要立即停驶，等待它们通过后，才可重新起步。

发现车后警笛鸣响、警告灯闪亮时，应立即打消驶向路左道口的意图，并靠路右停车避让，等待执行紧急任务的汽车通过后，再起步左转。

5）遇装载危险物品的汽车。会车时，如路面条件允许，可以快速通过。不要冒险超越装载危险物品的汽车，特别是在窄路、路面倾斜的弯道处、砂石路面以及存在较大坎坷的路段时，应尽量避免超车。

装载危险物品的汽车在前方停驶后，本车应迅速放慢车速，加强观察，视道路交通情况分析判断，确认没有危险时再通过。

在道路平坦、宽阔的路段超越这类汽车时，超越时的横向间距应尽量拉大，超越的时间应尽量缩短。

6）遇超宽超长违章车辆。遇到对方汽车装载违章（超长、超宽）或装载货物捆扎不结实，造成严重的车身倾斜、扭曲时，立即找路面宽敞的地方将车停在路边，让出足够的与违章汽车的横向间距，预防其方向失控或货物倒落而将自己的汽车撞坏，也要预防其倾斜的货物刮坏自己的汽车。当遇到这样的汽车驶来时，绝对不能快速行驶抢道。

与超宽车相会时，必须根据超宽车的占道情况来确定本车的行进方向。如超宽车占道严重，本车应主动将车停靠路右侧，让超宽车先行通过。

与超长车在弯道相会、自己车道又被全部或部分占用时，应立即制动停车。如果停车后，超长车仍然难以通过弯道时，自己应主动倒车，让其转弯后再行。

7）遇农用车、三轮车。发现前方道路有农用车、三轮车行驶时，要提前放慢车速，跟行一段路程。**注意：纵向间距不宜太近，以防其突然制动停车。**

注意观察农用车、三轮车的行驶状态，确认其行驶状态稳定时，再选择比较宽阔的路段进行超越。超越时要给足信号，并有意拉大两车之间的横向间距。

会车时，如果该车挤占了本车车道，应主动减速，靠右行驶，情况紧迫时，应主动停车，等待其通过后，再起步行车。

8）遇摩托车。与摩托车同向或相向行驶，应迅速抬起加速踏板让汽车自动减速，同时将右脚置于制动踏板，做好制动应急准备，并鸣笛提示。

与摩托车相会时，要拉大与摩托车之间的横向间距，在会车的瞬间，要有防范意识和应急准备，应密切注意摩托车的行驶状态，发现其偏向和摇摆时，应立即减速避让。

载人载物的摩托车，其稳定性较差，通过时要格外小心。

9）遇公共汽车。公共汽车体积大，载客多，起步慢，起步和停站的次数多；在早晚高峰时，公共汽车的速度较快；上下乘客时，车前车后急穿道路的行人较多；进出站时，非机动车辆绕越的也比较多。因此，在绕越停靠站的公共汽车时，应放宽横距，勤鸣笛，并密切注意非机动车和行人的动态，做好随时制动停车的准备。

10）遇载货汽车。普通载货汽车一般多装满载；有的驾驶人喜欢抢行，见前车车速略慢就急欲超越；不少载货汽车往往居中行驶，有的甚至还借用对方的运行车道。如果遇有这类载货汽车时，应多注意观察其动态，并根据情况采取相应的有效措施。此外，还要注意观察载货汽车的装货情况，看有无体积大的或凸出的东西伸出车厢，防止刮碰。

11）遇军用车辆。军用车辆任务急、速度快、驾驶风格较好，但新驾驶人较多，缺乏行车经验，特别是在进入市区后，对道路不太熟悉，经常会突然改变行驶路线。行驶中遇有军用车辆时，应主动礼让，驶近路口时，应密切注意其行驶方向，并与之保持较大的前距，以保证行车安全。

（2）遇非机动车的处理技巧

口　诀

自行车，爱钻行，保侧距，短号鸣，不赌气，可让停；
遇货车减速超过，遇占路耐心跟进；
遇到牲畜别惊吓，不鸣笛让一下。

1）汽车与人力三轮车、手推车会车或汽车超越这些人力车时，为防止人力车横转，必须首先增大横向间距，谨慎驾驶汽车顺利通过。

2）遇畜力车时尽量少鸣笛，可减速谨慎通过；若发现牲畜两耳直立，行走犹豫时，应立即减速并做好停车的准备。切不可以临近牲畜时鸣笛，以防牲畜受惊而乱窜造成事故。

3）遇自行车行驶的处理技巧。

① 汽车在行进中，发现儿童在道路前方骑着自行车时，首先轻鸣笛，观察儿童骑自行车的动向。若自行车东倒西歪地前行，汽车驾驶人就要做好随时停车的准备，降低行车速度。

② 汽车在行进中遇自行车，应首先鸣笛向骑车人发出信号，以观察骑车人的动向。若骑车人立即下车，并将自行车推到路的右边，这时汽车可按正常速度行

驶；若骑车人想下又不想下，这时驾驶人应立即减速慢行，并观察道路左侧的情况。如果道路左侧无障碍物又无来车，就可以稍微靠左点行驶，与自行车的横向距离拉大；若有障碍物或有来车，这时应慢行，当汽车驶过障碍物或会车后，再采取措施超过骑自行车的人。

4）遇电动自行车。**电动自行车属于非机动车，在非机动车道上行驶，起动快、稳定性差，有的电动自行车骑得飞快，交通事故频发，因此遇电动自行车时，应注意避让，不要与其抢行。**

特别提醒

1）非机动车，预防其突然横穿。

2）摩托车，预防其突然穿插。

3）小型汽车，预防其突然超越。

4）公交汽车，预防在停靠站时车前车后突然急穿行人。

5）载货汽车，预防与其货物擦刮，特别注意其视线有盲区、驾驶人易疲劳驾驶。

6）军用车辆，预防其突然改向。

7）拖拉机，预防其占道不让。

二、行驶路面、路线的选择与车速、车距控制技巧与禁忌

1. 行驶路面的选择

口　诀

路面路线很重要，车速车距最关键；
避坑避颠避急弯，规定车道走中间；
交通法规要记牢，安全行车有保证。

行驶路面跟行车安全和车辆使用寿命、燃料消耗以及驾驶人的疲劳强度有很大关系。在行车中应正确选择行驶路面，尽量避免颠簸、偏重，并尽可能保持匀速直线行驶。

1）在一般道路上行驶时，在无会车和超车的情况下，应在道路中间行驶，特别是在路面不宽、拱形较大的道路上，务必使车辆两边都有回旋余地，这对高速行车尤为必要。只有在拱形路面中间行驶，才能给车辆以对称的反作用力，并且中间路面行车可避免偏重，适宜长时间行驶。但在视线不良的道路上必须靠右侧

行驶，以防与对面来车相撞。

2）遇到凹凸不平的路面时，应尽量避开凹坑、凸起物、尖石、异物等，视有无来车以及坑、物的大小等情况，采取绕行、低速单轮下坑、低速双轮下坑等方法平顺通过，**不能车到坑前突然转动转向盘避让，以防发生侧滑、侧翻和对其他车辆造成危险。减速应提前，避免在下坑时使用紧急制动，**防止载荷前移，损坏机件。通过连续凹凸不平路面或“搓板”路时，要适当降低车速，稳住加速踏板，匀速行驶。

3）行驶中遇有会车或让超车等情况，应主动减速，并靠道路右侧行驶，之后再进入道路中间行驶。长时间偏向道路一侧行驶，将会加重一侧轮胎、钢板弹簧、车架等机构的负荷，造成不均衡的磨损或损坏。

4）转弯时应减速，鸣笛，靠右侧行驶，特别是在山区公路中视线不良的弯道上，必须按规定路线行驶，严禁侵占对方行驶路线，以免发生撞车事故。

2. 行驶路线的选择技巧与禁忌

（1）行驶路线选择的技巧

口 诀

行驶路线的选择，各行其道是关键；
先行权与通行权，安全行车是保证。

① 在没有划分机动车道的道路上机动车应在道路中间行驶。在超车、会车时，应按规定让有通行权的车辆先行。对面有来车时，须让出中心线靠右侧道路行驶，并注意右前方非机动车和行人的安全。

② 在划有大型或小型机动车道的道路上，小型客车在小型机动车道内行驶，其他机动车在大型机动车道内行驶。变更车道时，要提前打开转向指示灯，确认安全后方准变更行驶车道，变更车道后应及时关闭转向灯。

如果道路同方向划有两条以上机动车道，则左侧为快速车道，右侧为慢速车道，变更车道的机动车不得影响相关车道内机动车的正常行驶。慢速车道内的机动车超越前车时，可以借用快速车道行驶。

③ 根据道路交通法规，“道路划设专用车道的，在专用车道内，只准许规定的汽车通行，其他汽车不得进入专用车道内行驶。”在有时间限制的车道，注意标志线划定的禁行时间，在禁行时间内不要驶入专用车道；在禁行时间以外，其他汽车也可以在专用车道上行驶。

（2）行驶路线选择三禁忌

1）一忌跨越实线变道。

2）二忌向右跨越实线变道。

3）三忌向右侧跨越虚线变道超越前车。

3. 行车车速的控制

口 诀

十分把握七分开，留着三分防意外；
十次肇事九次快，麻痹大意事故来。

行驶速度选择要根据车型、环境、交通和气候条件，以及驾驶人的技术水平、生理、心理等因素来确定。

实用锦囊

控制行车速度的基本原则是：在交通法规标志和限速规定的范围内行驶，做到该快则快，该慢则慢，该停则停。

1）在一般道路上，在保证安全的前提下，应使用高速档经济车速行驶。经济车速因车型不同而有所区别。汽油车的经济车速是最高车速的40%～60%。

2）通过行人较多的路段、村镇、铁路和街道交叉地点，设有警告标志的地点，以及转弯、掉头、上下桥坡，遇有大风、大雨、路面积水、结冰等，车速不得超过15km/h。

3）在进出大门、倒车、道路较狭窄且遇有行人、非机动车川流不息的情况下，车速不得超过5km/h。如果以5km/h的速度行驶都不能确保安全，则应靠边停车。

对于初学汽车驾驶的学员，即使在良好的道路条件下行驶，车速也不宜超过45km/h，以保证安全。

4）汽车最高行驶速度相关规定。汽车在道路空旷、宽阔，视线良好并能保证交通安全的正常情况下，最高车速规定如下。

① 小型客车在设有中心双实线、中心分隔带、机动车道与非机动车道分隔设施的道路上，城市街道为70km/h，公路为80km/h；在其他道路上，城市街道为60km/h，公路为70km/h。

② 大型客车、载货汽车在设有中心双实线、中心分隔带、机动车道与非机动车道分隔设施的道路上，城市街道为60km/h，公路为70km/h；在其他道路上，城市街道为50km/h，公路为60km/h。

③ 两轮摩托车、侧三轮摩托车，在城市街道为50km/h，公路为60km/h。

④ 铰接式客车、电车、载人的货运汽车、带挂车的汽车，在城市街道为40km/h，公路为50km/h。

⑤ 拖拉机、轻便摩托车为30km/h。

⑥ 蓄电池车、小型拖拉机、轮式专用机械车为15km/h。

2

特别提醒

以下情况最高车速不准超过30km/h。

1）通过胡同（里巷）、铁路道口、急弯路、窄路、窄桥、隧道时。

2）掉头、转弯、下陡坡时。

3）遇风、雨、雪、雾天能见度在30m以内时。

4）在冰雪、泥泞的道路上行驶时。

5）喇叭、刮水器发生故障时。

6）牵引发生故障的机动车时。

7）进出非机动车道时。

4. 行车车距的控制

口 诀

掌握车距很重要，两秒规则很有效；
后车紧跟莫斗气，趁早让他超过去；
活动目标侧距大，谨防意外不出岔。

（1）纵向安全间距

纵向行车间距的大小，取决于行驶速度、驾驶人思想集中程度、驾驶技术水平、精力充沛程度以及汽车制动装置工作性能、运行条件（道路、气候）等。一般情况下，纵向行车间距在公路上要保持30m以上，在市区要保持20m以上，在繁华地区要保持5m以上，在冰雪路面上要保持50m以上，若气候恶劣或道路特殊时，还应适当加长。在干燥路面上行驶时，同向行车间距的“米”数，可近似等于行车速度的“千米”数。例如，行驶速度为40km/h，则行车间距应大于40m。尾随车辆因受前车的影响，视线不良，驾驶操作被动，这时后车与前车应保持适当的纵向间距，以便观察前车的动态，保证安全行驶。

1）在一般道路上正常行驶时，可采用“两秒跟车法”，即与前车保持2s的行驶间距。

2s跟车法

在路旁找一个参照物，当前车通过后数一百零一、一百零二，也就是数2s，然后确定跟车距离。在高速公路上，掌握跟车距离的时间可增加到3s。若少于2s，则说明跟车过近，若前车突然紧急制动，后车将没有足够的空间和时间做出反应，可能会导致追尾事故。

2）在高速公路上行驶时，跟车距离要适当加大，一般可以按照时速的“千米”数对应的“米”数来确定跟车距离，如以100km/h的车速行驶，那么跟车距离最好不要低于100m；车速达到120km/h，跟车距离应不少于120m。在高速公路上最好不要采取紧急制动，否则很容易导致爆胎、追尾等事故。不同车速下的安全距离见表2-1。

表2-1　不同车速下的安全距离

车速/（km/h）	20	30	40	50	60	70	80	90	100	>100
安全距离/m	10	15	25	35	45	70	80	90	100	与车速数值相同

特别提醒

以上方法都是在车况良好，道路条件、机动车驾驶人的心理及生理条件良好的状况下运用。雨、雪天路面湿滑，雾天视线不良，以及车况差、制动不灵，驾驶人疲劳、反应能力下降等情况下，跟车距离应适当加大，采用“四秒”或“五秒”跟车法，以确保合适的安全跟车距离。

特殊气候或道路条件变差时，安全间距应相应增大；雨、雾、坡道或夜间，安全间距应增大到1.5倍；冰雪路段，安全间距应增大到3倍。

遇到障碍物时，要用极低的车速跟车行进。跟车距离可以适当缩短但不能过分靠近，一般至少保持5～8m的安全距离，以双眼能看到前车后轮着地位置为合适。

在跟随前车行进中，除不能跟前车的距离太近外，前车的驾驶人应随时注意观察尾随车辆的动态，尽量避免紧急制动，防止尾随车辆因制动不及时造成危险。

（2）横向安全间距

在行驶过程中，车辆之间要保持1m以上的横向安全间距。随着行车速度的加快，横向安全间距也应增加。一般车速在40～50km/h时，同向行驶车辆的横向最小安全距离为1.0～1.4m，对向行驶车辆的横向最小安全距离为1.2～1.4m，汽车与人行道间的安全距离为0.5～0.8m。不同车速下的最小横向安全距离和车轮至路边的最小安全距离见表2-2。

表 2-2　不同车速下的最小横向安全距离和车轮至路边的最小安全距离

车速/(km/h)	20	30	40	50	60
最小横向安全距离/m	0.5	0.8	1.0	1.1	1.2
车轮至路边最小安全距离/m	0.5	0.6	0.7	0.8	0.9

在条件不允许保持足够的安全间距时，应减速，缓慢通过或停车，以保证安全。

特别提醒

1）在没有中心线的道路上行车，应在道路中央偏右侧行驶，但不能过于靠近右侧路边。

2）在有中心虚线的道路上行车，车应在右侧车道上行驶。在确保安全的条件下，超车、躲避障碍物和向左转时可以越线行驶；实线区域内不可超车和变更车道。

3）在有多向车道、有导向标志的道路上行车，右侧车道行驶的车辆在前方路口准备右转时，可以直接右转；需要直行、左转时，必须提前在虚线路段内变换车道，禁止轧实线。

三、安全跟车的技巧与禁忌

1. 安全跟车的技巧

口　诀

跟车行驶要注意，距离适当是第一；
看速看路看天气，交通情况要注意；
跟车思想不放松，技术熟练别麻痹；
正常行驶要小心，防止前车突然停；
出租公交要远离，串车大货莫要挤；
车况不好外地车，跟车不能近快急；
发生意外和险情，从容应付好处理。

1）保持足够的安全距离。在汽车运行中，跟随车辆行驶必须保持一定的安全距离，而且要根据车速、环境的变化及时加以调整。在城市街道上驾驶汽车，车速较慢时，跟车距离可小一些；在高等级公路、高速公路上行驶，车速快，跟车距离必须增大。

2）控制好车速。行驶速度必须与前车相适应，通常以加速踏板控制为主。加速踏板使用要平稳，发现车距过近时，稍松一点加速踏板；车距过大时，稍深踩加速踏板即可。要逐渐改变车距，避免出现车速忽快忽慢的现象。

3）观察情况要全面。在跟随车辆行驶时，视线被前车所阻挡，视点容易集中在前车的尾部，对其他的交通情况难以及时发现，影响行车安全。要注意及时发现前车之前以及周边的交通情况，以增加处理情况的主动性。

4）随时准备减速或停车。每一辆车都要与车流或车队保持一致，跟车时前车随时都有减速或停车的可能，前车的制动灯突然闪亮时，必须及时松开加速踏板，并根据前车的情况果断采取措施。

5）当前车因处理交通情况停车时，尾随车辆要依次停放，不得随意超越，以免造成交通堵塞。如果前车是因故障或其他原因靠边停车的，可提前开左转向灯，鸣笛超越前车。

特别提醒

1）尾随行车不要与前车正对跟进，应适当将车身向左错开行驶，以能看到前车前方部分交通情况为宜，如图 2-2 所示。

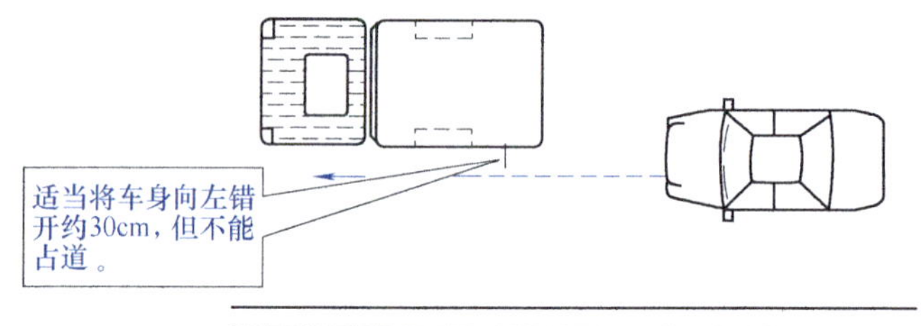

图 2-2　车身向左错开

2）小型汽车跟随大型汽车行驶时，应加大跟车的纵向间距。如果距离过小，将影响视线，同时难以观察前方道路交通情况，无法判断前车的动向，对突发情况不能及时采取有效措施。

3）如遇道路现场的石块、垃圾等未清理，运石料的汽车上的石块滑落路上，小车跟行大车且车速较快时，大车可以通过路障，小车则因底盘较低，躲闪不及时很容易引发交通事故。

4）跟随出租车。

5）雾中跟行时，要掌握好与前车间的纵向距离。雾中跟行会使观察范围缩小，注意点更加明确。因有前车引领，提供参照，不用担心会驶下路缘。

6）雨雪天跟行时，应加大纵向间距，否则前车甩起的污泥浊水会扑到前风窗玻璃上。因路面湿滑，制动距离延长，如果跟行纵向间距太小，则容易发生追尾事故。

7）上坡路跟行时，由于汽车上坡车速较慢，可适当缩短跟行距离。如前车或快或慢时，本车可选一个较低档位，匀速跟进。但**在前车停止时，则应拉大与前车的距离，以防前车起步时后溜。**

8）下坡路跟行时，应适当延长两车的纵向间距。因下坡时受车身自重的影响，行驶速度会加快，使制动距离延长。如果跟行纵向间距太近，则前车紧急制动时，很容易造成追尾事故。

2. 跟车六禁忌

1）一忌跟车时只看前不顾后。驾驶人对车辆后方情况的观察都是通过后视镜完成的，在正常行车过程中，一定要多看后视镜。如果没有注意到后车的超车信号，就很有可能和后面的车辆发生险情。

2）二忌被动随流跟车，漫不经心地跟随车流行驶，且只把注意点固定在前车上，这是很危险的。由于前后车速度相同，长时间的定向观察容易形成“静止视野”而逐渐引发意识低下，造成在不知不觉中失去驾驶感觉，动作反应迟钝。

3）三忌跟车时，犯急躁情绪。在跟进行驶中，若遇行人或非机动车插入，要保持足够的耐心，不要犯急躁情绪，尤其是遇行人横穿，更要主动避让。

4）四忌在特殊车辆后面跟车。跟车时，一般城市出租车、大型货车和公共汽车不跟，也不要跟随正在执行特殊任务的单车或车队，“实习”车辆、跑车和外地牌照车不能跟，以免造成事故或不必要的麻烦。

5）五忌跟车行驶距离过近、注意力不集中。在跟车行驶时，一定要保持合适的跟车距离，同时，精力要高度集中，使本车在任何情况下都能及时停住，即使前车制动灯不亮或突然横滑、甩尾时，也能从容应付。

6）六忌特殊情况按正常方式跟车。遇到雪、雨、雾天和路面结冰时的跟车距离应为一般情况下的2.5～4倍；在坡道、冰雪路面上行驶时，一般要延长至1.5～3倍才比较安全。

四、变更车道的技巧与禁忌

1. 变更车道的方法与技巧

口 诀

并道之前打转向，后视镜里看车辆；
后车尾随可转向，侧面有车让一让。

(1) 变更车道的方法

汽车变更车道行驶时，容易发生车辆间侧面碰撞，必须谨慎操作。其操作方法如下。

1）变更车道前，要通过内、外后视镜观察后方道路交通情况。

2）正确使用转向灯，如向左侧变更车道时，就应将左转向灯打开；如向右侧变更车道时，就应将右转向灯打开（图 2-3），提示其他车辆注意。在开转向灯 3s 后转动转向盘。

3）变更车道时，应正确判断车辆安全距离，控制行驶速度，不得妨碍其他车辆正常行驶。

4）变更车道时，不允许连续变更两条以上车道、长时间骑轧车道分界线、骑轧车道中心实线或者车道边缘实线，如图 2-4 所示。

5）变更车道完毕后，关闭转向灯。

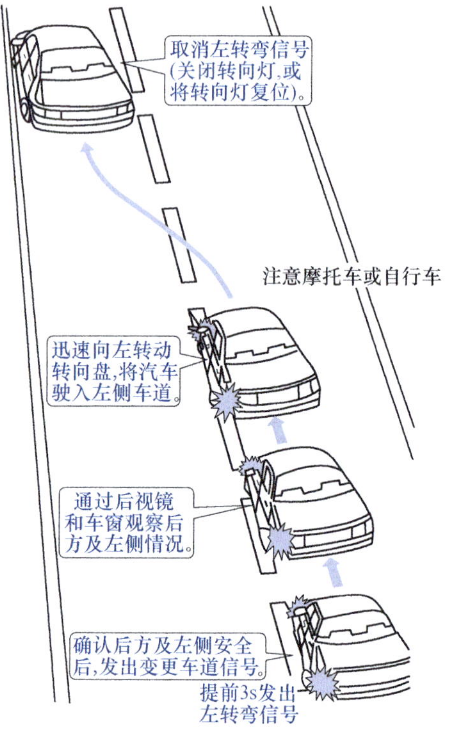

图 2-3　正确使用转向灯

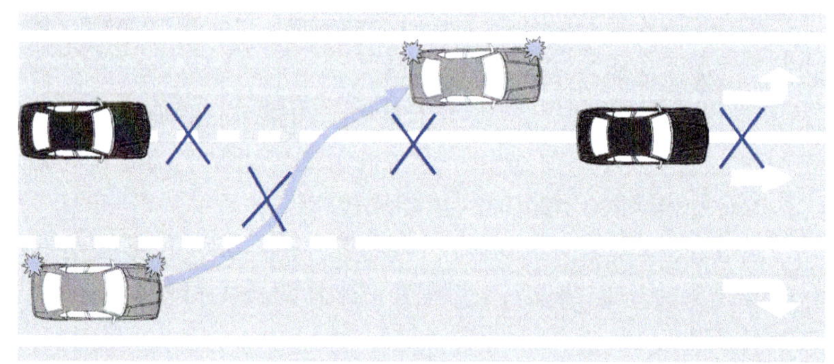

图 2-4　变更车道禁止行为

特别提醒

发出变更车道的信号一定要提前 3s 以上，即发出变更车道信号，汽车行驶 3s 后再开始变更车道。不要一发出变更车道信号，就立即转动转向盘变更车道，否则就会使其他车辆措手不及，容易引起事故。发出变更车道信号后，汽车行驶 3s 的距离长短与当时的车速有关，车速越高行驶距离越长，如表 2-3 所示。

表 2-3　汽车变更车道信号发出 3s 后行驶距离

当时行驶车速/(km/h)	30	40	50	60	80	100
3s 行驶的距离/m	24.9	33.3	41.4	49.8	66.6	83.1

（2）变更车道的技巧

1）交叉路口变更车道。提前观察道路交通标志和路面标线，根据需要行驶的方向选择行驶车道，在进入实线区前按导向箭头方向选择转弯、直行的车道；在进入导向车道前变更车道时，应提前打开转向灯，注意观察后视镜，确认安全后，变更车道。不得在进入导向车道后变更车道。

2）左转、右转变换车道。左转时，注意左后方车辆的速度和距离，通过内外后视镜观察左后方汽车的距离，确认安全后变换车道，必要时要转头直接看后视镜盲区部位，判断是应加速变换车道还是减速变换车道。

右转时，要充分利用内外后视镜和眼睛直接观察确认右后方安全后，再向右侧转弯。

3）汇入车流时变更车道。汇入车流前，应先通过后视镜观察左、后方正常行驶的车辆。汇入车流时，应注意选择汇入时机，在不影响其他车辆正常行驶的情况下安全汇入。

① 汇入车流时机的选择：汇入车流前，应注意车流动态，适当减速，选择好汇入时机，不要影响其他车辆行驶。

② 汇入车流车距的选择：当车跟在大型车辆后面行驶时，视线易被大型车辆遮挡，不易看清前面的交通情况，所以要注意保持较大的安全距离。驾驶人可采取“偏左侧错位”行驶的方法，以观察前面的交通情况，选择适当的车距。

③ 变更车道前，对后续来车的反应与确认：在车流量大的路段变更车道，要注意观察后续来车。后续来车速度降低时，汇入；后续来车速度不降低，不能汇入。

后续来车速度判断方法如下

从后视镜中观察后续来车，感觉车速快或车变大，说明后车没减速，此时应减速让其先行，不得汇入。

从后视镜中观察后续来车，感觉速度没有变化或车变小，说明后车已减速，此时应尽快提速，变更车道。

4）避让障碍物变更车道。看清对面来车的速度和距离，判断是先行还是等待（降低速度或停车）。

① 如果对面来车离自己前方障碍物较近时，应及时降低速度或停车，让对面来车优先通行。

② 若对面来车离自己前方障碍物较远时，要提前变更车道通过，不得在临近障碍物时突然转向绕行。

在自己的车道有停放车辆时，对面来车优先通行。如对面来车距离较远时，选择合适的距离变更车道，如图 2-5 所示。

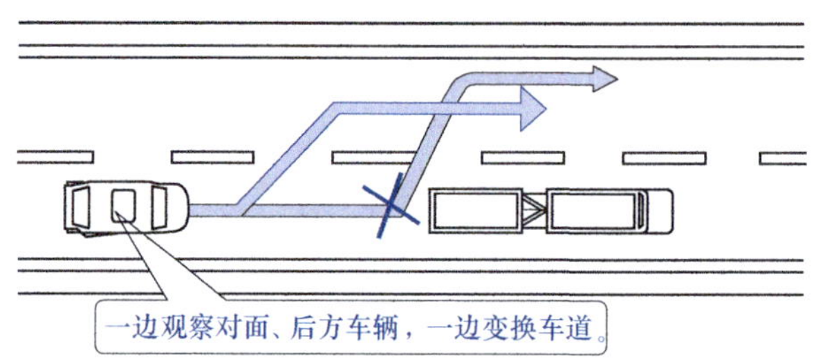

图 2-5　避让汽车

在单向二车道的道路上，首先看清后续车的速度和距离，然后判断是先行还是等待，如图 2-6 所示，防止相邻的车道有来车阻滞变道而造成制动停车或强行变更车道，发生碰撞事故。

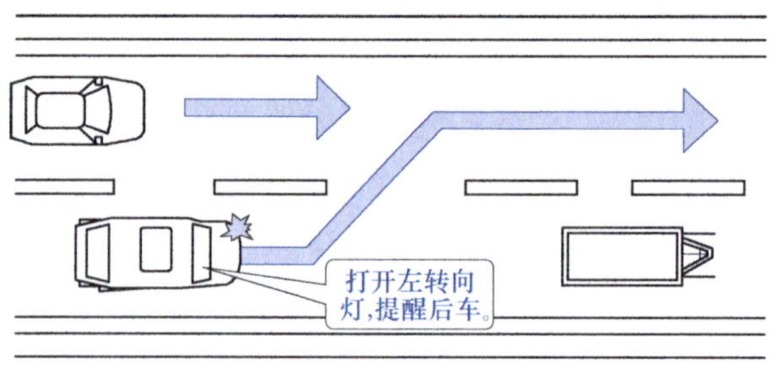

图 2-6　单向二车道避让汽车

2. 变更车道三禁忌

1）一忌变换车道前未使用转向信号灯。

2）二忌连续变更车道。

3）三忌强行并线。

五、汽车会车的技巧与禁忌

1. 汽车会车的技巧

口　诀

两车相会讲礼貌，礼让三先要做到；
会车不抢不占道，减速礼让很重要；

窄道会车靠边行，注意行人随时停；
你抢我停不斗气，先让慢停要牢记；
三点交会要不得，心惊肉跳定紧张；
夜间会车要注意，减速看清是第一；
傍山险路莫争抢，内侧先让外侧行；
过桥之前先减速，不要桥上来会车；
冰霜雨雪路打滑，提前减速别大意；
路滑会车要注意，制动使用不要急；
弯大坡陡要注意，减速鸣笛靠右行；
转弯减速不能急，脚踏制动别大意；
注意车后有情况，横向间距留足量。

1）会车前，应观察对面来车及道路和交通情况，适当选择会车地点。会车时应选择道路较宽处，当道路宽度受限时，应选择双方右前方均无障碍处会车。适当降低车速，握稳转向盘，同时保持两车间留有足够的横向距离。会车时的侧向间距与车速有关，车速越快，所需的间距越大，不同车速时会车的横向最小安全距离见表2-2。

2）汽车在视线良好又无限速标志的宽阔道路上会车时，可适当加大两车的横向间距，不降速会车。会车后，注意从后视镜观察确认无车辆超越时，再缓慢地驶向道路中心。

3）汽车在城市快慢车道不分的街道上会车时，要特别注意交通指挥信号和交通标志，保持合理的跟车距离和适当的横向间距，尤其是要警惕行人（特别注意儿童、老人）横穿道路和其他车辆抢道，做好应付突发情况的准备（随时准备停车）。

4）遇前方有障碍物会车时，应根据各自车辆离障碍物的距离、速度及道路的实际情况，决定加速超过还是减速等待，以错开越过障碍物的时间，避免在有障碍物的狭窄处或非机动车道进行会车。**应遵守距离障碍物较近、车速较快、前方无障碍物一方车辆先行的原则。**

来车速度较慢或离障碍物较远时，应果断加速越过障碍物后驶入右侧；也可根据需要适当降低车速，在超越障碍物前与来车交会，如图2-7所示。

5）汽车行驶中遇到窄桥、狭窄路段会车时，应估计双方距离桥的远近和车速，让距离桥近的、车速高的车先过桥；距离桥远的、车速低的车应主动礼让，不能盲目抢行。尽量避免在桥梁、隧道、涵洞、急弯等处会车，即使路面较宽的双车道，也应该慢车交会。

在遇有窄路或只能单行的道路上会车时，具有让车条件的一方，应选择比较

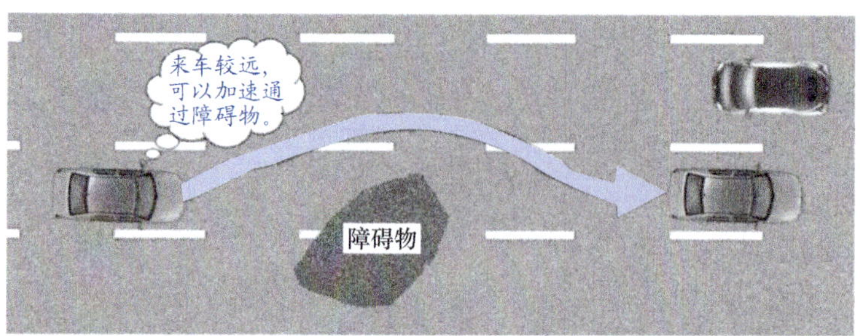

a) 加速通过障碍物会车

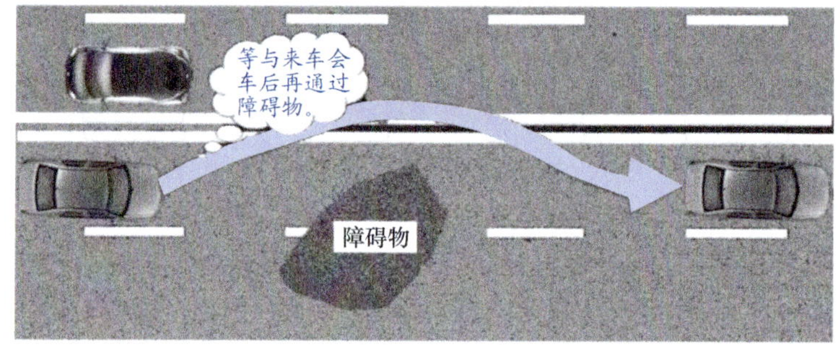

b) 等待来车通过障碍物

图 2-7　距离障碍物远近不同的会车方法

宽阔平坦的地点停驶，等候与对面来车相会。停驶位置的选择应有利于重新驶入行车通道。

6）汽车在傍山险路、陡坡、连续弯道上行驶时，因视线受阻，很难发现来车，如果听到鸣笛声，就必须做好会车的准备；在没有听到鸣笛声时，心中时刻想到前方可能有来车，减速鸣笛。观察判断好路基的虚实情况，选择安全地点与来车交会。

7）夜间行驶中发现远处对方来车灯光照射的光线时，应及时利用前照灯光线察看前进方向的道路宽窄和路面的状况。在距对方来车 150m 以外，必须将远光灯变成近光灯，同时减速慢行，加大横向间距，并掌握好方向靠道路右侧行驶，必要时可停车避让。

遇到与迎面而来的非机动车交会时，应断续地开、闭前照灯或关闭前照灯，打开示意灯，以便双方能看清道路和地形。如果发现骑车人左右摇晃或抬手遮光，说明骑车人看不清道路或发生慌乱，此时应降低车速，关闭前照灯，必要时应立即停车以确保安全。

当与同向行驶的非机动车会车时，在看清汽车前方行驶情况的同时，还要观察非机动车前方的道路情况，以免非机动车遇到障碍而摔倒，或突然拐到道路中间而影响行车安全。

8）右转弯的会车技巧。进入右转弯前，先将车由道路中间靠向路的右侧，然后观察道路情况，一旦发现来车便调整会车姿态，更有效地利用弯路空间。

9）坡路的会车技巧。

① 汽车上坡会车时，要在会车之前提前减档，以便在与对方车辆相会时具有较强的动力支持。

② 在狭窄的坡路会车时，一般上坡的一方先行。但如果下坡的一方已行至中途而上坡的一方未上坡时，下坡的一方先行。

10）跟随会车的技巧。会车前松开加速踏板并先轻踩一脚制动踏板（此时制动信号灯会闪亮，提示后车拉开车距），然后稍向左调车，错位观察会车情况，提示后车拉开车距。

不得高速占道会车或只减速不让道，如图 2-8 所示。

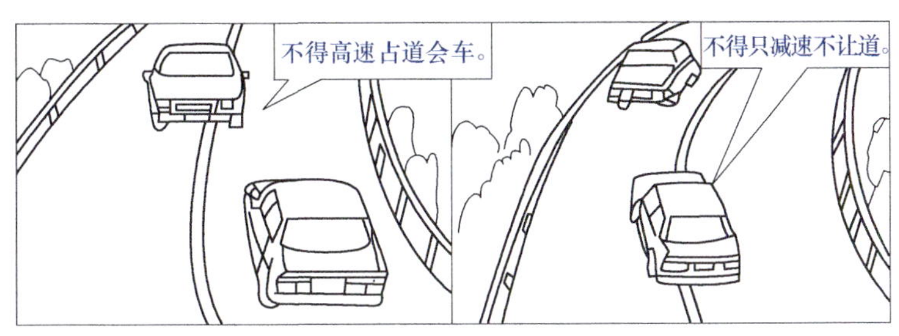

图 2-8 不得占道会车

2. 会车八禁忌

1）一忌遇有障碍物时，在障碍物处会车，形成“三点一线”交会，如图 2-9 所示。

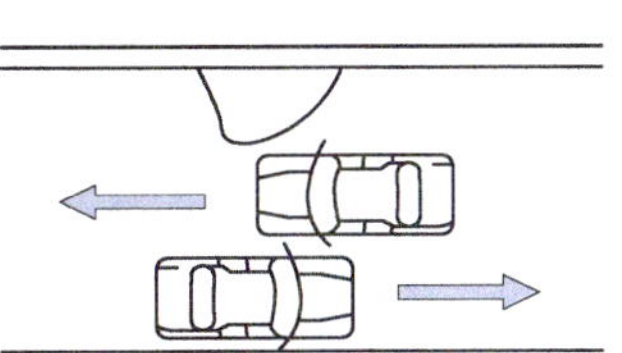

图 2-9 不得“三点一线”交会

2）二忌在窄桥、窄路、隧道、急转弯等危险地点会车。

3）三忌夜间交会车辆不按规定关闭远光灯。

4）四忌会车时感情冲动。会车要做到“先让、先慢、先停”的礼让三先。

5）五忌高速会车。

6）六忌会车时强行占用对方车道。在能够顺利会车时，应严格遵守让车的有关规定，不能故意占用对方车道，乱打转向盘，侵犯其他车辆的通行权和优先行驶权。不得占据道路中心线行驶，注意与同向行驶的行人、非机动车保持尽量大的横向间距，并注意行人动态。

一般情况下的会车须遵守下列规则：空车让重车，单车让拖挂货车，大车让小车，货车让客车，教练车让其他车辆，普通车让执行任务的特种车，下坡车让上坡车。

7）七忌情况复杂时，会车前不减速鸣笛。在弯道、陡坡、交叉路口等特殊路段会车出现视线盲区时，应鸣笛减速，不能仅凭感觉行驶。

8）八忌会车后盲目行车。有些驾驶人认为已经顺利会车，便大胆地加速前行了。殊不知，会车后，在交会的盲区内可能还有行人、自行车、摩托车等从相会的汽车后突然冲出。

六、汽车超车的技巧与禁忌

1. 汽车超车的方法和技巧

口　诀

超车之前细观察，道路畅通左转向；
超车一定别麻痹，转向灯亮加鸣笛；
路段开阔且平直，前车让道再超行；
前车不让心不急，耐心忍耐不斗气；
前车让路不让速，超不过去不强行；
强行超车危险大，赌气开车更可怕；
把握时机勿误判，提高警惕防隐患；
冰雪雨雾路面滑，切莫强超记心间；
超越之后要牢记，不踩制动不滑行；
路滑超车要小心，加速转向不要急；
警惕车辆难控制，防止横滑路中心；
转弯过桥莫超车，低速行驶有把握；
超车之后不减速，留出距离靠右行；
转向灯开才回道，后面车辆要关照；
尾随前车一同超，出了事故自作受；
预防行人上下车，留有余地是前提；
夜间超车要小心，看清道路是第一；
超车禁忌心中记，礼貌超车不能忘。

（1）汽车超车的方法

1）超车前，驾驶人应充分了解本车的加速性能，并正确判断前车车速，在有绝对把握的情况下才能超车。应选择平直宽阔、视线良好、左右均无障碍且前方路段150m范围内没有来车的路段超车。在经过交叉路口、陡坡、急弯等险要路段，以及设有禁止超车标志的地方严禁超车。

2）欲超车时，先向前车左侧接近，打开左转向灯，在距离前车20～30m处鸣笛通知前车（夜间应断续开闭前照灯示意），在确认前车让超后（有时前车虽然靠右行驶，但并非让道，而是在选择路面），与被超车保持一定横向安全距离（根据时速确定，一般1m左右），从左边超越。

3）在超越中，如发现道路左侧有障碍或因横向间距小而有挤擦的可能时，要慎用紧急制动，以免车辆侧滑发生碰撞。应该使车辆尽快减速，稳住方向，让两车在最短的时间内分离，待有机会时再超车。

4）超越前车后，应继续沿超车道行驶，不能过早地驶入原来的行驶路线，在超过被超车20～30m后，打开右转向灯，驶回原车道，随即关闭转向灯。

5）在与被超车齐头并进时，要密切注意被超车为躲避路边障碍（如石块、洼坑、凸坎）而向左调整方向。

6）在超车过程中，发现前方有情况而影响安全超车或左侧有障碍造成超车侧向间距过小而可能发生碰擦时，应迅速减速终止超车。

超车操作全过程如图2-10所示。

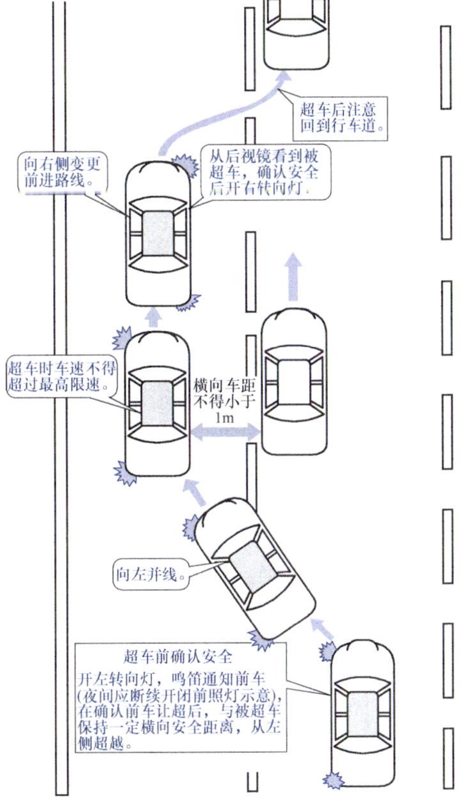

图2-10　超车操作全过程

特别提醒

1）绝对不可以从右侧超车。

2）有时，前车靠右不是为后车让路，而是为躲避路中间的障碍或坑洼，或者是要与对面来车交会，这时若冒险超车，就会发生危险。

3）禁止强行超车。在前车因故而未减速让道的情况下，不得强行超车；前车前方没有足够的安全距离时，不能强行挤插；不得强行挤靠被超车迫其让行。

4）超车时，要保持平缓的超车路线。超车前，提前变入左侧车道（或超车道）；超车后推迟返回右侧车道，使行驶轨迹与前车基本保持平行。

5）超车前、超车中、超车后都应始终注意保持与被超车的车间距离。防止超车前，被超车紧急制动；超车中，被超车向左挤靠；超车后，被超车追尾。

6）前车正在超车时，后车不准超车。因为前方正在超车时，车速正在加快，超越区域距离和横向间距都不允许再行超车，如果强行超越正在超车的车辆，就是路面条件允许这种双重超车，也会形成超速行驶，车辆并行也影响对面来车的行驶，极易造成事故。

7）在不具备超车的路面上绝不能超车。

（2）安全超车的技巧

1）在超越停放着的车辆时，应抬起加速踏板，利用发动机牵引阻力减速。应鸣笛，警惕该车突然起步驶入行车道、突然打开车门或人从车底下钻出、从车上跳下；还要注意被该车遮蔽而突然出现的横穿公路的行人，在超越到站的公交车时更应注意这一点。

2）超越车队时，由于车队前后距离较长，所以要在超车视线良好的情况下，加速连续超越。若对面道路来车不能保证安全的横向间距时，应开右转向灯，见机插入车队，待对面车过后再超越车队。**切忌边加速边靠近车队，以及在躲闪情况下或急转转向盘插入车队，更不能采取紧急制动，以防发生事故。**

3）对于不肯让超的前方车辆，驾驶人不得烦躁，要有耐心，应反复鸣笛提醒前车，跟车距离可适当缩短一些，一有机会便快速超越。超越后切不可采取报复措施而向右猛转转向盘或进行制动等，以防被超车来不及反应而发生碰撞或操作不当发生翻车等事故。

4）有下列情况之一的不能超车。

① 超车时，发现前方车辆正在超车（或者左转弯、掉头的），应减速慢行，让前方车辆先超车，如图2-11所示。

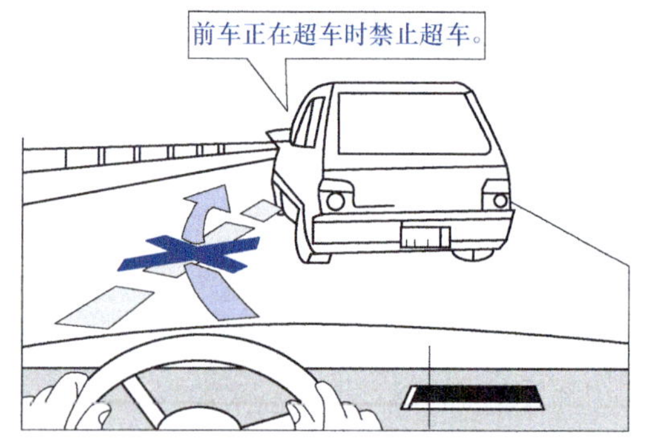

图2-11　前方车辆正在超车时不准超车

② 与对面来车有会车可能的。

③ 前车为执行紧急任务的警车、消防车、救护车或工程救险车等。

④ 行经铁道路口、交叉路口、窄桥、漫水桥、漫水路、弯道、陡坡、隧道、人行横道、市区交通流量大的路段等没有超车条件的，如图2-12所示。

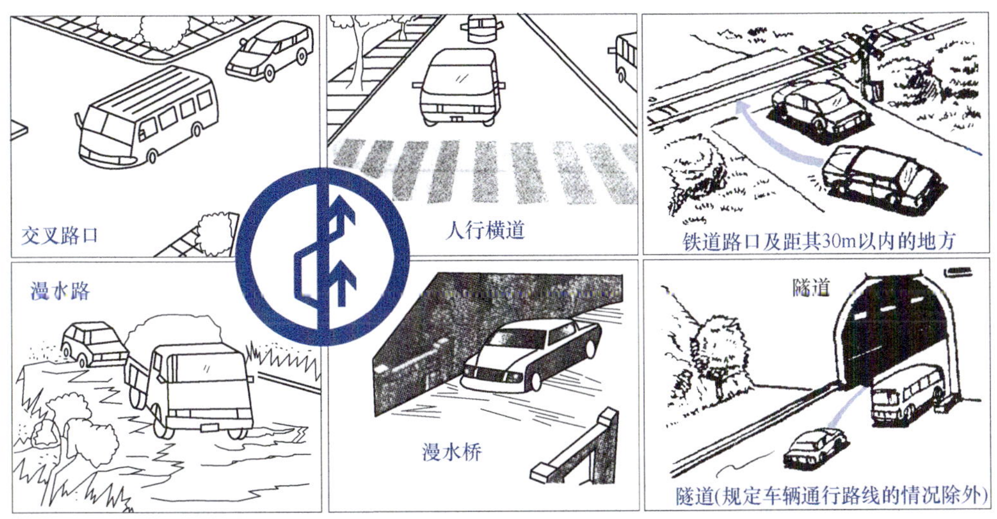

图 2-12　没有超车条件的不能超车

超车中对面突然来车应急处理方法

1）如果本车还处于被超车的尾部，或者刚刚进入超车道，还没有和被超车并行，或者对面来车已到近前，不可能再超过去时，应立即减速、制动，打右转向灯并回到原车道，为对面来车让道。

2）如果已和被超车齐头并进，此时再退回去比超过去所用时间可能更长，就要果断加速，强行超过，然后快速回到原车道。

3）最好的处理办法还是提前观察好对面情况，只有对面来车较远时（至少 150m）才可超车。

2. 超车十四禁忌

1）一忌在前方有交叉路口时进行超车。此时被超的车辆有可能左转弯，同时前面也有可能有从交叉路口横向驶过来的汽车。

2）二忌在前方有弯道、坡顶时进行超车。由于视线受阻，此时无法加速行驶。另外，很有可能对面有车辆驶来，处理不当会发生撞车事故。

3）三忌前方道路右侧有岔路口时进行超车，以防在超越的同时，岔路上有汽车或自行车驶来。

4）四忌与对面来车有会车可能时进行超车。

5）五忌前车正在进行超车时超车。

6）六忌在运行条件不允许时进行超车。

7）七忌在汽车技术状态不好时超车，如车辆有故障，特别是转向、制动、燃料系统有故障时。低速车跟高速车时或对损坏的车辆进行牵引时也不宜超车。

8）八忌在有黄色中央线的地方，从左侧越线超车。

9）九忌下陡坡时超车。

10）十忌隧道、铁道路口、人行横道超车。

11）十一忌在道路条件不好时超车，如在冰雪路、泥泞路等路段。

12）十二忌超车时未发出超车信号。

13）十三忌从前车的右侧超车。右侧超车是一种危险的违法驾驶行为，极易占用非机动车道、辗压松软路肩、没有条件与被超车辆保持足够的横向间距，且会与同向行驶的非机动车形成冲突。

14）十四忌超车速度快，观察不仔细。

七、安全让超车技巧与禁忌

1. 安全让超车的方法和技巧

口　诀

听到信号要让车，收油降速靠右侧；
信号示意把车让，保证安全理应当；
不能盲目和犹豫，警惕再超心要细；
让路同时还让速，本车安全要照顾；
确认让超无危害，稳住车速不能快；
你抢我停不斗气，故意不让易闯祸；
礼让安全保顺畅，法规准绳记心上。

（1）安全让超车的方法

1）汽车在行驶中，当发现后车发出超车信号后，应根据道路、交通情况来决定是否减速让路。不可一遇有车超车马上就让车，要视道路右侧情况决定是否马上让车。如果道路条件和交通情况不允许，则应另选择合适的路段让车。**一定要在确保本车安全的前提下才能让车。**

① 前方安全状况的确认：

➢ 非禁止超车的场合。

➢ 让超车距离内的道路右侧无任何障碍。

➢ 注意在让超车距离内交通情况的变化，有无迫使本车向左变更方向的因素，有无迫使对方车在超越后突然向右侧挤靠的可能。

② 行进路线的变更。向右侧变更行进路线，且保持直线行驶。

③ 降速且保持安全的车间距离。迅速降低行驶车速，不得随意加速。同时，注意保持与对方车不小于1m的横向距离，且做好防止对方车在超越后突然向右挤

靠的防范措施。汽车超越后，应迅速调整好与对方车间的安全车距。

④ 前、后方安全状况的确认：

➢ 前方车有无降低车速的可能。

➢ 后方有无跟随连续超越的车辆。

➢ 左侧道路、交通状况有无任何障碍。

⑤ 驶入正常路线。

➢ 向左侧变更行进路线。

➢ 注意保持与前车的间距。

2）当向后方车示意让车后，突然发现右前方出现新的障碍物或其他情况时，不得突然向左急转绕过，应及时减速制动或停车，让超越车辆超过，确认安全后，方可起步行驶。

当被其他车辆超车时，本车不得加速，更不得故意不让路或让路不让速。

3）后车超越后，应注意观察后视镜，在确认无其他车辆超越时，方可变右转向灯为左转向灯逐渐驶回正常的行驶路线，然后关闭转向灯，向前行驶。

让超车时应注意以下事项。

1）让超车时必须既让路也让速。

2）让超车后，必须确认后方无其他车辆跟随超越后，再驶入正常行驶路线。特别要防止超车时因前方情况变化，而在超越后突然向右转向情况的发生。

3）让车过程中，不得进行任何形式的超越，不得突然向左侧变更行进路线，遇有突然情况，只能制动减速或者停车，待后车超越后再绕行。

（2）安全让超车的技巧

1）右转让左转。汽车在转弯时，应当让直行的车辆先行，相对方向行驶的右转弯的机动车让左转弯的车辆先行。

2）下坡车让上坡车。汽车在下坡时，只需利用发动机制动或行车制动就能轻松控制行驶速度，而上坡的汽车尤其是重车，因其重新起步困难、冲车时间长、操作难度大等诸多不便，所以，汽车在下坡过程中遇有上坡车时，应为其让行。

在狭窄的坡路上，上坡的一方先行；但若下坡的一方已行至中途而上坡的一方未上坡时，下坡的一方先行。

3）支路车让干路车。在支路行驶的车辆准备进入干路时，应让干路中的车辆先行。因为主干路一般比较宽阔，规则允许的通行速度也相应较快，车流集中。一旦支路车不考虑干路车的行车条件，直接闯入干路，就会造成众多的干路车辆瞬间减速，造成交通堵塞，甚至引发交通事故。

4）低速车让高速车。行驶速度较低的车辆，应该让行驶速度较高的车辆先行，因为低速行驶的车辆会妨碍其他车辆通行，甚至造成车辆堵塞。

5）空车让重车。空车在行驶中机动、灵活，比较容易控制，而重车特别是大型客车、大型货车起步、冲车都很吃力，操作难度相对较大。一般在行驶中遇有满载客、货的重车时，空车要让重车先行，尽量为其提供方便。

6）有障碍一方让无障碍一方。两车相会时，前方有障碍的一方车辆应当让前方无障碍的一方先行，有障碍的一方应提前减速。在汽车发生故障无法以正常速度行驶时，不要占用快车道或在路中间行驶，而应打开应急灯，靠路右侧低速行驶，为其他正常行驶的车辆让行。

7）无险车让有险车。汽车在傍山险路与其他车辆会车有困难时，靠山壁一侧的车辆应主动提前停车避让，让对方车辆先行，使靠山崖一侧的车辆在通过险路时消除会车因素的影响，降低通行难度，确保行车安全。

8）普通车让特殊车。汽车行驶中遇有执行任务的警车、消防车、救护车、抢险车以及车队等特殊车辆时，应主动及时避让，为其先行创造条件。

9）未入车让已入车。准备进入环形路口的车辆让已在路口内的车辆先行。

特别提醒

1）要严格遵守交通规则，行车中随时注意观察后面有无准备超越的车辆。一旦发现有超越车辆时，在条件允许的情况下应及时靠右让车。有些老旧车辆在行驶中驾驶室内噪声很大，或者是冬季驾驶室的风窗关闭，听不到超越车辆发出的鸣笛声，特别是有些轿车的喇叭声音不够响，其他车辆不易听到，这就要求驾驶人在开车中要经常注意观察后视镜，以便能及时发现后边有无超越车。如果后边有车跟随较近，但又没有做出超车的行动，则应加速与它保持安全距离。

2）要在让车时发出让车信号。打开右转向信号灯，向右边靠，这是在示意后车，“我给你让车，你快点超越。”若路面较窄，要做到路面、车速一起让，保证超越车辆能顺利通过。

3）要在让车前观察好自己前方的情况，在确保本车安全的前提下才能让车，而且要选择安全、宽阔、交通情况简单的地段让车。

4）在让车过程中，前方一旦突然出现情况，自己要主动减速，不能为避让情况而向左猛转转向盘，以防撞到超越车辆上。

5）后车超车时，若两车并行时间稍长，或超越车前方突然出现情况，被超越车应主动减速，给对方超车创造条件，让其先行。

2. 让超车四禁忌

1）一忌让路不让速或让速不让路。有的驾驶人发现超车信号后，虽然将车靠右边行驶，表示让超车，可车速不减，认为这样既可以保证让对方超车，又不影响自己的行车速度；也有的驾驶人听到后边有超车信号后，将转向盘朝右打一把，然后加速行驶，故意给超车出难题。

2）二忌让车不坚决。有的驾驶人在听到后车欲超越的信号后，让超车时犹豫不决，特别是在前方有情况时，既感到让超车时机不好，又做出了让超车的行动，当后车准备超车时，又突然决定不让超车，将车又驶回道路中间，给后车造成威胁，这样的情况在双车道上很容易出事故。

3）三忌让车不适宜。让车必须在确保本车安全行驶的前提下进行。

4）四忌让超车后过早向左回转方向。让超车后，如果立即向左回转方向，有可能与超越车的车尾或后面连续超越的汽车相碰。所以被超越的车不要在让超车后急于回到正常线路上，待看清是否有其他连续超越的汽车后再回转方向也不迟。

第二节　城市道路及立交桥驾驶技巧与禁忌

一、城市道路驾驶技巧与禁忌

1. 城市道路驾驶技巧

口　诀

城镇交通差异大，了解特点走天下；
人多车多别硬挤，不能生气不能急；
倘若慌乱发脾气，一旦出事悔不及；
两侧情况细观察，前车一动要跟进；
变更车道打方向，防止擦碰莫大意；
人车行至交汇处，不超不抢礼让行；
交叉路口看信号，行人抢道要注意；
遇到横穿莫慌乱，紧急停车是关键；
路口划有分道线，分道行驶应牢记；
出租车后远距离，随时停车要注意；
路遇环岛走环岛，莫走捷径惹事端；
交通规则执行好，安全行车有保证。

（1）城市驾驶的一般方法

1）汽车在快慢不分的车道上行驶时，必须认真执行右侧通行的规则，各行其道。在快慢车道行驶时分以下两种情况。

① 在无漆化标线的线路行驶时，机动车一般居中偏右行驶，如果因超车、会车等情况必须占用他车的行驶线路时，按规定必须让有通行权的车辆先行。

② 在只划中心线的道路上行驶时，机动车应靠中心线右侧行驶。

2）汽车在划有机动车道与非机动车道两种车道上行驶时，根据各行其道的原则，机动车和非机动车分别在各自的车道内享有通行权，各种车辆必须在规定的车道内顺序行驶。若因故借道行驶，不准妨碍该车道正常行驶的车辆。当车辆越过人行横道时，不得妨碍有先行权的行人通行。

3）汽车在划有小型快速车道、大型载重车道和非机动车道三种汽车道上行驶时，机动车、非机动车都只准在规定的车道内行驶，不准跨线或压线行驶。划有黄色实线处，表示严禁车辆越线改变车道或越线超车。

在良好的道路上，在保证安全的前提下，可用高速档经济车速行驶。

4）车辆在行驶中车距的大小应视车速高低确定。不同车速下车辆的纵向最小安全距离和横向最小安全距离见表2-1和表2-2。如遇气候不良、道路湿滑等特殊情况，纵向车距应增大1~2倍。

在会车、让车或超车过程中，驾驶人必须根据车辆的位置、车速、道路、地形等变化，照顾到前后及两侧的情况，调整自己的车速和两车外侧间的横向距离。

5）行驶汽车的侧向间距与车速有关（表2-2）。

通过交叉路口先行权的划定规定。

1）被放行的汽车或行人享有先行权。

2）被放行的直行汽车与转弯汽车相遇时，直行汽车享有先行权。

3）左转弯的机动车与对向非机动车相遇时，左转弯机动车享有先行权。

4）通过设有行人信号灯路口的人行横道时，被放行的行人在人行横道内通行享有先行权。

5）同方向的右转弯机动车和直行非机动车相遇时，直行非机动车享有先行权。

6）双方都是直行或左转弯的机动车，右侧路口机动车享有先行权。

7）对向来车时，左转弯机动车与右转弯或直行机动车相遇时，直行或左转弯机动车享有先行权。

8）在设置环岛的路口，进路口机动车与出路口的机动车相遇时，出路口机动车享有先行权。

9）在有交通警察指挥的路口，应以交通警察指挥手势为准。

10）在通过无人指挥的交叉路口时，非机动车与机动车相遇，机动车享有先行权；同方向的右转弯机动车和直行非机动车相遇，直行非机动车享有先行权；在支干不分道路上转弯的机动车和直行机动车相遇，直行机动车享有先行权；双方都是直行或左转弯的机动车，则右面先来的车辆享有先行权；左转弯机动车和对向右转弯机动车相遇，左转弯机动车享有先行权；先进入交叉路口的车辆比尚未进入交叉路口的车辆享有先行权。

（2）通过有交通信号灯的交叉路口

1）机动车进入导向车道后，车道分界线变为实线，不得再变更车道。

汽车行经距交叉路口 50～100m 处，需变更车道的汽车，应按行进方向打开转向指示灯，密切注意左右两侧汽车的动态，进入导向车道（**不得在进入实线路段后变更车道**），如图 2-13 所示。

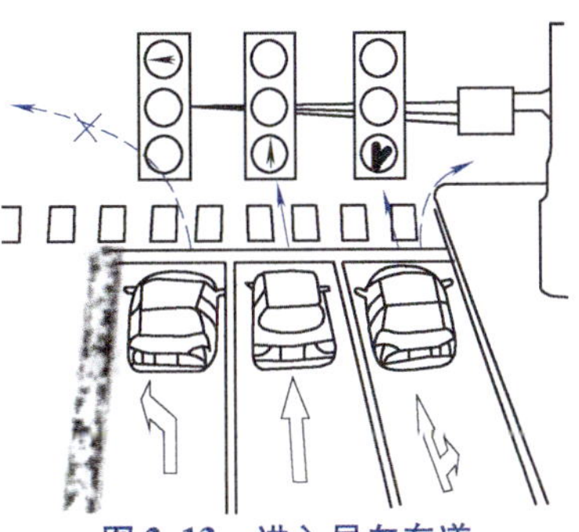

图 2-13 进入导向车道

2）注意观察路口交通信号灯，若遇停止信号时，须依次停在停车线以外；遇放行信号时，须让行已在路口内行驶的汽车。

3）直行汽车以路口对面所对应的车道为目标，直线通过，不得在路口内变更车道。

4）向左转弯时，汽车须靠近路口中心点左侧小转弯，选择的行驶线路不得妨碍对面正常行驶的右转弯汽车。

5）向右转弯时，应注意观察右侧非机动车或行人的动态，在不妨碍被放行汽车和行人通行的情况下通过。

通过有交通标志或交通信号灯的平面交叉路口时，应注意如下事项：

1）控制行车速度，在行近交叉路口时，须在距路口 50～100m 的地方减速。

2）注意交叉路口的交通标志和信号，服从指挥，绝对不能在停车中抢信号起步，更不能突然加速强行通过。

3）如前面已有汽车停车等待信号，则应依次停车等候，右转弯的汽车不得从前车左侧绕行。

4）通过 T 形路口遇停止信号时，右侧无横道的直行汽车在不妨碍被放行汽车及行人通行的情况下，可以通行。

严禁在绿灯即将转换为红灯时，加速抢行，以免接近路口时，因红灯亮采用紧急制动而造成追尾事故。

5）遇放行信号时，应注意避让在人行横道上的行人和已在路口行驶的汽车，及时起步加速，安全通过。

6）尾随前车通过路口时，应提高警惕，保持车距，防止因前车突然减速而发生事故。

7）为了保证在平面交叉路口停车后能及时起步，停车时不要关闭发动机。当黄灯闪亮时，应做好起步准备，允许通行的绿灯一亮，即应起步。

8）如果要在平面交叉路口转弯，应注意左右两侧汽车的动态，提前发出转向信号，进入导向车道；夜间须将远光灯改为近光灯，减速慢行，认真观察，小心通过。

9）在干路上行驶时，注意支线路口进出的汽车，预防支路汽车争道抢行。

10）在等待信号灯的过程中，要注意观察交叉路口正面、侧面的信号灯以及行人和其他汽车的动态情况。即使绿灯亮了，通行时也须注意人行横道上的行人以及违法通行的汽车。

(3) 通过无交通信号灯的交叉路口

1) 减速并观察对面、左右来车及行人。

2) 正确判断路口会出现的冲突点和交叉点，提前采取相应的避让措施。

3) 转弯的汽车应在距交叉路口 50～100m 处变更车道。

4) 左转弯的汽车变更到左侧车道；右转弯的汽车变更到右侧车道；直行的车辆可在原车道直行；同车道前车在等候放行信号时，后车不准从其左（或右）侧绕行。

通过没有交通标志或信号灯的平面交叉路口时注意事项：

1) 由支路进入干路时，应严格执行让车规定，选择合适的切入时机，低速逐步驶入干路。

2) 相对方向同类车相遇时，左转弯车让直行或左转弯车先行。

3) 进入环形路口的车让已在路口内的车先行；让行车辆须停车或减速观望，确认安全后，方准通过。

4) 通过狭窄、视线盲区较大的路口时，必须减速慢行，防止有行人或非机动车等突然横穿道路。

5) 遇行进方向的道路交通阻塞时，不准驶入路口，不得将车辆停在路口内等候，通过路口的车辆要按规定避让行人和优先通行的车辆。

(4) 通过较窄的路口

没有停车线的，应停在路口以外；前面已有汽车停车等待信号时，应依次停车等候；右转弯的汽车不得从前车左侧绕行，如图 2-14 所示。

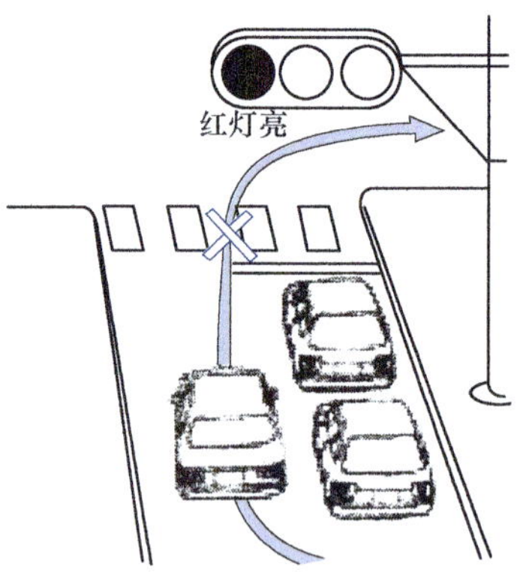

图 2-14　不得从前车左侧绕行

在车道减少的路口、路段，一条车道上的机动车向前驶入减少后的车道，本车道后面的机动车应该让另一条车道上的机动车通行，以此类推。这样可以防止因合流交织造成拥挤、碰撞，或因同时谦让造成通行效率下降。

特别提醒

1) 机动车遇有前方交叉路口交通阻塞时，应当依次停在路口以外等候，不得进入路口。

2) 机动车在遇有前方机动车停车排队等候或者缓慢行驶时，应当依次排队，不得从前方汽车两侧穿插或者超越行驶，不得在人行横道、网状线区域内停车等候。

3) 机动车在车道减少的路口、路段，遇有前方机动车停车排队等候或者缓慢行驶的，应当每车道一辆依次交替驶入车道减少后的路口、路段。

（5）通过环形交叉路口（环岛）

准备进入环岛的车辆应让已在路口内的机动车先行。

1）准备通过环岛前，应在距环岛 50～100m 处减速慢行，根据环岛的交通情况适时控制速度（15km/h 左右），必要时要减档。驶近环岛时，应注意观察左侧已在环岛内行驶车辆的动态，适时汇入车流，必要时减速或停车让行。

2）进入环岛的机动车和驶出路口的机动车相遇时，驶出路口的机动车享有先行权。

3）进入环岛后，按逆时针方向绕行，但不开转向灯，同时注意右侧准备驶入环岛的汽车。

4）驶出环岛路口前，打开右转向指示灯，注意观察右侧机动车和非机动车动态，有两条或两条以上车道的环岛在从内侧驶离环岛前，必须提前打开右转向灯，逐渐变更到外侧车道，然后再驶出环岛，严禁直接从内侧车道驶出环岛。

5）驶出环岛路口正常行驶后，关闭转向指示灯。

特别提醒

驾驶人在驶入环岛前，应该及早地通过标志确定自己所需行驶的方向（路段），防止误入环岛后突然改变方向，因为在环岛上不准停车，不准掉头，更不准倒车。进入环岛后，如果一旦发现行进方向不对，可以继续绕行，待确定路线后，再驶离路口。

（6）通过人行横道

机动车行经人行横道时，应当减速行驶；遇有行人正在通过人行横道时，应当停车让行，如图 2-15 所示。

机动车行经没有交通信号灯的道路时，如遇行人横过马路，应当采取避让措施。

图 2-15　行经人行横道

城市交通几种特殊情况的判断与处置：

1）上、下班时间是城市交通的高峰期，部分行人为赶乘公共交通，行走匆忙，只顾抢时间而忽视来往车辆，常常抢道过街；自行车、电动自行车等非机动车川流不息形成车流，对机动车往往置之不理，不愿让路。此时应谨慎驾驶，遵守行车规则，兼顾左右，随时做好停车准备，不可与行人、非机动车抢道。

2）经过公共汽车、电车站或其他停驶车辆时，常有行人从汽车前后突然冲出，去赶乘其他车辆而横穿道路。各类出租车行驶无常，有的见空就钻，急停猛拐，常使尾随车辆措手不及。此时应谨慎驾驶，在允许鸣笛的地段注意鸣笛，兼顾左右，并随时做好停车准备，礼貌行车。

3）菜市场、超市、商业街区以及其他公共活动场所附近的街道，常有人群聚集，人声嘈杂，对交通情况不注意，难以听到汽车喇叭声，行人随意横穿道路，或在机动车道上行走、站立，容易发生交通事故。此时机动车驾驶人要集中精力，减速慢行，谨慎驾驶。

4）城市的孩子喜欢在巷道内游戏，特别是学校附近。放学时，成群的学生在街道路口，有个别的在道路旁追逐玩耍，甚至会突然闯入机动车道而发生危险。此时应集中精力，注意道路两旁动态，减速行驶，随时做好停车准备。

5）城市道路上的摩托车数量众多，这种交通工具骑行灵活，转弯快，一有机会就抢道、乱钻，对机动车不在意，且稳定性差，易摔倒，与机动车之间的事故发生率较高，且一旦发生事故，很容易造成骑车人伤亡。此时驾驶人应礼貌行车，做到不争、不抢、不赌气。

2. 城市道路驾驶七禁忌

1）一忌闯红灯。

2）二忌随意鸣笛。为了减少城市噪声，许多大城市规定在市区某些路段禁止鸣笛。即使是允许鸣笛的路段，喇叭的音量也要控制在150dB以下，每次鸣笛不超过0.5s，连续鸣笛不许超过3次，也不允许用喇叭唤人。

3）三忌随意轧线。道路中心的单实线、双实线（白色或黄色）是不能轧的。道路中心的虚线，在超车和转弯时可以短时间轧线，也可以越线行驶。

4）四忌随意停车。城市里停车有许多规定，违反了这些规定，可能会影响交通安全，并被罚款。

5）五忌随意掉头。在掉头前，一定要确认前后没有车辆才能实施掉头，并且遵守下述规定：铁路道口、人行横道、弯路、窄路、桥梁、陡坡、隧道或容易发生危险的路段，不许掉头。

6）六忌随意超车。在划有行车道的道路上，后车欲超前车，须待前车让出路面后才能进行。但是，普通的车辆不许超越正在执行任务的警车及其护卫的车队、消防车、工程救险车、救护车等，也不许穿插警车护卫的车队。

7）七忌随意倒车。在城市街道上倒车时，必须查明情况，在确认安全后才能实施倒车。但在下列地段不许倒车：铁路道口、交叉路口、单行线、窄路、桥梁、陡坡、隧道、交通繁忙的路段等。

二、通过高架桥（路）的驾驶技巧与禁忌

1. 通过高架桥（路）的驾驶技巧

1）驶入高架桥（路）时，应沿道路右侧的加速车道行驶，待车速提高到与行驶车流相近时，开启左转向灯，注意观察后视镜确认安全后，向左转动转向盘驶

入行车道，汇入车流。**不准未在加速车道加速而直接驶入行车道**，如图 2-16 所示。

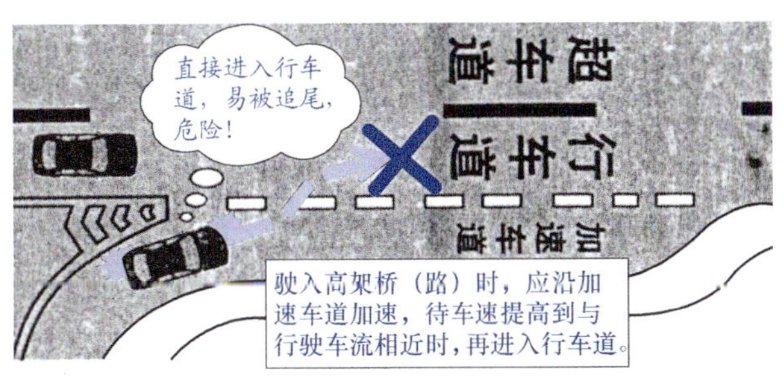

图 2-16　不准直接驶入行车道

2）驶入行车道后应注意控制车速，并与前车保持足够的安全距离。

3）行车时尽量避免超车，需超车时应选择视线良好的直行路段进行。

4）高架桥（路）行驶时须注意以下事项。

① 应合理分配注意力，随时注意交通指示及标志所提供的信息。

② 保持头脑清醒，遇有情况提前处理，避免紧急制动。

③ 严禁紧急制动，不准倒车或逆向行驶。

④ 汽车行驶途中发生故障时，应迅速开启汽车危险信号灯，利用汽车惯性停在路肩上，在距车尾 50～100m（白天）处，放置三角形反光警示牌，并尽快修复汽车或请求救援。

5）严禁在高架桥（路）上长时间停放车辆。

6）驶离高架桥（路）前，应注意交通标志所提示的信息，并在距出口 200m 处开启右转向灯，驶入减速车道逐渐降速后，经匝道驶出，如图 2-17 所示。

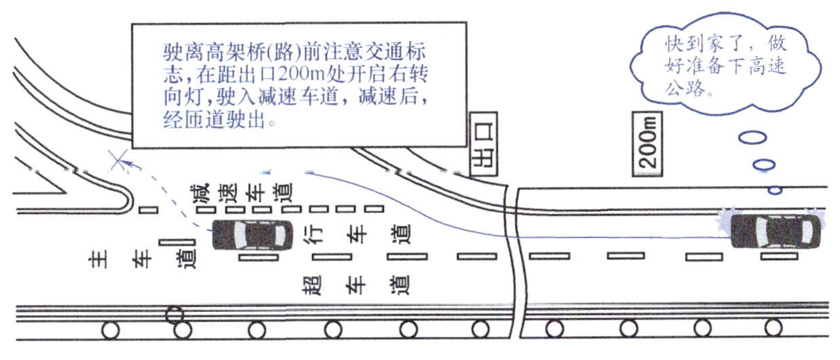

图 2-17　驶离高架桥（路）

2. 通过高架桥（路）的驾驶八禁忌

1）一忌不遵守限速交通标志和限速路面标记规定的速度。

2）二忌倒车、逆行，穿越中央隔离带掉头或转弯。

3）三忌在高架桥（路）进行试车和学习驾驶机动车。

4）四忌在匝道、加速车道或减速车道上超车、停车。

5）五忌骑、轧车道分界线行驶和在超车道上长时间连续行驶。

6）六忌随意停车上下人员或装卸货物。严禁在高架桥（路）上长时间停放车辆。

7）七忌在紧急停车带和路肩上行驶。

8）八忌车辆行驶途中发生故障，不开启车辆危险信号灯；停车后不按规定放置故障警示牌。

三、通过立交桥的驾驶技巧与禁忌

1. 通过立交桥的驾驶技巧

口　诀

立交桥，类型多，为安全，慢通过。
行至立交看路标，顾车顾路顾前后。

1）熟悉公路立交桥的形式及行车路线。公路立交桥的形式多种多样，按相交道路之间有无连接匝道、连接匝道的类型及交通流的组织形式的不同而有所不同。完全互通式立交桥上只允许右转弯，严禁直接左转弯或掉头；立交桥由于较大的坡度和弯度影响视线，因此上下立交桥时要控制车速，保持距离，以防不测；转弯前开启右转向灯，减速靠右侧行驶进入转弯匝道，禁止从快车道紧急制动突然向右转弯；转弯后视情况并入快车道。

通过立交桥时，必须按设在路口的标志所规定的方向行驶；在未看清标志内容时，应停车了解，绝不可贸然通过。立交桥上不可随意停车、倒车或掉头逆行。

2）注意识别立交桥上的交通标志。通过立交桥时必须注意观察交通标志，严格按标志指引方向行驶。立交桥上的交通标志分为立交桥指路标志和立交桥指示标志。由于汽车在立交桥上行驶速度比较快，而立交桥本身又很庞大，如果对路段不熟悉，很难有充分的时间来识别立交桥的类型，因此，机动车驾驶人必须在离立交桥较远时就留意观察道路前方的指路标志。指路标志是一种整体式指示标志，注有方向、地点说明。常见的有直行及右转弯标志、直行及左转弯标志和环岛行驶标志。

3）遵守立交桥的行车规定。直行车辆应主动为转弯车辆让出其所需车道；禁止在立交桥上倒车、停车；如果车辆行至立交桥发生故障时，必须想办法将车移走，以免影响交通。

① 车辆直行通过立交桥时，按原方向从桥上或桥下行驶，应注意给驶出或驶入的车辆让出右侧车道。

② 车辆右转时，应按照交通标志、标线的指示减速行驶。

③ 车辆左转时，不能直接左转。必须驶过跨线桥后，打开右转向灯，经两次右转或者一次右转再一次左转后，完成左转弯。

④ 直行车辆可在主干道上正常行驶。

⑤ 右转弯车辆应开右转向灯，转入规定的路线靠右侧行驶。

⑥ 左转弯车辆须驶过立交桥后方可转弯，转弯时不能直接左转弯，而应开右转向灯向右转弯行进，然后再右转弯，便进入了主干道，也达到了向左转弯的目的。

⑦ 掉头车辆按左转弯的方法接连两次便可实现。

⑧ 爬越较长的立交桥坡道时，为了保持足够的动力迅速而稳妥地上坡，必须注意观察坡道的交通情况。若条件允许，可提前在100m左右处采用高速档加速上坡，或提前换入低档位并加速上坡。上坡时，应设法与前车保持30m以上的距离，以防前车后溜时发生碰撞。

⑨ 在下立交桥坡道时一般应将车速控制在30km/h以内。若下较陡而长的坡道，则应先在坡顶试踩制动踏板，检查制动系统工作状况是否良好，在确认制动系统正常的前提下，与前车保持50m以上的间距，缓缓行驶。

⑩ 苜蓿叶形立交桥下车辆通行时，各方直行车辆均按原方向行驶；各方右转弯车辆需通过右侧匝道行驶；各方车辆左转弯或掉头时，必须直线行驶过桥后，再以右转弯行驶的方法，通过匝道进入桥上或桥下来完成。

⑪ 立交桥上是不准停车的，尤其是在立交桥的坡道处严禁停车。如遇车辆发生故障必须停车时，应尽量将车停靠在路边，挂低速档或倒档，拉紧驻车制动器，垫上三角木，开启故障信号灯，并放置警告信号。

特别提醒

1）进入立交桥之前，观察桥头前方的交通标志牌，掌握立交桥的结构形式及其相应的行驶路线。行驶中，根据指路标志的提示，选择行驶路线和立交桥的驶出口。

2）进入立交桥匝道前，应降低行车速度，开右转向指示灯进入右侧车道行驶，避免影响其他车辆的正常行驶。与非机动车和其他机动车的行驶路线存在交点的路段，应注意观察道路上的交通情况，做好让行和随时停车的准备。

3）由匝道驶入主干道或次干道时，为了便于主、次干道和非机动车道上的车辆与行人观察，应打开左转向指示灯，尤其在傍晚路灯照明之前。

4）行经上环形立交桥时，要控制爬坡速度，同前车保持足够的行驶距离，临近坡顶之前要适当抬起加速踏板，降低车速；行经下环形立交桥时，根据道路的交通情况控制车速，尾随前车的安全距离要比上坡时长。

5）在立交桥主干道慢车道上直线行驶时，应注意前方车辆的行驶状态，如制动灯、转向灯和临近匝道出口时的速度等，要保持足够的行车距离，随时做好制动准备，以防前车紧急制动而发生事故。

6）若行驶途中驶错桥或路线，要沉着冷静，按已驶入的路线行驶，切不可逆行、掉头、倒车或转弯行驶。

7）立交桥情况特殊，既有上下坡，也有弯道。上坡时要注意坡顶以下的盲区，快到坡顶时要减速行驶；而弯道就更应该慢速行驶，进入弯道时一般要将速度控制在20～30km/h范围内，车速如果超过30km/h，就会侧滑，非常危险。有的道路上有限速标志，驾驶人应按照限速标志规定的速度行驶。但无论限速与否，通过立交桥时都一定要减速行驶。这样做，一是为自己和他人的安全着想；二是80%的立交桥都安装了摄像头，若有违法行为就会被拍下来。

2. 通过立交桥的驾驶四禁忌

1）一忌不注意识别立交桥上的交通标志。

2）二忌不遵守立交桥的行车规定。

3）三忌汽车转弯不开转向灯。

4）四忌用不适当的档位下立交桥。

第三节　复杂路段驾驶技巧与禁忌

一、坡道驾驶技巧与禁忌

1. 上坡道驾驶技巧与禁忌

口　诀

控制车速有预见，行车路线在右边；
上陡坡，不要闯，最好事先换好档；
坡道停车拉手刹，停住车轮把档挂；
下坡滑行不蛮干，控制车速保平安；
坡道转弯不占路，盲区更要控车速；
坡道倒车防溜滑，手脚配合缓步走；
坡道失控要冷静，自然障碍把车停。

坡道驾驶的技术难度比平路大，要求做到转向灵活，制动及时，换档敏捷并准确可靠，手脚配合协调。

（1）上坡道路驾驶技巧

1）上坡起步时，离合器踏板、加速踏板和驻车制动器操纵杆要密切配合。汽车后溜时应立即踩下制动踏板和离合器踏板，同时拉紧驻车制动器操纵杆，待车停稳后，重新起步。**切忌在汽车后溜时，猛抬离合器和猛踩加速踏板起步；也不能用驻车制动器来阻止车辆倒溜，以免损坏机件。**

2）上坡加档，空档停顿时间更短，动作应更迅速。换档后应迅速将加速踏板适量踩下，以保证车辆有足够的动力上坡行驶，如图 2-18 所示。

图 2-18　上坡加档

3）上坡减档。在汽车上坡前，应适当加速冲坡；当车速开始降低、发动机声音由轻快转为沉闷时，车辆尚存继续行驶的余力，即应按减档要领换入低一级档位，如图 2-19 所示。由于上坡时车速降低较快，其减档时机应较平路适当提前。坡度越陡，越应提前减档。必要时，可越级减档，以免因动作缓慢而减速太快，致使减档后汽车无法行驶，甚至造成发动机熄火或后溜。

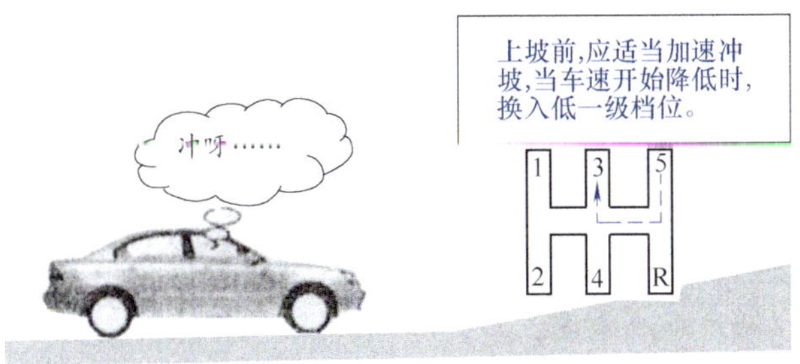

图 2-19　加速冲坡、减档

4）上坡停车时，应选好停车地点，并逐渐将车辆驶向右侧，先制动降速，再踏下离合器踏板。待车辆即将停住时，踩下制动踏板将车停稳，如图 2-20 所示。发动机熄火后，拉紧驻车制动器，将变速器挂入 1 档和 2 档。

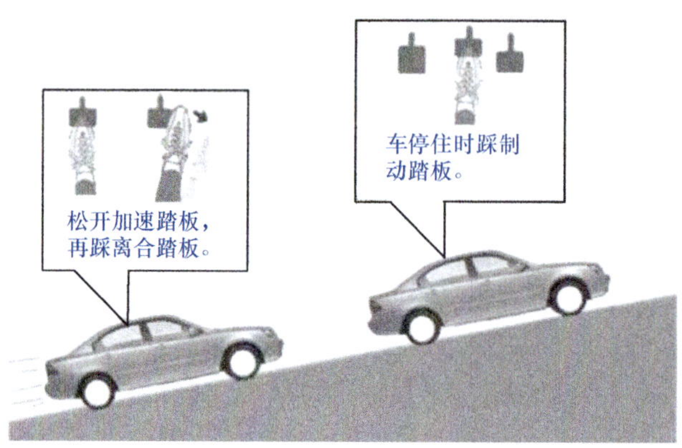

图 2-20 上坡停车

实用锦囊

上坡时的驾驶技巧

1）上坡时速度和档位的选择方法。爬缓坡道时，适当利用惯性冲坡或提前用低一级档位用力加速冲坡。通过长而陡的上坡道时，既要利用高速冲坡，又要及时变换档位，使车辆保持足够的动力徐徐上坡。换档动作要快，在车辆还有力量的时候尽早换档，如果力量减弱就迟了。快接近坡顶时，视距缩短，看不清前方的情况，此时更要谨慎、减速。

2）上坡熄火应急。先拉驻车制动器操纵杆，因为即使踩制动踏板也会溜坡。然后再挂空档，重新起动，发动机起动后挂1档，踩离合器，半松离合器踩加速踏板，当汽车开始发出比较大的响声，或者开始颤动得比较厉害时，就松开驻车制动器操纵杆，继续踩加速踏板，缓慢起步。

3）汽车上坡突然向后溜滑。若汽车重载上坡时动力不足，或换档不成突然下滑，这时应尽快同时使用驻车、行车制动器停车，否则汽车越溜越快极难控制。停车后，在车轮下垫塞三角木、石块等障碍物，再重新起步。若制动无效停不住车，汽车向后溜滑更危险，这时，应注意控制方向，避开路上危险目标，使车尾向路边的山体、岩石、大树等天然障碍物靠拢，利用路边天然障碍物阻止汽车下滑；或将汽车驶入路边的农田、沙地以缓冲并消耗汽车的惯性能量，减小事故损失。

（2）上坡道路驾驶三禁忌

1）一忌上坡起步时，放松驻车制动器操纵杆的时机把握不好。若过早，汽车后溜；若过晚，汽车熄火。

2）二忌上坡换档操作不好。上长坡时，通常情况下先提高速度冲坡，若不能到坡顶，应换低档。在坡中间换低档时，联动时间长些，换档动作也应敏捷、迅速、准确。

3）三忌上坡时出现熄火，驾驶人操作慌乱。

2. 下坡道路驾驶技巧与禁忌

（1）下坡道路驾驶技巧

下坡时，应视坡度的大小，提前换入合适的档位，以利用发动机阻力的作用控制行车速度。切不可空档滑行。

1）下坡起步时，档位可根据当时的坡度情况选择，可选择比平路起步高一级的档位，但不宜用高速档下坡起步，避免操作不当损坏机件。起步后可视情况挂入中速档行驶。

2）下坡前要降低车速，使车辆以缓慢的速度进入下坡道。

3）下坡前换入适当的档位，一般应选择 2 档或 3 档，**严禁在进入下坡路段后再换档**。

4）**在下坡路段，严禁空档滑行**，必须挂入适当的档位，利用发动机的牵阻作用降低车辆滑行的速度。

特别提醒

1）下坡时，在前车没有允许的情况下，严禁超车，前车如果感到速度不如后车，靠右行驶，让后车超前。

2）在下坡路上入弯处前 200m 左右，一定要减速，靠右行驶，发出相应的信号入弯。

3）下坡时跟车的距离，两车相隔不小于 10m。

（2）下坡道路驾驶五禁忌

1）一忌下长坡溜车。在任何情况下，下长坡溜车都是很危险的，都是被禁止的。

2）二忌下长坡长时间踩制动踏板。这种情况在山区道路上特别容易发生，如果长时间踩制动踏板，制动器的摩擦片会产生大量的热量，如果不能及时散热，将会使摩擦片物理性能发生改变、减弱或丧失制动效能，此时应停车待其降温后再继续行驶。

3）三忌挂高速档下长坡。由于挂高速档时利用发动机的牵阻作用小，对车速降低作用也小。

4）四忌发动机未起动时用“溜动”的方法起步。下坡起步可按平路起步的要领操作，但加档前的加速时间应适当缩短，起步时的档位可根据坡度需要进行选择。

5）五忌坡道上随意停车。

在坡道停车时，如发动机怠速运转、变速器又在空档时，驾驶人不得离开驾驶室，防止驻车制动器操纵杆因车辆抖动松脱而造成溜车事故。

上坡和下坡停车要领

上坡停车操作要领与平路停车基本相同，但应注意，停车时抬起加速踏板的同时应迅速踏下离合器踏板，待车将停时，再踏下制动踏板，把车停住，然后拉紧驻车制动器操纵杆，以防车辆后溜。

下坡停车时，应按平顺性减速要领踩制动踏板，选好停车地点。待车即将停止行驶时，踩下离合器踏板并进一步踩制动踏板使车停住，拉紧驻车制动器操纵杆，挂到空档。若驾驶人离车，应当关闭发动机，挂入倒档，必要时在车轮前塞上三角木或石块。

二、通过隧道、涵洞的驾驶技巧与禁忌

1. 通过隧道、涵洞的驾驶技巧

口　诀

看清标志减车速，灯光照亮隧道路；
入口出口信号发，眼睛适应明暗差。

驾驶通过隧道时，应提前降低车速，驶入隧道前，应注意观察指示标志和限制标志，开亮车灯，短隧道开示宽灯，较长隧道开前照近光灯。

1）通过单行隧道时，应观察前方有无来车，可适当鸣笛，开启前后灯光。如果发现对面有来车，应及时在隧道口外靠右停车避让，待来车通过或见放行信号时，再驶入隧道；遇有信号灯控制的隧道时，应严格遵守红灯停车、绿灯通行的原则。如果发现对面已有车驶入隧道或有停车信号，应及时在道口靠右侧停车，待来车通过后或见放行信号后，再进入隧道，并开启前后灯光，视情况缓行通过，如图 2-21 所示。

1）通过单行隧道时，要打开前照灯，一为照明；二为提示对方，以便做出避让。

2）通过有超车道的单向线隧道的方法：有超车道的单向线隧道多数出现在高速公路和一级公路上，一般在入口处设有限速标志，进入前一定要注意观察，严格按照所要求的速度行驶。

2）汽车进入双车道隧道时，要将速度控制在适当范围，开启示宽灯和近光灯。会车时要放慢速度，尽量靠右行驶。不可在会车时使用远光灯，不要鸣笛，不要超车，如图 2-22 所示。

图 2-21　通过单行隧道

图 2-22　通过双车道隧道

特别提醒

1）进出隧道时，由于视觉要适应明暗的变化，应减速慢行。

2）驶出隧道时应注意隧道出口处两侧的视线盲区；为了防止行人、牲畜突然出现等情况，应在出口前及时鸣笛并做好停车的准备。驶出隧道后，应及时关闭车灯，按正常速度行驶。

隧道的出入口处是气流变化较大的地方，特别是在高速公路上，受侧向气流的影响，常常产生较大的侧向力，使汽车突然改变行驶方向。此时驾驶人在降低车速的同时，应握紧转向盘，保持好行驶方向。

3）不准在隧道内超车、停车、倒车和掉头。

车辆发生故障时，应开启示宽灯和尾灯，并设法移至隧道外。

4）驶出隧道时，要注意观察隧道口处的交通情况，在出口处及时鸣笛，预防发生事故。

3）通过涵洞时，要适当减速，注意车辆的装载高度是否在交通标志的允许范围内，必要时停车核实；有怀疑时应下车查看，缓缓驶入。

2. 通过隧道、涵洞的驾驶四禁忌

1）一忌在隧道内超车、倒车、停车或掉头和超速行驶。

2）二忌不注意隧道的交通标志。在隧道前面都有宽、高等限制的交通标志，

往往在过隧道前因车速快而忽视交通标志，导致交通事故的发生。

3）三忌不能及时调整暗适应、明适应的生理过程。行驶中往往会发生进隧道时因速度过快而没有看清隧道内的前进方向，导致交通事故的发生。

4）四忌违章行车、停车及违章操作。有些驾驶人未能及时开启远光灯、示宽灯，导致其他车辆、行人无法判断其车速；有些驾驶人由于不懂隧道的行驶方法，往往在隧道内随意急转方向、紧急制动而导致交通事故的发生。

三、汽车涉水驾驶技巧与禁忌

1. 汽车涉水驾驶技巧

口 诀

开车之前要检查，细心观察除隐患；
涉水首先探水情，防止熄火慢通行；
不猛不停不换档，不偏方向不硬闯；
判断情况要准确，途中不得急转向；
事到万难需放胆，险情面前要果断；
过了水河莫着急，踩踩制动磨磨蹄；
全车检查细清洁，上路行车才有底。

（1）涉水前的准备

涉水前，要查明水的流速、流向、深度和水底的坚实情况，以确定能否通过。水面较宽时应设立标杆，以指示过水路线，如图 2-23 所示。水深超过轮轴时，应关闭百叶窗，拆下风扇传动带，用防水布或塑料布包扎好分电器、高压线和点火线圈，升高蓄电池的位置，拆开排气管的接口部位。

图 2-23 车辆涉水

实用锦囊

涉 水 深 度

汽车最大涉水深度一般不超过车辆的前保险杠。对于轿车而言，如果水深能淹没排气消声器的出口，则一般不宜通过，只能绕道行驶。

（2）涉水的驾驶方法

应使用低速档（越野汽车应接通前桥并挂入低速档），让汽车平稳地从岸上驶入水中。行驶中踩加速踏板要稳定，并保持发动机有足够的动力，避免中途停车、换档和猛转转向盘。

行进中要注视前方的固定目标，不要注视水面，以免因水流造成的视觉判断错误，致使方向失误而偏离正确的涉水路线。涉水中如果出现车轮空转打滑现象，应当停车，但不要让发动机熄火，然后设法用人力将车推出或用其他车辆拖出。

车队行驶时，应让有经验的驾驶人先通过，待前车上岸后，后边的车辆再下水。不可尾随下水，这样可防前车因故障停车而迫使后车也停在水中，导致进退两难。

图 2-24　涉水标志示意图

行驶方向应顺水成斜线方向通过，在城市内的积水路面行车时，要注意积水处是否有井盖、台阶等障碍，如图 2-24 所示。积水深度与汽车行驶速度的关系见表 2-4。

表 2-4　积水深度与汽车行驶速度的关系

积水深度/mm	汽车极限速度/(km/h)	积水深度/mm	汽车极限速度/(km/h)
0.5	135	1.5	80
1.0	95	2.0	65

（3）通过漫水路

1）遇到漫水路时，应首先停车，向当地人询问，了解水情。必要时应下水，步行探明水的流速和深度、水下路面的平整情况、道路是否被冲毁及损坏程度。探路时应使用必要的工具，不得盲目涉水，以防止发生意外。

2）用低速档通过漫水路段，通过时要稳住加速踏板，保持足够的动力，按事先探明的路线前进，避免中途停车。由于路基长时间被水浸泡和冲击，靠下游一侧的路基及路面容易被冲毁、坍塌，因此行驶时应尽量沿水流上游的道路一侧行驶。

3）行驶时可将路边的树木作为道路走向的参照物，若无参照物或道路走向难以判定时，可在其他人员步行引导下，缓慢跟随前进。

4）通过后应适当使用制动，清除制动鼓和蹄片上的水分，恢复制动效能。

5）若漫水超过排气管出口时，也应采取相应措施，防止排气管进水，造成发动机熄火。

（4）涉水后对车辆的处理

涉水后，应待制动效能恢复后，再正常行驶。

起动发动机，让发动机空转数分钟后，达到正常温度，烘干发动机上的水和潮气。确认汽车技术状况良好后，先用低速行驶一段路程，并进行多次点制动，让制动片与制动鼓或盘摩擦产生热量，以烘干和蒸发掉制动器中残留的水分，确保制动性能良好。

特别提醒

1）采取防护措施。不同车型的涉水深度不同，当水深超过汽车最大涉水深度时，不得冒险涉水。涉水时一般应采取以下防护措施。

① 大型货车应尽量拆下风扇传动带，将蓄电池位置升高。

② 用防水布或塑料薄膜包扎分电器、高压线等，以防浸湿造成发动机熄火。

③ 用软胶管套在消声器上，向上弯起，将排气出口引向上方。

2）允许涉水的深度。在车辆通过溪流之前，应首先徒步通过溪流，或者用木棍检测深度，小心湍急的流水。

① 如果水位到达车轴，通常可以通过。

② 如果水位到达保险杠，要谨慎通过。在通过之前检查进气口的位置。有些车辆的进气口位于保险杠附近，在通过溪流时可能因发动机进水而导致严重损坏。

③ 如果水位到达前照灯底部，应谨慎通过，并在散热器前面放置防护罩或帆布以挡水。

④ 如果水位到达前照灯，尽量避免通过。如果强行通过，请解开安全带，打开车窗，以便随时跳车逃生。

⑤ 通过溪流时要缓慢行驶，不要在车辆前部形成浪花，以免打湿分电器、火花塞等。

2. 汽车涉水的驾驶七禁忌

（1）一忌汽车盲目涉水

汽车涉水前，必须停车观察水情，根据所驾驶车辆的涉水能力，确定是否可以通过。雨季涉水还应了解当地汛情，以免遭受洪水侵袭，确认安全后采用低速档位通过。涉水行驶时选择好路线，若水面较宽，应选择水浅、底硬、水流稳定及两岸坡缓处作为涉水路线，且要使其与水流方向成斜角，并应设置标志，指示汽车行驶的方向和涉水界限。

（2）二忌车轮打滑、侧滑

汽车涉水时由于水的浮力作用会引起车身发飘，使车轮与水底的附着系数减小，车轮很容易打滑空转和侧向滑移。倘若水底坎坷不平，水流冲力较大，车辆重心又偏高时，很容易发生侧向翻车。所以应尽量加大汽车重量以增大汽车的附着力，使车身保持稳定。

实用锦囊

涉水车轮打滑的处理方法

涉水中，如果发生车轮打滑空转，要将车停稳，不要勉强进退，更不可半联动地猛加油使车轮加速旋转，致使车轮下陷。应在车停住后，踏下离合器踏板，将加速踏板加大一点儿，挂上2档或倒档，迅速抬离合器，使车朝前或朝后晃动一下，然后利用惯性行驶通过。若此法仍不能阻止车轮空转时，应及时按原路返回。

（3）三忌电器进水浸湿和发动机各孔进水

如果水深达到车身最大涉水深度时，有可能浸湿电器部件，应放弃涉水通过，另想办法，不要冒险通过。

（4）四忌汽车水中熄火

汽车在水中一旦熄火停车，必然会被困在水中，再次起动会出现起动困难问题或根本不能起动。如果在洪涝灾区水位不断上升和水流较急时，汽车就有被冲翻的危险，所以必须防止汽车在水中熄火。

（5）五忌车速不稳或车速过快

涉水行驶时，应用低速档平稳驶入水中，并缓慢行进，防止水花溅湿发动机电器部分而造成发动机熄火。稳住加速踏板，保持汽车行驶平稳而有足够的动力。

（6）六忌涉水后不对汽车进行检查就收车

应检查散热器前有无杂物、曲轴箱是否进水、轮胎间是否嵌石、底盘有无水草缠绕等，并及时清除。

（7）七忌心理紧张、操作失误

一些初次涉水的驾驶人，心里容易紧张，结果又是急加速，又是快速换档，一心想尽快驶出水域，而这种操作很容易导致车辆中途熄火、陷车等事故的发生。一旦汽车在水中熄火，就不容易再起动。如果驾驶人此时不能冷静、正确地操作，汽车势必被困在水中，当水位不断上涨或水流较急时，汽车就有被淹没或被冲翻的危险。

1）汽车下水时，速度一定要慢，防止汽车剧烈颠簸溅起的水花浸入发动机而熄火。

2）汽车涉水不深时，若发生车轮打滑空转，应立即停车。停车后，如果河床是疏松的泥沙，则应关闭发动机，以免汽车因发动机抖动而越陷越深。若轮胎下陷严重时，应用柴草、木板、石块等填塞轮胎周围，加强地质强度，然后组织人力或其他车辆协助将陷车拖出。

四、通过施工地段的驾驶技巧与禁忌

1. 通过施工地段的驾驶技巧与禁忌

（1）通过施工路段注意事项

1）速度要慢，因为路面不平整并有障碍物。

2）和前车拉开距离，以能看到路面为准，以便及时发现路面的情况。

3）注意看导向箭头和导向标志。因为施工路面走向经常在变化，只有允许通过的路面才是相对安全的。

4）尽量不要跟在大型车的后面。因为大型车会遮挡驾驶人的视线，有些路面大型车可以通过，但小型车因为底盘低也许不能通过。

5）尽量不要并线或超车。因为路面没有标志标线，车辆的行驶路线是杂乱没有规律的。

（2）施工路段行车容易出现的问题

1）托底事故。

2）爆胎事故。

3）追尾、刮蹭事故。

4）误入禁行路面。

特别提醒

1）服从现场施工人员指挥，防止高空落物以及地面坑洼使行车受阻。

2）遵照标牌指示行车，注意交通标志信号，按规定的路线行驶，进出匝道时应握好转向盘，控制车速，保持适当距离。

3）通过道路施工路段时，驾驶人一定要注意交通标志信号，控制车速，保持适当车距，握好转向盘。

4）在施工现场不允许走错道路，并根据对面来车的距离和高度，判断是先行还是停车等待。

5）注意观察施工情况，听从施工人员指挥。无人指挥时，应遵照标牌指示行车。

6）夜晚通过时，要注意红灯标志，必要时停车察看情况，不可冒险前进。

2. 通过施工地段的驾驶四禁忌

1）一忌不听从现场施工人员的指挥。

2）二忌不看施工路段的提示信息。

3）三忌在施工路段并线或超车。

4）四忌紧跟前车行驶，尤其是紧跟大型车辆行驶是非常危险的。

五、通过公路、跨海（港湾）特大桥的驾驶技巧

（1）上桥前应检查雾灯

驾车驶入跨海大桥前首先必须确保车况一切正常，还要特别注意检查雾灯能否正常使用。因为海上多雾，使用雾灯还是十分必要的。

（2）车速不要超过100km/h

例如，宁波跨海大桥全长36km，海上长度32km。大桥整体呈S形，桥面按双向六车道高速公路设计，限速为100km/h。

桥面道路单向宽度14.25m，设有三车道和应急车道。三车道从左至右排列，第一车道只能小车进入，第二、三车道大小车都能进入；第一、二车道限速80～100km/h，第三车道限速60～80km/h。

驾驶人应当按照所驾驶的车型以及行驶速度选择相应的车道，时刻注意限速标记，千万不能超速行驶。

（3）驾驶人一定要紧握转向盘

桥上行车，驾车人会感觉到车外侧风对驾驶带来的影响。

虽然大桥高墩区有风障设计，但是风障只能减少侧风影响，并不能完全消除侧风影响，尤其是在没有风障的低墩区，驾驶人在风力较大时应该集中注意力，且控制好车速。

驾驶人在大桥连接线上保持110km/h的车速还感觉不到有侧风影响，但到了大桥，按照100km/h的速度行驶就能明显感觉到侧风带来的影响。因此此时驾驶人一定要集中注意力，紧握转向盘，避免事故发生。

（4）桥上不要停车观看风景

跨海大桥专门设计了海中平台用于观光，若在海中平台附近或南北航道塔附近随意停车观光，将成为交通安全隐患，特别是在夜间停车观光，隐患更为严重。

有些驾驶人试图在车辆行驶中减速观光，这也是非常危险的，因为大桥上的车辆都是高速行驶的，驾驶人分散注意力，后果不堪设想。

车辆在行驶时千万不要将身体伸出天窗或者车窗观看风景，因为海面上风力较大，车内物件很容易被风吹出窗外。

（5）不要在应急车道上行驶

大桥的应急车道是严格禁止车辆行驶的，这一点对大桥的交通安全很重要。

一旦在桥上发生交通事故，特别是涉及人员伤亡、起火等需要紧急处理的事故时，应急车道就是生命通道。

应急车道专供120救护车、119消防车等抢险施救车辆在紧急情况下使用，其他车辆禁止驶入。发生堵塞时，车辆占用应急车道后将造成施救、医疗、消防、交警等车辆无法及时到达指定地点，延误处置时间。

（6）车辆出现故障时的停车

跟普通高速公路一样，车辆在大桥上发生故障，驾车人应当立即开启危险警告灯（俗称双闪），然后将车停入应急车道内，并在车后至少150m外放置三角警示牌。

大桥每杆路灯上都贴有绿色的定位标志，如“K55＋078”就是表示位于大桥“55km＋78m”的位置，车辆发生紧急情况时，驾驶人可由此来迅速确定自己所在的位置，及时通知大桥指挥中心。

大桥两边每隔500m就有报警电话，桥上每5km就设有一个掉头区，通常情况下该掉头区是封闭的，一旦出现交通事故则立即启用。

特别提醒

1）遵守通过大桥的管理规定，保护大桥设施。

2）按规定的速度行驶，严禁超速。

3）条件不允许时严禁超车。严禁在大桥上停车瞭望，上下乘客。

4）严禁骑、轧车道分界线行驶。

5）禁止倒车、逆行、穿越中央分隔带掉头。

6）机动车在大桥上因事故或故障等原因难以移动时，应立即开启危险警告灯，并在150m外设置警告标志；驾乘人员立即转移到应急车道，并报警求助。

（7）遇到自然灾害

在桥上行驶遇到横风、侧风、暴风等突来的自然灾害时，应立即减速行驶，确保行车安全。

第四节　复杂道路驾驶技巧与禁忌

一、山区道路驾驶技巧与禁忌

1. 山区道路驾驶技巧

口　诀

坡道长陡气候变，把车开好实不易；

路窄弯急险情多，注意转弯和会车；
中速行驶好处多，三秒间距超前置；
上坡换档须提前，切勿违章走“切线”；
上坡容易下坡难，牵阻制动保安全；
坡陡弯急心不急，减速鸣号靠右行；
上坡跟车莫太近，下坡超车害处多；
下坡首先让上坡，空车必须让重车；
下长坡须慢慢行，禁止溜滑向前冲；
会车选择宽路面，窄路会车主动停；
危险地段细勘察，不抢不超不挤占；
暴雨峡谷不停车，傍山陡峭防滑坡。

（1）山区道路的驾驶

山区道路是顺着山区地势修筑而成的，盘山公路蜿蜒曲折，陡缓不同，路窄弯急，视线不良；傍山险路一面靠山，另一面临崖或山洞，有的道路狭窄，还伴有弯道、陡坡和桥梁等，是山区道路中最险要的道路。

1）上坡驾驶

① 汽车在山区上坡时，应保持发动机有足够的动力，使车辆平稳地上坡，如图2-25所示。应随时注意冷却液温度表，防止发动机温度过高。

图2-25 在山区上坡路的驾驶

② 爬坡时间较长时，驾驶人要耐心、谨慎，并使发动机保持足够的动力、平稳地工作。**冷却液沸腾时，应选择适当地点，休息片刻，并添加冷却液，检查车辆，待温度降低后，再继续行进。**

③ 汽车上陡坡时，必须根据坡道情况选择适当的档位行驶，使发动机保持足够的动力。

当动力不足时，应迅速减档，切不可强撑以至造成拖档熄火。如错过换档时间，可越级减档。若遇换不进档或发动机熄火时，应立即联合使用行车制动器与驻车制动器强行停车，然后重新起步。当坡度太陡，车辆动力不足而通过困难时，可卸下部分货物，或让其他乘员持三角木，随车走在靠山一侧的后轮旁边，待车辆接近停住时，迅速将三角木垫入车轮后方，抵住轮胎防止车辆后溜。若遇车辆失控后溜时，应把车尾转向靠山的一侧，使车尾抵在山石上，而将车辆停住。此时应注意转向盘不能转错，以免发生事故。在冰雪、泥泞等湿滑的坡道上行车，遇有前车正在爬坡时，后车应选择适当地点停车，等前车通过后再爬坡。

实用锦囊

上坡途中发动机熄火应急措施

① 应立即并用驻车制动器、行车制动器把车停住，防止车辆后溜。

② 可顺势挂入倒档起动车辆，握稳转向盘，发动机起动后，立即制动同时踏下离合器踏板，车辆停稳后挂入1档。松抬离合器踏板和制动器，使车辆均匀加速，车辆可继续前进。

③ 把车尾转向靠山的一侧，使车辆抵在山石上，将车辆停住。此时注意转向盘不能转错方向，以免发生事故。

2）下坡驾驶。下坡行驶要严格控制车速。运用发动机和低速档位的牵阻作用控制车速，并要合理使用制动器稳定车速，严禁熄火、空档或踩下离合器踏板滑行。下坡前要认真检查制动装置和转向装置，确保其技术状况良好。

① 下长坡时，因制动器使用时间过长，制动毂和蹄片会发热，禁止脱档滑行，应随时注意检查，并选择适当地点停车休息。有制动毂淋水冷却装置的汽车应提前将淋水开关打开，有辅助制动器（如电力或液力下坡缓行器、发动机排气制动器）的汽车，应以此为主控制车速。

下长坡中，感到制动效能有异常变化时，应及时停车检查，排除故障后再继续行驶。如发生行车制动器突然失灵，应沉着冷静，可采取“抢档”的措施，增加发动机的车阻作用，同时要灵活准确地掌握好转向盘，运用驻车制动器给以辅助制动；但**在操纵驻车制动器操纵杆时，不可一次拉紧不放，采取松一下，再拉一下的办法，当车辆接近停住时，再将驻车制动器操纵杆拉至最紧的位置。**

也可利用天然障碍给车辆造成道路阻力，以消耗汽车的动能，迫使车辆停住，如将车辆顺势转入路边的田野、草丛、松软的土地、乱石等，以阻止车轮的滚动。如果情况紧急，可缓慢地转动转向盘，使车厢的一侧向山边（或树木）靠拢撞擦，以减少损失。

② 下陡而长的坡道时，一般选择与上坡同级的档位，以便利用发动机的牵阻作用控制车速，并要合理使用制动器稳定车速（30km/h）。严禁熄火、空档或踩下离合器踏板滑行。

（2）盘山道路的驾驶

盘山道路的特点是坡长而道窄，坡陡而弯急，所以操作难度大，稍有疏忽，便将产生严重后果。因此，除了使用前述的上下坡道操作方法之外，还必须掌握盘山道路的操作特点。

1）傍山险道的驾驶。傍山险路往往是一边靠山，一边临崖，路窄，弯急，非常危险。驾驶人必须认真掌握傍山险道的操作要领，低速行驶，确保安全，如图 2-26 所示。

① 驾驶人要把注意力侧重于路面以及靠山的一边，并注意遵守交通标志的规定。发现对面来车时，要及早选择会车地段或停车地点。如图 2-26 所示，临近弯道时，要提前减速、鸣笛、靠右行，并选择适当的档位，避免在转弯时换档，以便双手操纵转向盘。行驶中不要无谓地窥视崖下深涧，以免精力分散和产生不必要的紧张心理。

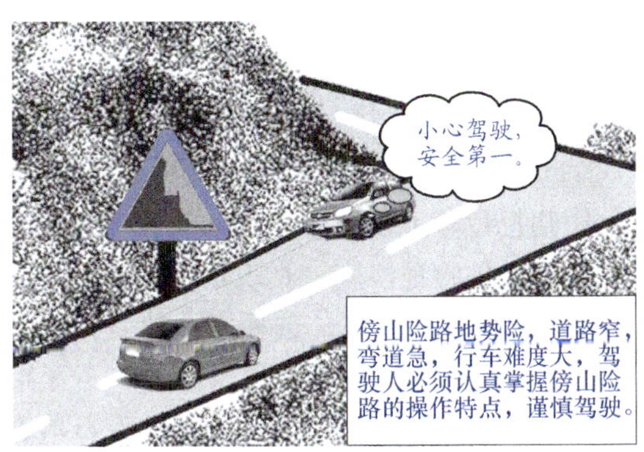

图 2-26　傍山险路

② 会车时，应做到“礼让三先”，选择安全地点会车。会车地点在悬崖边或溪岸旁，地势比较危险时，应停车观察路基情况，在确保安全的前提下缓缓会车通过。在靠山行驶时会车，自己所驾驶的汽车应尽量靠近峭壁，给对方来车留足够的路面，如图 2-27 所示。**盘山道路会车要特别当心大型车，因大型车有时会越线行驶。**

图 2-27　山路弯道行驶

③ 在视线受限的弯道上行车，应严格做到“减速、鸣笛、靠右行”，特别是下坡车应在转弯前平稳降低车速，随时做好停车准备，以防转弯中遇车交会或转弯后遇到路障，下坡转弯中严禁超车。边转弯边上陡坡时，应提前减档，使车辆有足够的动力，避免转弯时换档，以便于双手把握转向盘，遇狭路急转弯不能一次性通过的，第一次可延迟转向时机，用倒车变更轮位后，再继续转弯行驶。

2）遇到“回头弯”急弯坡道时，如果转弯前能清楚地看到对面无来车，则应提前换入低档，保持足够的动力，避免在转弯中换档，同时可以适当借道，并用两手交替法操纵转向盘，务必一次性顺利通过。若在转弯前看到有来车，且弯道路面较宽，不致影响会车时，则应各行其道，互不超过中心线；如果是下坡，则应降低车速，靠边行驶，以照顾转弯上坡车，并与之安全交会。如果弯急道窄会车困难时，则下坡车应让上坡车先转过急弯，以免影响上坡车的转向和发生相互碰擦事故。

3）通过危险地段的驾驶。各种危险地段产生的险情总是同气候变化和地壳活动等因素有关。例如，解冻期和多雨季节，常会遇到山洪暴发、泥石流以及雪崩、冰川活动等。

通过危险地段应注意以下事项。

① 临近危险地段前，应了解前方道路情况，以便采取适当措施。

② 进入危险地段应认真观察，若前方路面有散乱的大小石块、泥块或泥堆时，应考虑是否塌方和滑坡，选择安全位置停车，细心观察，待确认安全后，方可通过。切忌犹豫不定或在可疑地段停车。若车前突然遇到坍塌，应立即停车后倒车避让。如果险情发生在本车后，或有碎石落在车上或车旁时，切勿停车察看，应加速前进一段路程，选择安全地点停车处理。遇到塌方严重，暂时无法排除时，应及时掉头迂回或寻找安全场地停车查看。如图 2-28 所示。

③ 遇到施工地段，要注意“爆破”工程，须听从安全岗的指挥，不可冒险行进。

图 2-28　前方出现塌方

2. 山区道路驾驶十一禁忌

1）一忌仓促上路。在出车前和中途停车时，要仔细检查涉及安全的转向系统、制动系统、传动系统及车轮，同时，加足冷却液、燃油和机油，根据情况还可带三角木、绳索、铁锹等工具。

2）二忌强行超车。

3）三忌盲目抢行。遇有前方出现堵车排队时，要顺序停车等候，不要盲目抢行，以免车辆堵死无法疏通。另外，行至山体旁易发生落石的地段时，要注意观察和尽快通过。

4）四忌随意停车。到达旅游景区后，要将车停到停车场或指定地点顺序停放，熄火后拉紧驻车制动器操纵杆挂上档。最好将车头调向利于游玩后出走的方向，以免离开时车多移不出来。

5）五忌好奇猎险。最好选择正式开放的景区景点出游，不要因好奇而去野游。野游地有些道路交通、旅游设施等暂不具备安全条件和保障，发生危险的可能性较大。

6）六忌重车爬坡时熄火。如果发动机已熄火，在没有可靠的制动前，千万不可踩下离合器。此时，正确的方法是运用行车制动器和驻车制动器将车停稳，再次起动发动机实施坡道起动。

7）七忌下坡空档滑行。

8）八忌跟车太近。

9）九忌车速太高。

10）十忌不听指挥。在旅游旺季，公安交通管理部门将在旅游路线沿线及景区加派警力以维护交通畅通，并与有关部门保持联动。驾驶人要自觉服从交警和管理人员的指挥疏导，并严格遵守沿途交通标志的规定。一旦途中发生交通事故、车辆故障抛锚或遇其他困难时，可直接拨打122或110救助。

11）十一忌山路转弯未减速。

二、通过桥梁及漫水路、漫水桥的驾驶技巧与禁忌

1. 通过桥梁的驾驶技巧

口　诀

不超车顺序过桥，窄桥便桥不会车；
木桥吊桥少制动，过拱桥减速鸣号；
谨慎通过漫水桥，防侧滑雨雪天气。

1）通过水泥桥时，如为双车道桥面，路面平整，可按一般驾驶要领通过。如路面狭窄，应提前减速，换入低速档，驾驶车辆平稳通过，避免在桥上换档、制动、会车、停车，如图2-29所示。

图2-29　通过狭窄桥梁

2）通过拱桥时，驾驶人应鸣笛靠右侧减速行驶，注意对向车辆、行人、牲畜和非机动车等。行至桥顶，要减速下行，同时注意观察桥下情况，随时做好制动准备，如图2-30所示。

3）通过便桥、木桥、吊桥和浮桥时，须先停车查看，在确认无危险后利用低

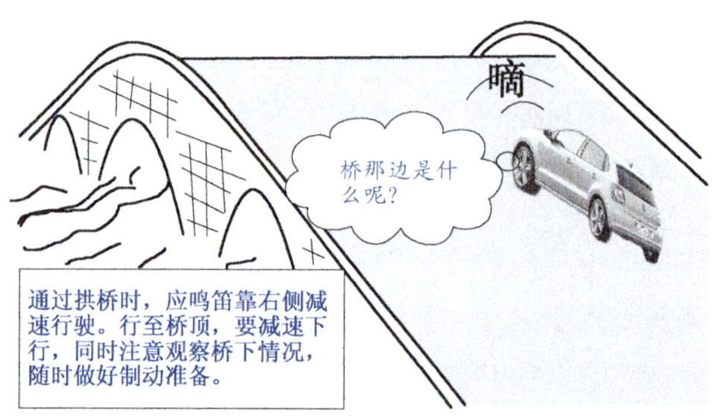

图 2-30　通过拱形桥

档平稳驶过，如图 2-31 所示。**不要在桥上变速和制动，车上的乘员最好下车步行过桥。**

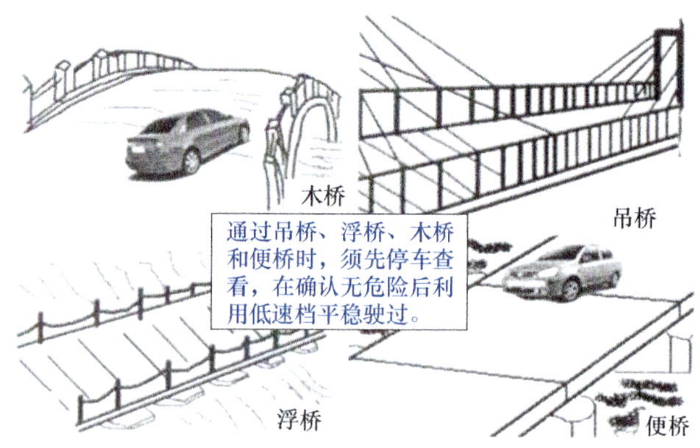

图 2-31　通过便桥、木桥、吊桥和浮桥

4）因泥泞、积雪造成桥面湿滑的拱形桥梁，应清除桥面上的稀泥和积雪，在桥面铺垫防滑物品或在车轮上采取防滑措施后再行通过。

2. 通过桥梁的驾驶五禁忌

1）一忌过桥时不注意观察路边的交通标志。过桥时，应减速慢行，做好过桥准备。桥头若有限重、限高的限制标志，一定要按规定过桥。

2）二忌在桥面上超车或掉头。汽车通过桥梁时，要密切注意道路的宽度和高度变化，尤其是通过较窄的拱形桥时，往往是与桥梁两端衔接的道路较宽，而桥梁上的道路较窄。一定要减速慢行，不能在桥面上超车或掉头。

3）三忌在桥上变速和制动。

4）四忌高速过桥。

5）五忌拱桥行车不仔细观察、不减速、不鸣笛。

3. 通过漫水路、漫水桥的驾驶技巧

1）通过漫水路、漫水桥时，应当停车察明水情，在确认安全，同时车前有专人引路、引导的情况下缓慢开进。如果盲目进入漫水路面，可能会由于道路不清而把车开出路外。流动的河水对过往的车辆会产生一定的侧向冲力，掌握不好会导致车辆侧翻。

2）以低速低档位行驶，车速要平稳、均匀，在水中不能开快车。

3）力争持续稳速通过，避免在水中停留，当车辆缺乏足够动力或车轮打滑难以前进时，可靠人力推车前进，尽快离开漫水路或漫水桥。

4）**不管出现何种情况，驾驶人都应把精力集中于车辆的驾驶上，目视前方，看准车前的道路，不可左顾右盼。**

4. 通过漫水路、漫水桥的驾驶四禁忌

1）一忌穿越不明漫水路。在入水之前必须探明水深、路宽、水的流速，确认是否具备通过的条件。

2）二忌不做准备穿越漫水路。当确认可以通过时，应对车辆采取必要的防护，对电器系统采取必要的防水处理，设法抬高排气管出口等。

3）三忌冒险。在条件允许时，应在水中设置引导车辆通过的标杆。漫水路面常处于河流之中，山洪随时都可能倾泻而下，在此期间通过漫水路有遭受洪水卷走的危险。

4）四忌不降低车速穿越漫水路。

三、通过铁路道口的驾驶技巧与禁忌

1. 通过铁路道口的驾驶技巧

口　诀

横过铁路防火车，一慢二看三通过；
无人道口看仔细，有人道口也周全；
人多车多别硬挤，铁路道口不抢轱；
放行低档不要变，切忌熄火与停车。

1）通过有人看守的道口时，应提前减速，注意观察信号指示灯和道口栏杆（栏门），当两个红灯交替闪烁或者一个红灯亮时，表示禁止车辆、行人通行，如图 2-32 所示；红灯熄灭时，表示允许车辆、行人通行。

汽车应停在停止线外，没有停止线的，应停在距最外股铁轨 5m 以外。

2）通过无人看守的道口，应提前减速，做到“一停、二看、三通过”，不得盲目通过，严禁与列车抢行，如图 2-33 所示。在雨、雪、雾等恶劣天气视线不良或有视线盲区时，应该下车观察或有人指挥通过。

图 2-32　红灯亮时禁止车辆、行人通行

图 2-33　通过无人看守的道口

汽车行驶距道口 100m 时，停车观察，确认无列车后，挂 1 档或 2 档，平稳通过。

通过铁路道口的注意事项。

1）通过前要观察铁路上火车通过的情况和路口的路况。

2）必须保证一次性通过铁道。

3）禁止在铁道上停车。

4）禁止与火车抢行。

5）注意同时通过铁道的非机动车。

① 通过有交通信号控制的铁路道口时，应在道口外减速并及时减档，按照信号灯的指示低速通行，不得在路口内变换档位。遇报警器鸣响或红灯亮时，应停车等候，不准抢行通过铁路道口。

② 通过无信号控制或无人看管的铁路道口时，应在道口外停车观察，做到一停（在停止线前停车）、二看（观察左右是否有驶来的列车）、三通过（确认安全后，低速通过）。

③ 在双轨道口，遇一侧列车驶过后，还应提防从另一个方向驶来的列车。如果发现有危险情况，应立即停车等待，不能强行通过。

④ 跟车通过铁路道口时，应注意观察前车的动态，确认道口对面有足够的停放空间才能通行，不得在道口内停车等候。车辆在铁路道口内出现故障时，应设法迅速将车辆移出道口。如果短时间移出道口有困难，应先设法告知列车联络中心，再设法尽快将车辆移出道口。

⑤ 穿越铁路应一气通过，不得在火车行驶区内变速、制动和停车。

⑥ 在道口前等待放行时，应尾随前车纵列停放，不得超越抢先或并列停放，以防堵塞。

⑦ 在列车行驶区内发生故障时，要设法迅速离开，不得将汽车停留在轨道上。

道口放行时，汽车、非机动车、行人相互干扰，秩序混乱，容易引发事故，应提高警惕，谨慎慢行，避免发生碰擦。

尾随前车通过铁路道口时，应保持足够的安全距离，在前车驶出道口大于一个车位的距离后，才能驶入道口；防止前车因交通阻塞或其他原因停车，造成后车无法驶离铁路道口。

⑧ 通过铁路时，应注意规避轨道等突出物，避免损伤轮胎。

⑨ 在车辆较多和交通拥挤的道口，要注意观察道口对面是否有停车的空位，如果没有足够的空位，切不可穿越道口，以免长时间在道口内停车。

⑩ 遇道口内的路面凹凸不平、铁轨又滑时，要注意防止车辆跑偏和侧滑，两手应紧握转向盘，把握好行驶方向，保持直线行驶。

⑪ 当道口内既有行人，又有非机动车，还有交会车辆时，应提防发生碰擦事故。

2. 通过铁路道口的驾驶四禁忌

1）一忌在火车行驶区域换档、制动、停车、超车或空档滑行。

2）二忌出现意外情况慌乱。

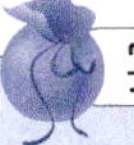

实用锦囊

在列车行驶区域内熄火的应急措施

① 乘客迅速下车，用人力将汽车推至安全区，如图 2-34 所示。

② 挂入 1 档或倒档，借助起动机的动力，将车辆驶离道口。

③ 调用其他车辆将故障车拖走。以上办法均无效时，应设法告知列车司机，采取紧急制动措施，避免事故发生，如可按下紧急信号报警器或迎着列车驶来的方向晃动红色衣物等，以通知火车司机紧急制动，避免发生重大事故，如图 2-35 所示。

图 2-34　用人力将车推至安全区

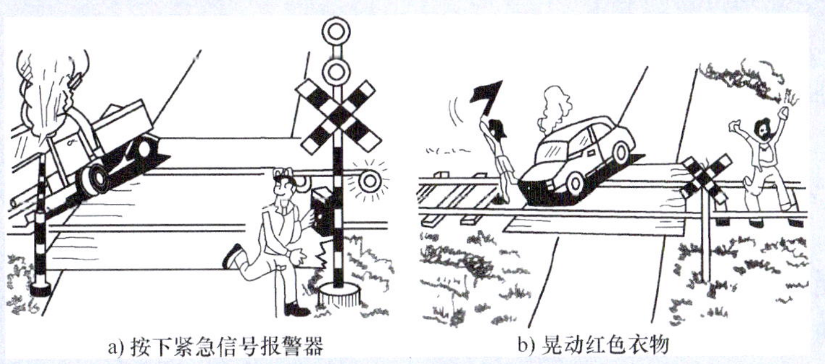

a) 按下紧急信号报警器　　b) 晃动红色衣物

图 2-35　通知火车司机紧急制动

3）三忌轨道路面未细看。在铁路道口内行驶时应注意选择平坦的地段，尤其要注意轨道、道钉等凸出物。

4）四忌心存侥幸，盲目过道口。尤其在没有人员看守的道口，有些驾驶人存有侥幸心理，在粗略观察后就盲目开车穿越铁道路口，这种危险行为在穿越铁道口的交通事故中所占的比例是最高的。

四、通过沙漠路的驾驶技巧与禁忌

1. 通过沙漠路的驾驶技巧

1）起步时不能深踩加速踏板、猛松离合器或高速起步，这样会使车轮深深陷进沙石中，甚至会导致离合器烧毁或半轴断裂等意想不到的事故发生。起步时应当慢起步，根据起动的速度慢慢加大加速踏板，逐步提高车速。

在沙地上一旦无法起步，不可再反复起步，以防止车轮进一步下陷，应采取防滑措施后再起步。

2）在沙地上确实需要停车时，要选择坚硬或有草皮的地面，或者在驱动轮下垫上木板、石块等物，以防车轮下陷、起步困难。停车时间不可太长，应停一段时间后再起步另换一个地方。

在沙漠或戈壁行车应注意以下事项。

1）应加强车辆的清洁维护工作，尤其要经常维护空气滤清器、机油滤清器和燃油滤清器。

2）夏季行车也要注意发动机防冻和过热，夜间还要采取保温措施，停车后要放掉冷却液（加防冻液的除外）。

3）注意预防暴风、横风的危害，装载时货物不宜过高，篷布要捆绑牢固，遇到狂风时，应立即躲避，选位停车。

4）出车前要带足饮用水和蓄电池用的蒸馏水等，携带垫木、绳索等。

2. 通过沙漠路的驾驶六禁忌

1）一忌起步过急过猛。

2）二忌盲目硬拼。在车被陷住，尤其后轮被陷入沙坑时，不可盲目反复地加大加速踏板往前冲，而应立即铲除积沙，垫上硬石块、草袋等再前进。

3）三忌中途换档和中途停车。通过松软沙土路段时，要正确判断路况，根据沙地长短、沙土松软强度，提前使用合理的档位通过。如遇短而深的干沙路段，可用中速档稳住加速踏板通过，中途尽量不要换档，不停车，平稳踩加速踏板保持足够的动力。当通过困难时，可在关键路段铺上草袋、树枝、杂草、木板等物，再行通过。

装有轮胎气压调节系统的车辆，通过沙地前可根据沙地松软程度及本车的载重情况，适量减少轮胎气压以提高汽车通过能力。但通过后，应立即补充轮胎气压。

4）四忌沙地超车。在沙漠里行车要选择正确的行车路线，转向盘不要猛打猛回，应尽量按旧车车辙行驶，不要轻易超车。无旧车辙时，应尽量沿直线行驶。行车时如需转弯，应增大转弯半径，以减小行驶阻力，防止车轮下陷。

5）五忌行驶前没有充分准备。如事先知道要通过沙漠地带，应提前做好物质上的准备。如带上一定量的水，带上铁锹、木板、草袋等。

6）六忌沙漠地区行车后不检查保养。通过沙漠后，由于沙尘太大，会造成空气滤清器严重堵塞，造成进入气缸的进气量减少，燃烧不完全，冒黑烟，工作不稳定，油耗增加。所以在通过沙漠地带后，应对滤清器等进行检查保养。

五、乡村道路驾驶技巧与禁忌

1. 乡村道路驾驶技巧

口　诀

乡村道路路基软，车马混行行路慢；
乡村道路比较窄，控制车速不能快；
通过集镇要注意，精力集中不分心；
遇到水坑别着急，先让行人绕过去；
复杂情况要减速，实在不行就停车。

1）当汽车在坑洼、乱石路面上行驶时，应考虑车辆的离地间隙，转动转向盘小心避让。在通过松软、泥泞、积水路段时，应特别谨慎，必要时应先下车观察。若路面有车辙，应尽量沿着车辙行驶，如图2-36所示。

图2-36　注意选择路面

2）乡村道路上坑洼碎石较多，特别是雨天在有积水和泥泞的路段行车，更要稳住加速踏板，控制车速，用中低档通过，如图2-37所示。

3）在泥路上行驶时，避免猛转转向盘，踩制动踏板时应柔和。遇较大的水洼时应躲避行驶，无法躲过时，应判明是否可以通过。通过时应保持直线行驶

2

尽快通过。遇到路上有凹陷的泥坑无法躲过时，应以较低的车速缓慢通过。

4）通过较大的横向凹坑时，须先降低车速，等前轮慢慢溜进沟底后再加速。当前轮上沟后，立即放松加速踏板，用同样的方法使后轮过沟。

图 2-37　注意控制车速

汽车行驶中遇到横沟时，驾驶人要观察沟的宽度和深度，若沟的宽度没有超过轮胎的深度，汽车可以直接从横沟上通过；如果沟的宽度超过轮胎的深度，就不能盲目开车通过，必须用厚木板、铁板、石块架在横沟上，然后再驾驶汽车，使轮胎从木板、铁板或石块上通过。

实用锦囊

汽车过横沟的操作步骤

① 发现道路前方有横沟出现，应立即放松加速踏板，当车速减慢后，挂低速档。

② 当汽车前轮驶过横沟时，马上踩下一点加速踏板，当驱动车轮驶过横沟内受阻时，牵引力加大了，传动轴的转矩也就增大，借助驱动轮受阻后退又前滚的冲击力，增大的牵引力会将驱动轮扭上路面，从而驶出陷沟。

如果横沟宽但不深，则汽车不能直行通过。因为直线行驶过沟，汽车左右轮一齐下沟，会造成汽车上下跳动。如果跳动量过大，钢板弹簧会折断，若是客运汽车，不但会损坏钢板弹簧，而且会使乘客随着汽车的跳动而跳动，甚至会跳离座位，碰撞汽车的顶棚而受伤。为避免这种现象发生，汽车通过这种浅而宽的横沟时，应先减速，前轮下沟，转向盘向右转一点，使汽车左前轮先下沟，下沟后，转向盘立即向左转回，使右前轮顺利下沟，同时使右前轮先上沟，当左前轮上沟后，转向盘又向右转一点，使左后轮先下沟，当右后轮顺利下沟后，转向盘马上向左转一点，使右后轮先上沟，当左后轮也上沟后，马上回正转向盘，使汽车正常行驶。

特别提醒

在乡村道路上驾驶一是要慢，即行车速度慢，转弯慢；二是要仔细观察周围情况，选好行车路线；三是对挡路的家畜要小心鸣笛，耐心等待，以免使其受到惊吓。

2. 乡村道路驾驶六禁忌

1）一忌跟车距离太短。车辆行驶在乡村土路上，汽车尾部在晴天是尘土飞扬，在雨天是泥水四溅。前车扬起的灰尘或溅起的泥水会遮挡视线，影响行车安全，因此与前车要保持适当的车距，一般距离在50m以上，如图2-38所示。

2）二忌强行超车。当前方有农用车，如拖拉机时，要仔细观察道路情况，在路面较窄或质量较差时，不要急于超越，待超车条件允许时再实施超越。切不可操之过急，以防发生事故。

图2-38 前车扬尘遮挡视线

3）三忌出现危险慌乱。当前轮侧滑时，应稳住加速踏板，纠正方向驶出。当后轮侧滑时，应将转向盘朝侧滑方向转动，待后轮摆正后再驶回路中。下坡中后轮侧滑时，可适当点一下加速踏板，提高车速，待侧滑消除后再按原车速行驶。

4）四忌行车过于靠右。常在城市道路驾驶的驾驶人习惯了靠右行驶，在乡村路驾驶时，没有考虑乡村路况较城市差、路基不牢等情况，依然靠右行驶，结果很容易因路基坍塌造成车辆侧滑、侧翻或掉沟。

在乡村道路上驾驶时，一定要选择在道路中央行驶。超车或会车要提前处置，选道路宽阔、坚实的地段进行，避免发生碰撞事故。

5）五忌完全依靠灯光、喇叭行车。乡村的儿童、老人可能不太了解交通法规和车辆信号灯所表达的意思，若驾驶人仍然按照在城市中行车的方式驾驶，则很容易引发交通事故。

乡村道路行车一定要放慢车速，在多鸣笛的同时，主要还要小心驾驶，随时应对突发情况。

6）六忌集市行车乱用喇叭。乡村集市中行人拥挤，情况复杂，一些乡村老人对交通法规知之不多，有的儿童对汽车好奇，常靠近车辆行走。在这种情况下，有的驾驶人易急躁，常鸣笛驱赶路人，这样一旦遇到同样急躁的路人，常会发生不必要的事故纠纷。

通过乡村集市，驾驶人应挂入低速档，踩离合器踏板至半联动位置，视情况继续踩下或抬起，控制车速或停或行，耐心通过。

第五节　特殊环境驾驶技巧与禁忌

一、雨天行车的驾驶技巧与禁忌

1. 雨天行车的驾驶方法与技巧

口　诀

视线不清道路滑，人车匆忙危险大；
道路处处有险情，时刻小心谨慎行；
方向加速运用好，积累经验防意外；
低速防滑远跟车，缓打转向避险多；
雨后行车泥水多，行人怕溅躲汽车。

（1）雨天行车驾驶方法

雨天行车，视距短，视线模糊，路面湿滑，车辆制动性能下降，容易发生车辆追尾和人、车相撞的交通事故，也容易发生侧滑、倾覆和追尾等行车事故。

雨天行车前，应检查发动机舱罩的封闭情况，防止雨水浸入使电气线路淋湿受潮，并检查车厢是否封闭，试踩制动踏板是否有跑偏现象，检查刮水器工作是否正常。如果正常，才能驾车上路；否则，应及时修好。

1）保持良好视野。雨天行车，能见度较低，要谨慎驾驶，及时使用刮水器擦净风窗玻璃上的雨水，并擦净风窗玻璃上的霜气，使驾驶人具有良好的视野。

2）适当控制车速。雨天行车，路面湿滑，对汽车转向、制动都不利，因此要适当控制车速。在尾随其他车辆行驶时，应降低车速，适当加大与前车的纵向安全距离。遇到较薄的水层，不能高速行车，以免出现水滑现象。会车、转弯时，应提前减速，缓慢转动转向盘，靠右侧慢慢通过。能见度不足50m时，车速不准超过30km/h。

3）选择合适的行驶路线。大雨或中雨后，应尽量在道路中间通过；会车或暂时停车时，不要太靠路边，以防道路塌陷。遇隧道或其他积水的路段时，要按涉水方法通过。

4）正确使用转向盘。雨天路滑，尤其是在泥泞道路行驶时，转向要柔和，转向盘的转动要早打、慢打、慢回，不可突然猛转转向盘，以免车身横滑。**当出现车辆甩尾时，应当朝向甩尾一侧转动转向盘。**

5）合理使用制动。雨天行车，路面溜滑，紧急制动易导致车轮抱死，使汽车产生侧滑、转向失灵、方向难以控制，故一般车速较低，可采用预见性制动。必须加大制动强度时，可间断地轻踩制动踏板，随时修正方向，防止汽车出现跑偏和侧滑。转弯时，更不能急踩制动踏板，以防汽车制动时失去转向能力和侧滑甩尾。雨天汽车涉水后，行车时应多踩几次制动，以提高行车制动器的温度，蒸发制动器的水分，恢复制动器的性能。

6）注意防雷击。在雷雨天气中行车时，车门窗要关闭严密，要把收音机天线收回。雨势实在太猛无法行驶时，要把车停在地势较低的地方，**不要贸然下车避雨，在车内避雨会更安全一些。**因为，假如雷电击中汽车，电流会经车身表面传至地面，车内的乘员一般不会因雷电而发生意外。

在雷雨天气行车要防止遭受雷击。遇有雷雨天气，最好寻找安全的停车场地暂时躲避。

雷雨天需要临时停车时，不得把车停在坡道、山脚、河边以及大树下，谨防发生意外。如果能见度较低，停车时需开示宽灯和停车灯。

7）下雨时天空比较阴暗，驾驶人的视线受到限制，应适时开启刮水器，及时擦净风窗玻璃上的雨水，以改善视线；同时根据能见度的大小开启前照灯、防雾灯和尾灯。

8）谨慎加速超车。雨天行车，汽车应尽量少变更车道，行驶中要随时注意前车的行驶速度和方向，绝不可因前车速度慢而强行超车。在较窄路面上应避免超车，以防汽车打滑驶出路面。在良好的路面必须加速超车时，应特别谨慎小心，把握超车机会，正确控制转动方向超车。

9）防止行车撞人。雨天行车，驾驶人必须精神高度集中，随时准备对突发事件做应急处理。

（2）雨天行车驾驶技巧

1）驾驶人在雨中行车时，要集中精力，掌握方向，勤鸣笛，减速慢行，加倍警惕，随时注意观察路面变化及路上车马行人动态，当心行人在车前窜出，当心自行车从交会车尾突然窜出或在车前突然转弯，随时做好停车的准备，以防发生事故。

2）雨中行车要严格控制车速，车速应控制在40km/h以下为宜。小雨时，可适当提高车速；如遇大雨，以20km/h的速度行驶即可；遇到暴雨，落到前风窗玻璃的雨水来不及刮去会严重影响视线，驾驶人应立即选择宽阔路面停驶，并开启示宽灯、报警灯，以提示前后来车注意。如发生汽车横滑或侧滑情况，切不可急转转向盘或紧急制动，应利用发动机牵阻减速。

行进中，要注意各低洼路段，有较大水湾时应估计积水深度，确有把握方可用低速档缓行通过。通过大水漫过的路、桥处，应充分了解路或桥面是否被水冲坏，不得盲目涉水。

尾随行车时，应严格控制车速，适当加大与前车的纵向安全距离。会车、超车、转弯时，应与汽车、行人及道路边缘保持一定的安全距离；在傍山路、堤坝路或沿河边道路上，不宜沿路边缘行驶或停车。

3）久雨天气或大雨中行车，要注意路基是否疏松和可能出现坍塌的情况，尽量选择道路中间坚实的路面行驶；要尽量避免涉水行驶，以免造成车轮制动器失灵；在超车、会车时更需注意防止路肩坍塌造成翻车事故。

4）突遇暴雨应沉着应对。阵雨、暴雨来临之际，往往伴随着狂风大作、尘土飞扬、天昏地暗，接着便是急剧的雨点扑面而来。此时机动车、非机动车、行人容易乱成一团，行人、自行车只顾奔跑避雨（图2-39）。面对这样的情况，汽车驾驶人一定要沉着冷静，加倍注意观察机动车、非机动车、行人的动态，确保行车安全。

5）刚刚下过雨的道路上，由于路面上雨水与污物混合，路面与轮胎的附着力极小，空车下坡时极易横滑；行车中，密切注视道路上的交通情况，将车速控制在安全行驶范围以内；下坡时提前挂入低速档，利用发动机的牵阻作用控制车速；使用行车制动时，其强度不得超过车轮与路面的附着力。

图2-39　突降暴雨

雨天驾驶应注意事项。

1）雨天尽量不超车。雨天超车的条件比平时要求较高，只能在视线清晰、路面宽阔、平坦无积水的条件下进行；否则，以跟行为宜。

2）会车时拉大横向间距。雨天会车，来车往往因躲避积水而突然改变行驶路线，将车驶向路中，甚至占用车道。因此会车时要控制好车速，并将车位调整到较为宽阔的路段进行交会。交会时的横向距离应尽量拉大，防止溅起的水花泼向对方，或因制动侧滑发生侧刮事故。

3）遇有积水路面时的驾驶技巧。汽车涉水前，要注意观察水的深度、流向和流速，判断水下是否有淤泥、流沙等障碍物；市内行车时，要注意积水处是否有井盖、台阶等障碍。还应注意观察前车通过的路线和速度，并借此观察积水深度，判断汽车是否能通过。不同的车型有不同的涉水深度。越野车涉水深度为400mm，但一般不超过500mm；轿车的安全涉水深度为200～300mm，个别车型可能还要小一些。例如，桑塔纳轿车的进气口在保险杠的上面，因此，只要积水深度不超过前保险杠，桑塔纳轿车都可顺利通过。

应沿着前车压下的轮迹通过，无轮迹可依时，应停车观察，选择积水较浅处通过。通过后要及时检查制动效果，如果制动效果不佳，说明轮毂里进水，应采用边行驶边制动的方法让轮毂升温，使制动力恢复正常。

一般来说，汽车在高速行驶中遇到积水时，要尽量让两个前轮一起轧水。特别是在高速公路上，虽然积水不会很深，但由于车速过快，如果只是一侧的前轮轧过，轮胎会在瞬间失去抓地力，汽车便容易出现打滑或者侧翻的情况。

4）路遇行人或非机动车时，应提前放慢速度，并鸣笛提示，尽量给他们留出便于行走的路面。遇到行人或非机动车横穿道路的情况时，切不要与他们抢道。交会时，应防止甩出的水溅到他们身上。

5）雨路行驶要慎用制动。因水膜现象，制动时易打滑，所以，需要减速时应以控制加速踏板为主；情况紧急非用制动不可时，要缓缓加力踩下制动踏板，感觉车尾侧滑就要立即抬起制动踏板，待侧滑消除后再缓缓踩下。

6）行进中，对前方的涵洞、桥梁、排水沟等都应做好充分估计，必要时，下车观察，切勿盲目行车。

7）遇到大暴雨或特大暴雨时，能见度很低，当刮水器的作用不能满足要求时，不要冒险行驶，应选择安全地点停车，并打开示宽灯，待雨小或雨停时再继续行驶。

8）在沿河堤的路上行驶，应尽量靠近道路里侧行驶。超车、会车要更加小心，不要太靠近边缘，以防因河堤土方疏松而发生塌陷。

9）在连续多雨季节，从安全角度考虑，可采用排水力强的轮胎，且避免因胎压过低而与地面接触的胎纹挤成一团，从而削弱排水效果。

10）发生“水滑”现象时，不要急于踩制动踏板或转动转向盘，应握稳转向盘，逐渐松抬加速踏板，使车速自然减缓，待“水滑”现象消失，再缓缓前行。

2. 雨天行车驾驶十一禁忌

1）一忌雨天行车车速过高。最高车速不要超过 80km/h。

2）二忌汽车在积水路面或暴雨中行驶时紧急制动。

3）三忌靠路边行驶、停车。

4）四忌车况不良。雨天行车前要加强车辆的检查与维护，特别要检查制动是否跑偏；检查刮水器是否工作正常。

5）五忌放松思想、心存侥幸。

6）六忌夜间大暴雨时仍冒险行驶。我国南方地区夏天雷阵雨或暴雨来势凶猛，降水强度大，刮水器几乎发挥不了作用，风窗玻璃上的流水几乎挡住了视线，灯光的作用也微乎其微。这时切不可冒险行驶，尤其在夜间，应将车慢慢停在路边，并打开各种车灯，或鸣笛，以提醒来往车辆，防止碰撞。

7）七忌疲劳驾车。长时间雨中行车，驾驶人容易疲劳，心理产生压抑感，无意中车速便高了起来，想尽早冲出雨幕的包围。

8）八忌夜间雨中行车灯光炫目。夜间雨中行车时，由于雨幕对灯光的反射作用，车前往往白茫茫一片，形成炫目的光幕。此时应严格控制车速，多使用示宽灯、防雾灯，特别在会车时更应注意这一点。

9）九忌积水路段行车不规范。

① 忌加速踏板踩下幅度过大。使发动机高速运转，防止水从排气管进入发动机，这种做法是错误的。应该稍踩加速踏板，只要不熄火，水是进不到发动机里的。水一般是从进气口进入发动机的。

② 忌高速冲过积水。应该缓速通过积水，因为车速太快溅起的水会进入发动机进气口，引起发动机熄火和损坏。

③ 忌侥幸心理。看到其他车辆能通过，就认为本车也能通过。这时要考虑本车底盘的高低和车辆的状况，没有十分把握最好改道行驶或就地等待。

④ 忌车辆熄火后心情急躁，冒失着车想尽快通过积水。

10）十忌下小雨时持续打开刮水器。当汽车在小雨中低速行驶时，车前风窗玻璃上只有一些小雨点，若刮水器压力太大，胶皮与玻璃的摩擦系数会太大而发生颤动。另外，当有小沙粒附着在玻璃上时，刮水器带动沙粒摩擦玻璃，即使很硬的玻璃也会被刮出许多小痕迹。

在小雨中低速行驶时要慎重地使用刮水器，发现刮水器颤动时就尽快停止。另外，若充分利用喷水器也可以保持玻璃和刮水器之间的润滑，对保持视线良好有很大的帮助。

小雨天驾车行驶，在前风窗玻璃上面抹一层肥皂，可以维持约30min的清晰视线。

11）十一忌降低胎压。有的驾驶人认为，雨天放掉轮胎的一部分空气，使轮胎扁一些，扩大与地面的接触面，能增加摩擦力，防止滑胎，缩短制动距离，避免意外事故的发生。这是错误的，不要随便释放轮胎空气。

二、雾天行车的驾驶技巧与禁忌

1. 雾天行车的驾驶技巧

口　诀

雾天能见度太差，低速远跟要牢记；
雾天如果看不见，不如停车路边站；
勤鸣笛车慢行，停车要开信号灯；
灯光低速很重要，下车观察加鸣笛；
雾天行车要警惕，确保安全是根本。

雾天出车之前，对汽车应进行必要的检查，如检查刮水器、防雾灯、前照灯、示宽灯、制动灯、喇叭，以及风窗玻璃喷洗装置是否完好无损、制动系统是否可靠有效等，发现故障要及时排除，确保车况良好。

（1）正确使用灯光

当雾气不太浓时，应开防雾灯、尾灯及示宽灯；当雾很浓，能见度小于30m时，还应开近光灯和危险警告灯。雾天夜间驾驶，应开启防雾灯，同时将远光灯改用近光灯。路面标线可见时，以标线为基准行车；如无标线，可参照路边缘石、树标、电杆标做参照物行车，同时要密切注意路标提示，必要时下车查看以免迷路。

雾天能见度低，视野差，行车时应根据雾情打开前后雾灯、尾灯、示宽灯和近光灯，充分利用灯光来提高能见度，增大可视距离，使驾驶人看清前方车辆、行人与路况，也让来车和行人在较远处发现车辆。当能见度小于500m大于200m时，必须开启近光灯、示宽灯和尾灯；当能见度小于200m时，必须开启前后雾灯、近光灯、示宽灯、尾灯。如果雾太大，应选择安全地点停车，并开灯警示他人。值得注意的是，**雾天行车不要使用远光灯，因为远光灯射出的光线会被雾气漫反射，在车前形成白茫茫一片，反而使驾驶人看不清前方。**

（2）严格控制车速

在雾中行车应尽量低速行驶，跟车行驶应有足够的行车间距。当能见度小于500m大于200m时，车速不得超过80km/h，与同一车道的纵向行车间距必须在150m以上；当能见度小于200m大于100m时，车速不得超过60km/h，其纵向行车间距应在100m以上；当能见度小于100m大于50m时，车速不得超过40km/h，其纵向行车间距应在50m以上；当能见度小于50m时，行驶车速应控制在30km/h以下；能见度在30m以内时，车速应控制在20km/h以下；一般视距10m左右时，车速控制在5km/h以上；当能见度在5m以内时，汽车应停驶，并开亮小灯和尾灯以引起来往汽车和行人的注意。如果想停车等雾散去再上路，应当开亮雾灯、近光灯和危险警告灯（双闪），紧靠路边停车。最重要的是，人要离开道路尽量远一些，千万不要坐在车里。如果是停在高速公路的紧急停车港湾，人最好能翻过护栏，到路基外面等候。

（3）雾中会车

雾中会车尽量选择宽阔的路段和地点会车。会车时，应关闭防雾灯，以免造成对方眩目。适当鸣笛提醒来车和行人的注意，当听到对方来车的喇叭声时，应鸣短笛回应，以示礼貌，同时也引起来车驾驶人注意。对异常的鸣笛声要立即靠边停车察看。会车时，除要相互鸣笛做出反应外，还应亮、灭灯光示意，以免发生刮擦、碰撞。必要时，应停车相让，以免对雾中汽车相互横向间距估计不足而发生事故。发现可疑情况，应立即停车让行。

发现对面来车车速较快，没有让道意图时，应主动减速让行，必要时靠边停车。前方有障碍物时会车，要留出提前量和安全间距。会车后打开防雾灯。

（4）雾天超车和变道

雾天严禁超越正在行驶的汽车。发现前方汽车靠右边行驶时，不可盲目绕行，要考虑此车是否在避让对面来车；超越路边停放的汽车时，要在确认其没有起步的意图而对面确无来车后，适时鸣笛，从左侧低速绕过。

雾天行车，视线较差，不要频繁变更车道（图2-40）。严格遵守靠右侧通行的原则缓慢行驶，车辆之间及与行人、非机动车之间要保持充分的安全距离。

图2-40　雾天各行其道

（5）通过交叉路口或弯道的驾驶方法

汽车雾天行经交叉路口或弯道时，应谨慎小心。因雾天看不清交通信号和交通标志，不易发现横向来车和行人，尤其是执行紧急任务的汽车和对道路状况不熟的驾驶人驾驶的长途车出现在弯道或交叉路口时，若车速快了，未按雾天行车的要求操作，是最容易发生安全事故的。

雾天通过交叉路口、红绿灯时，将车速降至最低5km/h，多鸣笛，仔细观察车辆前方及左右情况，有情况及时停车，避免发生意外。

特别提醒

1）雾天行车应注意以下事项。

① 注意路面及地理环境，尤其是通过村庄、路口、车站及行驶于山路转弯处时，应仔细观察周围情况，做好避让停车的准备。

② 能见度在30m以内时，车速不得超过20km/h。

③ 浓雾能见度减至5m以内时，应及时靠边选择安全地点停车，并打开小灯、尾灯和示宽灯，待浓雾散后再继续行驶。

④ 雾天尾随行车时，应密切注意前车动态，保持较大的跟车距离，适当控制车速，切不可急转转向盘，猛踩或快松加速踏板，以防侧滑。

⑤ 雾中避免开前照灯行驶，强光照在雾上会引起散射，影响视线，造成视距缩短，甚至看不清前方的路面和交通情况。

⑥ 雾中行车发生道路堵塞时，应立即停车，打开危险警告灯。

⑦ 减速或停车时不可过急，防止尾随汽车措手不及而相撞。

2）雾天行车防范措施。

① 发现对方来车亮着前照灯驶来，应想到前方可能有雾。

② 驶入起雾路段，应立即开启前后雾灯、示宽灯、小灯和警告闪光灯，并将左侧门窗玻璃落下2/3，减速慢行。行进中注意观察前后两方的来车，并多用喇叭提示对方。

3）雾中行驶，在没有十分的把握时，不要超车。非超不可时，一定要在前车让超、前方可视距离足以满足超车时，再迅速超越。

4）雾天会车应开启前照灯，用变换远近光灯的方法提示对方。能见度太低时，可以鸣笛互相提示，用声音信息弥补视觉信息的不足。

5）需要停车时，应向后方的跟行车发出信号。其方法是，在抬起加速踏板汽车自动减速的同时，用右脚连续不断地轻踩制动踏板，使制动灯连续闪亮来提醒跟行汽车。停车过程要放慢，制动的距离要拉长，停车后不要立即熄火，应继续开启灯光设备，以防跟行车追尾。

6）需要停车排除故障时，最好将车驶离道路。可选择路侧的饭店、旅馆和加油站停车。如在高速公路行车时，可将车开入紧急避车道、服务区等场所进行停泊。雾中谨防长时间在道路上停车，非停不可时，车上人员应下车远离。及时消除风窗玻璃上的雾气。

实用锦囊

风窗玻璃内侧雾气的清除方法

① 自然通风除雾法。适当打开车窗，使车内外空气流通，以减小驾驶室内外的温差，避免风窗玻璃表面凝结水雾。

② 空调除雾法。打开空调，把模式开关调至除雾档，空调会转换为外循环，使车外新鲜空气进入驾驶室，吹散风窗玻璃上的雾气。风速可调至最高，必要时可关闭两个中央出风口，以提高除雾效果。

③ 化学除雾法。在汽车美容市场可买到专用的除雾剂，只需要将除雾剂喷涂到汽车风窗玻璃内表面，然后轻轻擦拭，就可形成一层透明的保护膜。保护膜可防止水气在玻璃上凝结而形成雾层，喷涂一次可在一周左右的时间内起到防雾的效果。

④ 在风窗玻璃上涂抹一层薄薄的甘油、酒精或盐水作防雾剂，可防止风窗玻璃内表面在短期内结雾。

⑤ 将少量洗洁精倒在用水浸过的抹布上，在风窗玻璃内侧面均匀地擦拭一遍，可保持20h内不结雾。等天气转晴或视线变好时，只需要用干净的湿毛巾擦去风窗玻璃上的液膜即可。

⑥ 一旦风窗玻璃上凝结雾珠影响视线时，切忌边开车边擦拭，应停车用干净毛巾擦净后再行车。

2. 雾天行车的驾驶十禁忌

1）一忌行车车速过快。“十次事故九次快”，这就充分说明了在行车时必须控制车速，保持适当的距离，不能违章行驶。特别是雾天，能见度低，盲区大，在雾中那些本来可以帮助驾驶人判断方向和车速的行道树以及路标等变得难以看清，驾驶人的速度感迟钝，感觉出的车速往往要比实际车速低，加上车辆运行引起的视线误差，不安全因素大大增加。因此合理控制车速，保持适当的距离非常重要。

2）二忌随意停车，抛锚后不设立警示标志。在雾天行驶，由于能见度差，特别是山区弯道多、路窄，绝不能随意停车。如抛锚确实要停车时，应立即打开危险警告灯，并在车后100m外设立三角牌危险警示标志，提醒过往驾驶人注意。

3）三忌跟车太近。雾中行车，应警惕距离错觉，由于路边参照物模糊不清，驾驶人感觉出前方车辆的距离比实际距离要大，因而容易将跟车距离拉得太近，这是很危险的。

4）四忌占道行驶。各行其道，不侵占对方路线或超越其他车，这一点在雾天行车尤为重要。雾天行车必须靠右行，选择自己正确的行车路线，并正确使用好各种车灯，绝对不允许盲目超车。

5）五忌车况不良。雾天出车前，必须严格检查车辆，如制动系统、转向系统、刮水器、防雾灯、前照灯、制动灯、喇叭等必须完好无损；风窗玻璃要清洗干净，并检查风窗玻璃喷洗装置是否良好有效，绝对不能马虎或存半点侥幸心理。一旦风窗玻璃上出现雾气而不能及时清除，就会严重影响驾驶人的视线，埋下事故的祸根。

6）六忌思想放松，麻痹大意。在雾天开车，随时要保持警惕，绝对不能有麻痹思想。**有些驾驶人将前车停车开着的尾灯当成是行驶车辆的尾灯，紧跟而导致撞车；**

或误将灯光不全的汽车当成摩托车，让道不及而碰撞。除此之外，还要特别当心那些前后都没有灯光的拖拉机、三轮车、路边停驶未开灯的汽车挂车等，它们都是雾中的“隐形杀手”。因此应始终保持高度的注意力，正确判断各种车辆的动态，宁停三分，不抢一秒，确保行车安全。

7）七忌盲目超车。

8）八忌紧急制动和急转转向盘。

9）九忌大雾下停车时人未离开车辆。在雾较大的时候，由于散雾的时间不确定，有的驾驶人常会停下车，打开汽车收音机、CD 机，躺在车内消磨时间。若其他车辆未能发现该停驶的车辆，则很容易发生碰撞事故。

如果雾太大，车可紧靠路边停放，打开雾灯、近光灯和危险警告灯。停车后，所有人都要从右侧下车，尽量撤离道路，千万不要坐在车上或路边。如果是停在高速公路的紧急停车带内，所有人员最好能翻过护栏到路基外面等候，避免发生意外。

10）十忌行车不用喇叭。有的驾驶人平时极少使用喇叭，即使在大雾天行车时也不使用喇叭，而仅仅靠观察行车。结果，一旦遇到与自己一样不习惯使用喇叭的驾驶人，两车便有可能相撞。

三、风沙天气行车的驾驶技巧与禁忌

1. 风沙天气行车的驾驶技巧

口　诀

风沙天气视线差，慢速行驶危险让；
防尘防砸防跑偏，远离行人和路边。

风沙袭来时，空气浑浊，光线暗淡，视线不良，狂风还会影响汽车行驶的稳定性，这些都给行车带来了不利影响。

1）大风天行车应集中精力，放慢车速，正确地辨认风向，握稳转向盘，注意汽车的横向稳定性，尽量不要超车，严密注意行人的动向，**尤其要特别注意那些用东西包头走路或狂奔乱跑的人，防止他们只顾行路而不顾机动车辆**。行车中，应预防行人为躲避汽车行驶扬起的尘土，在汽车临近时突然跑向道路的另一边。应适当延长鸣笛时间，以引起行人、车辆的注意，缓慢前进，并做好随时停车的准备。

载货汽车应扎紧车上篷布，固定好车上货物；装载质量小、体积大的物资，应停车避开暴风，以免汽车被暴风吹刮而离开正常的行驶路线。

注意非机动车和畜力车的动向，尤其应注意低头骑车者和被大风吹得惊恐的牲畜，提防其突然闯入机动车道。

2）注意防尘。大风中行驶，要把车门玻璃关闭严密，将驾驶室里的循环空气手柄放置于内循环的档位，以保持驾驶室的封闭。**行车中不要用刮水器刮刷风窗玻璃上附着的灰尘。**大风过后，不要忘记清洁保养空气滤清器。

3）灯光的使用。在大风伴有扬沙或者沙尘暴到来时，光线不足，能见度降低，此时应开启示宽灯、尾灯，必要时可开启防雾灯或危险警告灯，并注意降低车速，多鸣笛。夜间行驶时，应使用防眩目近光灯，不宜使用远光灯，以免出现炫目的光幕而影响视线。**风沙特别大时，应将车停靠在道路上风处，车头应背向风沙。**

4）停车避风。如果在车辆行驶途中遇到暴风，车辆难以行进，应寻找背风处停放车辆。选择避风处时，要避开高大的广告牌、电力变压器等有可能发生危险的地段；在山区或丘陵地带的车可利用背风的天然地势避风。如果一时难以找到避风处，停车时应尽量使车尾迎风，车头背风，**防止细微沙粒被发动机吸入气缸而加速机件磨损。**

5）沙漠地区气候异常，行车困难，对汽车机件和装载货物也会造成危害，要及时了解当地的天气情况，选择好行驶的路线和时间。

2. 风沙天气行车的驾驶四禁忌

1）一忌车速过高。当风向与车辆行驶方向相同时，应注意降低车速；当风向与车辆方向相反时，会使车速降低，给超车带来困难，应尽量避免超车。当风向与车身垂直时，会使车辆转向半径及转向离心力增大，易使车辆侧滑或侧翻，应注意降低车速。

2）二忌思想放松。当风力过大、灰尘过多时，路上行人、非机动车常为避风而只顾奔跑、行驶。这时应降低车速，严密注视行人动态，降低车速，随时避让。

3）三忌风沙天气行驶后不对车辆进行保养。当大风天过后，应加强对空气滤清器的保养，防止沙尘进入气缸。

4）四忌新车未封釉。大风吹起的风沙会对汽车漆面造成非常细小的划痕，划伤车漆。针对这种情况，**车主应该在漆面未受伤害之前，用封釉的方法给爱车做一次保养，可在漆面形成保护膜，以抗风沙、抗腐蚀、耐高温，更好地保护车漆。**

四、通过冰河的驾驶技巧与禁忌

1. 通过冰河的驾驶技巧

口　诀

过冰河，看冰情，车重冰厚要适应；
冰响车后加油走，响在前面把车停。

1）勘察冰层厚度。通过冰河前要勘察冰层的厚度和质量，在冰河中不影响行车安全的地点凿孔测量。汽车通过冰河所需冰层的厚度见表2-5。

表2-5　汽车通过冰河所需冰层的厚度

汽车质量/t	冰层厚度/cm	备　注
1.5	15	在近三天内，外界空气温度平均在10℃以下，同时冰的质量要清洁并且为没有雪的中间层和气孔，结晶光亮 此表仅作参考，尤其在春化季节，必须询问当地有经验的群众
3	20	
5	30	
8	≥35	

2）应选择冰层与河岸高度过渡平缓的地方行车，防止汽车驶向冰层时产生对冰层较大的冲击力，发生危险。

3）通过冰河时，应按选定的路线平稳匀速通过，中途不要换档。如需降低车速，应利用发动机牵阻作用。如需停车，可使用驻车制动器，尽量不用行车制动器。如必须使用行车制动器时，也不能猛踩制动踏板，因为在通过冰冻路面时，阻截着力很小，以防止车身侧滑发生事故。中途出现打滑或空转被迫停车，起步困难时，可采用防滑措施或用岸上的车辆帮助拖出。

4）当车辆轮胎打滑陷入江河时，不要盲目猛踩加速踏板，以免冰破，越陷越深。车队通过冰河时，应逐辆通过，切不可使多车聚在一起，以防冰层负荷过重而破裂。

5）坡道行驶打滑、后溜，换不上新档位时，切忌猛踩加速踏板，应先将车辆停稳再重新起步。车辆使用防滑链条时，不能过紧或过松。

实用锦囊

在一般道路上或冰面行驶时，可以不使用防滑链，但在山路、坡道多的冰雪路段，使用防滑链效果较好。

2. 通过冰河的驾驶六禁忌

1）一忌在通过结冰河面时，猛踩制动踏板。

2）二忌猛踩加速踏板。猛踩加速踏板容易导致车轮空转。

3）三忌转弯时猛转转向盘。在车辆转弯时，车速要放慢，增大转弯半径，转向盘不能猛打猛回，以防侧滑。

4）四忌跟车距离太近。由于通过冰冻路面时，附着力很小，制动距离加大，如果跟车距离太近，容易发生“追尾”。

5）五忌心存侥幸，盲目通过。

6）六忌多辆车同时过冰河。

五、通过冰雪路面的驾驶技巧与禁忌

1. 通过冰雪路面的驾驶方法与技巧

口　诀

稳起步，防滑转，转弯慢，打轮缓。
注意车速及车距，牵阻点刹要多用。
冰雪路面易打滑，一旦侧滑油莫加；
后轮向着哪边滑，方向随着哪边打；
防滑防冻措施全，险路行车不贸然。

（1）通过冰雪路面的驾驶方法

出车前，应加强对汽车的检查，特别是转向系统、制动系统应有效、可靠。此外，最好携带必要的设备（如防滑链和取暖用品）。

在雪地行车时，没有安装防滑链的汽车起步时，可采用比平时高一级的档位，利用离合器半联动和轻踩加速踏板的办法实现平稳起步；起步困难时，可在驱动轮下铺垫干草、炉渣、沙子等物辅助起步。

1）正确起步。起步时，可以采用比平常高一级的档位，慢抬离合器踏板，轻踩加速踏板，使发动机在不熄火的情况下输出较小动力，以适应冰雪路面，汽车起步不滑转，保证汽车平稳起步。

在冰雪路面上起步时，离合器应在半联动状态下稍多加停留，加速踏板要注意配合适中，以免起步时汽车猛烈前冲或牵引力过大而使车轮空转或出现侧滑。如果车轮空转难以起步，可在驱动轮下铺垫沙土、木板，以改变车轮与路面的附着力，保证汽车平顺起步。起步后，不要立即驶入快行线，以免影响后车正常行驶。

2）低速行驶。在冰雪路面行车，应控制车速，使汽车低速行驶，最高车速不得超过30km/h，以确保安全。应尽量保持均匀的行驶速度，避免车辆剧烈振动，以防汽车失去控制。需要加速时，应缓缓踩下加速踏板，不要加速太急，以防驱动轮滑转，使汽车方向稳定性变差。需要减速时，应换入低速档，充分利用发动机牵阻进行减速。行车时，应加大行车间距，纵向行车间距一般应在50m以上。

上坡时，应根据坡度使用稍低一级的档位，需要减档时，时间应较平时稍提前一些，避免发生脱档现象，以保证有足够的动力不使汽车向后滑溜；下坡时，要依靠发动机牵阻作用控制车速，避免使用制动踏板，必须使用制动时，只能间歇轻踩制动踏板。

3）谨慎转弯。在冰雪路面转向时，要提前缓抬加速踏板平稳减速，适当加大转弯半径，不可急转猛回，防止汽车溜滑甩尾而刮碰车辆和行人。

4）谨慎会车。应谨慎对待会车，会车时要提前减速，选择积雪少、路面宽的安全路段，加大两车的侧向间距，靠路段右侧徐徐通过。若相遇地段不易会车，可由一方后退让路，绝不可硬挤会车。右侧处于安全位置的车辆不要争道抢行。

两车最好不要在行驶过程中会车，应一车靠边停住，另一车低速通过。会车时若对路面无把握，应下车观察，确认路面安全后，才可靠边慢行进行会车。

5）尽量不超车。冰雪路面原则上不允许超车，如需超车，必须选择宽阔路面，待前车让路让速后方可超越。切忌高速强超，以防不测。

6）合理制动。

实用锦囊

冰雪路面的制动方法

尽量采用预见性制动，善于利用发动机的阻力制动，灵活地多用驻车制动，合理地少用行车制动，尽量避免紧急制动，以防汽车制动时方向不可控制。若遇紧急情况必须制动时，对于无 ABS 的汽车，切不可将制动踏板一脚踩死，而应间歇、缓慢地踩踏制动踏板，并辅以驻车制动。当制动侧滑时，要稍松抬制动踏板，同时要顺着侧滑的方向转动转向盘，以免侧滑加剧。

冰雪路面行车中如遇紧急情况，可强行减档，快摘准挂，采用间歇制动和一拉一松驻车制动器操纵杆的方法减速停车，避免使用紧急制动，防止车辆的侧滑、翻车等事故。若因制动引起侧滑，应立即松开制动踏板（使车轮保持滚动），稳住或稍收加速踏板，把前轮转向侧滑方向，待车尾恢复直线时，再把方向回正，并控制好车速，使汽车驶入正常路线。

气压制动的汽车，在行驶中要加强例行检查，防止储气筒、控制阀和空气管路结冰而导致制动失效。

液压制动的汽车，在行车中要检查制动主缸里的流动性是否良好。出车时，应踩踏制动踏板两次，若感到制动有效时，才能出车；途中也要检查，以保证制动有效。

7）少停车。冰雪路面行车途中，应尽量少停车（特别是在高速公路上行驶时更要注意），以防撞车、溜滑和冻结。如需停车，应提前换入低速档，选择好安全地点，减速、靠边、慢拉滑，不要马上停车，应稳住加速踏板（让车轮在雪地上刨坑），然后再停车。

（2）通过冰雪路面的驾驶技巧

1）行驶路线的选择。汽车在冰雪路上行驶时，应根据道路两旁的树木、电杆等参照物判断行驶路线，控制车速，低速行驶；有车辙的路段应循车辙行驶，转向盘不可猛打猛回，以防汽车侧滑偏出道路。

在弯路、坡道及河谷等危险地段行驶时，更应注意选择好行驶路线；路况稍有可疑应立即停车，待察看清楚确认安全后再继续行驶。

2）行驶速度的掌握。汽车在冰雪路上行车时，必须保持均匀的行驶速度。轻踩加速踏板，握牢转向盘，保持汽车行驶的平顺性，要防止轮胎在坎坷的冰块上颠簸而引起转向盘的晃动和转向轮的自行转向。需要提高车速时，应逐渐缓和地踩下加速踏板，不得加油过多，使汽车加速过猛，以防驱动轮因突然增加转速而打滑，或左右轮在急加速中因阻力不同而产生急剧横滑。

当汽车行至弯道、坡道及河谷等危险地段时，要提前缓抬加速踏板，平稳降速，适当加大转弯半径，转向盘不可猛打猛回，做到早转或少转，以防车轮侧滑。

在有积雪的坡道上行驶时，应提前换入低速档，加速时不可过急，中途避免换档。

行驶中车速不要超过30km/h，平稳换档，以防驱动轮因突然增速或减速而打滑，甚至发生侧滑和甩尾。遇有情况时，换入低速档控制，尽量利用发动机的牵阻作用控制车速。

3）长时间停放的技巧。汽车在冰雪路上长时间停放，又不宜放掉冷却液时，应适时起动发动机，以保持冷却液有一定的温度，防止结冰冻坏机件；同时还应在轮胎下面垫上沙土、煤渣、灰草等物，防止轮胎冻结在地面上。

汽车到达目的地后，将车停驶时，应先将散热器和发动机内的冷却液放净，然后起动发动机5min，将发动机内的余水排净，再驶入停车位置停放。

冰雪路面行车应注意事项。

1）冰雪地区行车，必须携带防滑链、三角木、绳索、铁锹等防滑物品和必要的防寒用品，并注意发动机防冻。

2）起步时离合器可半联动，轻踩加速踏板使发动机在不致熄火的情况下输出较小动力，以适应冰雪路面，避免驱动轮滑转。若驱动轮打滑，应铲除车轮下的冰雪，并在驱动轮下撒上干沙、煤渣、柴草等物，或用铁镐将路面刨成X形或Y形槽，以提高附着性能，使汽车再起步。

3）在结冰的山路上行驶，必须安装防滑链；通过结冰路段后应及时拆除，以免损坏路面和轮胎。为了防止防滑链松脱对轮胎和地面造成伤害，行驶速度一般不要超过50km/h；要避免紧急制动，不要在坚硬或干燥的路面上行驶。

4）大地被积雪覆盖后白茫茫一片，行车时驾驶人往往搞不清楚道路、沟坎及路面状况。这时应根据行道、树、路标、水渠等仔细观察，判明行车路线，沿着道路中心或积雪较浅处通过。

5）在冰雪路上行车一定要控制好车速，一般不超过30km/h，特别是在转弯或下坡时，必须将车速控制在能随时停车为好。需要加速或减速时，应缓缓踩下或松开加速踏板，以防驱动轮因突然增速或减速而打滑，甚至发生侧滑、甩尾。

6）驾驶人应根据地形、车速等情况，与前车拉开距离。一般应该拉开正常行驶距离的两倍以上（一般不得小于50m）。

7）傍山险路降雪结冰后，应根据冰雪厚度、坡道大小、弯道急缓及路面宽窄等情况，决定能否通过，必要时停车勘察，不可盲目冒险行驶。

8）雪地长时间行车，应佩戴有色眼镜，以防造成眩目而影响行车安全。

9）气压制动的汽车，应预防储气筒控制阀和制动管路中产生结冰而致使制动失效。

10）在冰雪道路上尽可能避免超车，若确有必要非超车不可，一定要选择宽敞、平坦、冰雪较少的路段进行，不得强行超车。会车时，应选择平坦宽阔的路段，并保持两车旁边有足够的侧向安全距离。

11）需转向时，一定要提前最大限度地放低车速，把稳转向盘，慢转慢回。在不影响对面来车的情况下，可尽量加大转弯半径。

12）行车时应集中精力，尽量采用预见性制动并利用发动机的牵阻作用减速，多用驻车制动、发动机制动，少用行车制动，避免使用紧急制动。

2. 通过冰雪路面的驾驶十禁忌

1）一忌车况不良。出车前，应加强对汽车的检查，保证车况良好，特别是转向系统、制动系统应有效可靠，不得有行驶跑偏和制动跑偏现象。

2）二忌起步过猛。

3）三忌观察不周。要保持良好的视线，行车中应降低车速，使用刮水器改善视线，必要时应停车擦掉风窗玻璃上的积雪。在冰雪路面行驶须佩戴有色眼镜，并注意休息，以防因眩目而影响行车安全。

4）四忌车速过快。

5）五忌跟车距离过近。

6）六忌超、会车不当。

7）七忌转向过快。转向时，一定要提前做到最大限度地降低车速，把稳转向盘，慢转慢回。在不影响对面来车的情况下，可尽量加大转弯半径，防止汽车溜滑甩尾而刮碰车辆和行人。

8）八忌制动过急。

9）九忌停车不当。

10）十忌视线不清。

六、炎热高温条件下的驾驶技巧与禁忌

1. 炎热高温条件下的驾驶技巧

口　诀

高温天气不猛跑，行车负荷需减小；
熟悉路况防疲劳，认真保养不可少。

1）高温气候条件下行车，驾驶人要休息好，保证精力充沛；出车前和行驶中要认真检查汽车，做到不缺水、不缺油，风扇传动带应保持正常的张力；检查蓄电池电解液的高度，不足时应适量添加蒸馏水进行补充，并保持蓄电池盖通气孔畅通。

2）夏季午后天气炎热，行车中容易打瞌睡，若感到视线逐渐变得模糊、思维变得迟钝时，应停车休息；供油系统出现气阻时，应停车降温，待油路恢复正常时再行驶。

3）随时注意胎温和胎压变化，当发现胎温、胎压过高时，应选择阴凉处停息，使胎温自然恢复正常，不可用放气或浇水的方法进行降温。若行驶中突遇轮胎爆裂，应当握稳转向盘，迅速平稳地停车。

4）收车后要及时做好汽车的检查和维护，使汽车保持良好的技术状况，以保证第二天的正常运行。

炎热高温条件下驾驶注意事项。

1）防止发动机过热。行车中要随时注意观察冷却液温度表，当冷却液温度过高时可以选择阴凉地点停车，掀开发动机舱盖通风散热。注意保持散热器散热片的清洁，及时补充冷却液。

冷却液沸腾时，应停车让发动机运转片刻，然后熄火，等到温度下降后再加水，否则容易出现拖缸、缸体破裂等严重后果。突然拧开散热器盖，蒸汽冲出也容易烫伤皮肤。用湿布包住散热器盖，然后将盖打开，加冷却液时，人要站在保险杠的一端，以防水汽冲出烫伤手脸。

2）在融化的渣油路面上行驶时要尽量提前利用发动机牵阻作用减速，以防紧急制动引起汽车打滑而发生事故。

3）为防止轮胎爆裂，行车时，车速不易过高，并要经常检查轮胎的温度与气压。

4）夜间行车时，应注意因高温在路边休息或散步的人员。

5）长途行车时，应携带必要的用品（水桶、水壶、毛巾、防雨布、遮光眼镜以及防暑药物等），以供途中使用。

6）炎热季节行车，容易疲劳，行车前必须注意休息，尽量保证充足的睡眠，使精力充沛。没有装空调的车辆驾驶室温度较高，容易引起中暑，须带清凉饮料和防止中暑的药品。行驶途中感到精神倦怠、昏昏欲睡时，应停车休息，精神振作后再继续行车。

2. 炎热高温条件下驾驶的四禁忌

1）一忌持续高速行驶。高速行驶时轮胎和地面摩擦加大，会导致车胎温度进一步升高。若高速行驶加之急转弯、紧急制动等情况，更容易导致爆胎。

2）二忌超载。轮胎的承载量有一定限度，高温使胎压升高，若超载胎压会更高，增加了在高速、爬坡时爆胎的危险性。

3）三忌疲劳驾驶。高温季节。

4）四忌没有及时维护。认真进行车辆的维护保养，及时掌握好高温季节下的安全行车规律及要求，谨慎驾驶，不仅能延长车辆的使用寿命，更能确保安全行车。

七、严寒低温条件下的驾驶技巧与禁忌

1. 严寒低温条件下的驾驶技巧

在冬季来临之前，应对车辆进行一次全面的换季养护，换用冬季机油、冷却液，蓄电池要使用密度相对较高的电解液。气压制动的车辆，每天收车后要对储气筒放气排水，防止储气筒、制动控制阀、气压管道结冰堵塞，造成制动失灵。

1）起步。起步前应对汽车进行预热升温，待发动机温度达到50℃以上时再起步；露天停放的汽车，机油黏度大，起步后应低速行驶一段距离，待温度升高后，再逐渐提高车速。发动机起动后，怠速运转3～5min。

冰雪路面起步时车轮易打滑空转，起步时可用比正常起步档高一级的档位，半联动的时间可适当延长一些，加速踏板要缓慢踩下。若起步打滑，可在驱动轮下铺垫沙土或炉渣等物。

2）行驶。起步后，要用低速档慢行，待传动系统各部件得到充分润滑后，再逐级加档。行驶中要严格控制车速，不可滑行。加速踏板的操纵要柔和，车速不可忽快忽慢，要提前处理道路情况，跟车距离要比正常路面大。会车时要注意选择会车地点，会车困难时，要停车让行。

在严寒地区行车，因无霜期短，路面冰雪不易融化，行车中车轮易空转和侧滑，制动停车距离较长，因此车速不宜过快，一般应保持在20km/h左右，尽量保持匀速直线行驶，避免紧急制动和急剧转向。一般不要超车，会车时要提前减速，并随时做好制动和停车准备。

3）转向。冰雪道路行驶，转向盘不可猛打猛回，转动转向盘时，应缓慢放松加速踏板，使车速均匀下降后再转向。在转弯和弯曲道路上行车，要适当控制车速。转急弯时要提前换入低速档，不使用制动，不急转转向盘；上坡用低速档，保持均匀车速，上坡途中避免换档；下坡要用发动机牵阻作用控制车速，跟车距离要比正常路面行驶增加两倍以上；会车时要保持较大的侧向间距。发生横滑甩尾时，应向甩尾一侧转动转向盘，修正车身后逐渐驶回原路线。转弯时，转弯半径可适当增大一些。

4）制动。冰雪道路行驶，要尽可能使用发动机制动方法，尽量避免使用行车制动。为增大车轮附着力，轮胎气压不可过高，空载时可略微降低轮胎气压，最好是换上花纹粗大的越野轮胎。在结冰道路行驶时，可给轮胎装上防滑链，以防止车轮打滑。

5）停车。临时停车时，应选择干燥、避风和朝阳处，停留时间较长时，未加防冻液的汽车应间断起动发动机，以防冷却液结冰而冻裂机体、散热器等机件；收车后停车，务必排净散热器和发动机水套内的冷却液（未加防冻液的汽车）；气压制动的汽车应放净储气筒内存留的油水混合物，以免结冰而影响制动效能。

6）行车中应选择平坦路面，保持中速行驶，避免剧烈振动和紧急制动。由于驾驶室内外温差较大，风窗玻璃上易形成冰霜，应及时进行擦拭，不可勉强行驶。

实用锦囊

1）途中停车时间较长又不放水时，应间断起动发动机，使冷却液保持一定温度；如发生故障而短时间又不能排除时，应将冷却液放净（加防冻液的除外），防止冻坏发动机和散热器。

2）防止冻坏发动机的方法有两种：使用防冻液，在换季保养时，冷却系统加注防冻液（加至容量的95%）；放水，停车后，打开发动机舱罩，再拧开散热器盖和水套开关，放净冷却液，然后起动发动机，怠速运转1～2min，将冷却液完全排净。应尽量使用防冻冷却液，以避免车辆中途出故障不放冷却液而冻坏发动机，或放冷却液后又找不到新的冷却液。

3）行车途中散热器结冰时，应及时关闭百叶窗或用棉大衣等罩严散热器前侧，使发动机怠速运转，以提高温度，促使结冰溶化。

2. 严寒低温条件下的驾驶三禁忌

1）一忌急转转向盘。当需要转向时，一定要先减速，适当加大转弯半径并慢转转向盘。双手握住转向盘的操作力度要柔顺缓和，否则可能会发生侧滑。这是因为转向过猛、转向轮横向偏移，造成车辆前轮阻力突然加大，在惯性的作用下车尾向外甩出的现象。特别是在郊区的山区公路上，有时冰雪路面是间断的，转动转向盘时，最好提前采取措施在间断处完成。如果在冰雪路面上急转转向盘，很可能因侧滑横在路上或冲出路基发生重大交通事故。

2）二忌冷起动急踩加速踏板。由于在严寒地区气温低，机油黏度大，机油需要长时间才能到达机件的运动表面。如果在运动件摩擦表面还处于干摩擦状态下，猛踩加速踏板急加油，就会导致发动机磨损加剧，缩短发动机的使用寿命。

3）三忌长时间停车不放水。在严寒地区若长时间停车不放水，一旦夜晚气温骤降，便会造成散热器和缸体冻裂。

八、夜间行车的驾驶技巧与禁忌

1. 夜间行车的驾驶技巧

口　诀

视野变窄视距短，切忌盲目开快车；
夜间行车麻烦多，身体疲惫别开车；
十分把握七分开，留着三分防意外；
闭灯驾驶走夜路，白色是水黑是坑；
选择灰色向前行，发现人影踩制动。
远光近光有区分，根据情况来使用；
会车相距一百五，减速行驶换近光；
路面多呈深灰色，两边沟渠是黑线。
柏油路面随季变，冬秋发白夏发暗。
月光下面好判断，路面发白很明显。
雨夜行车最困难，路面反光有斑点；
路中白，路边暗，路旁沟渠为黑线。
雪夜行车难判断，车辆要走路中间。
无车观察沟渠树，有车循辙不走偏。
中途停车别忘记，前后信号灯放明。
突发情况要谨防，会车超车不要忙。
车速控制保安全，警示信号靠变光。
不追不赶不硬撑，安全行车记心中。

（1）夜间行车的驾驶方法

1）夜间起步。汽车在夜间起步，应先打开示宽灯、尾灯、牌照灯和仪表灯；当看不清前方100m处的物体时，打开前照灯进行观察，确认安全后，开近光灯和左转向指示灯，方可起步。

在无照明条件的路段，在不影响对方汽车驾驶人视线的情况下，尽量使用远光灯；行驶速度在30km/h以内时，灯光须照出30m以外；车速在30km/h以上时，应使用远光灯，灯光须照出100m以外（图2-41）。

通过有路灯照明的市区或繁华街道时，不准使用远光灯；进入市区和居民区，不准鸣笛或猛踩加速踏板，以免造成噪声污染。

2）行车路面的选择。一般道路上行驶时，应靠近中心线右侧行驶。

3）车速、车距的控制。夜间要根据道路和交通的实际情况，选择合适的行驶

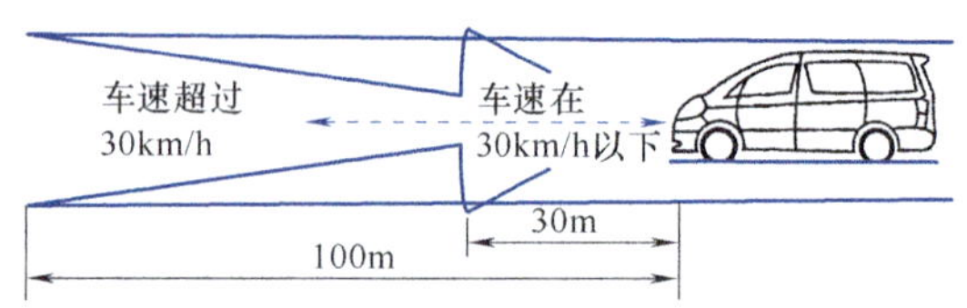

图 2-41　前照灯光束要求

速度。在平坦、宽阔、视线良好的道路上使用远光灯时，车速可适当加快。遇有会车、路面不平、转弯、桥梁（窄桥）、窄路、交叉路口等复杂情况，应减速慢行，一般将车速控制在 40km/h 以下，并随时做好停车准备。

夜间跟车行驶时，车距必须加大，通常应保持在 100m 以上，或者在同样条件下，是白天跟车距离的两倍以上；车速较快时，更应保持较大的纵向行车间距，以防止前车突然减速或停车时，因制动距离不够而发生危险。

4）夜间通过交叉路口、转弯或车道变换。通过有指挥信号的交叉路口，在距交叉路口 50～100m 的地方减速慢行，变远光灯为近光灯或示宽灯，转弯的车辆须同时开转向灯，如图 2-42 所示。

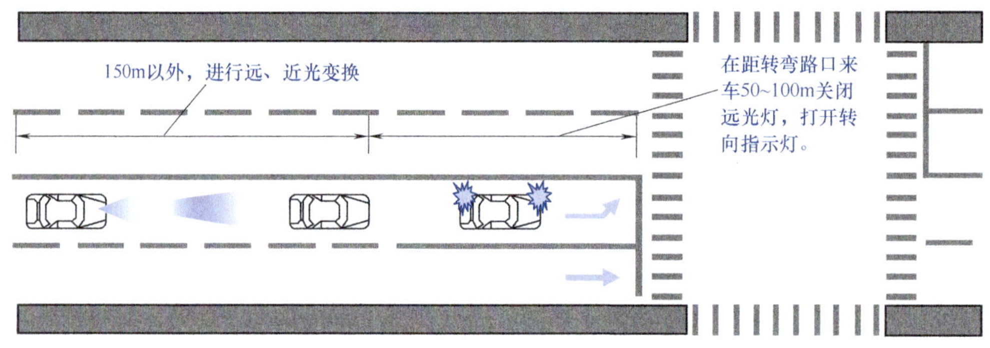

图 2-42　夜间通过交叉路口时灯光的变化

通过没有指挥的交叉路口时，可用变换远、近光灯的方式示意其他汽车和行人注意。在路口转弯时，应关闭远光灯，使用近光灯通过。

同方向近距离跟车行驶时，应使用近光灯尾随。

5）夜间会车。夜间会车，在距对面来车 150m 以内时，将远光灯改为近光灯，降低车速，并靠道路右侧保持直线行进；眼睛不宜直视对方来车的灯光，可以注视路面的右侧，以避开对方来车直射灯光的干扰；遇对方不关闭远光灯时，应立即减速并连续交替使用远、近光灯，示意对方关闭远光灯；如对方仍不关闭，应靠道路右侧停车，关闭前照灯，切忌用远光灯对射，以免发生危险。**夜间会车严禁使用防雾灯，因为汽车防雾灯采用散射能力强的黄色灯光，这种色光能使对面来车驾驶人眩目，会车时易导致两车相撞。**

6）夜间超车。应尽量避免夜间超车。必须超车时，可用连续变换远光灯、近光灯的方法，并及时打开转向灯，在确认前车让超的情况下，方可超越。

7）让超车。在夜间行车，遇后车打左转向灯并连续变换远光灯、近光灯时，要注意到后车准备超越本车的意图，在条件许可时，应及时打右转向灯，减速靠右行驶，让对方超越。但要注意，不能过于靠右，以防因看不清右侧状况而发生危险。

8）夜间倒车或掉头。夜间倒车或掉头，必须下车观察路面情况，留出足够的安全空间；在道路旁临时停车时，应开示宽灯、尾灯，以提醒其他过往车辆和行人。

夜间需在道路上掉头、倒车时，应选择较宽的路段，看清进、退的地形，要特别注意安全，必要时应有人辅助指挥。在一边是山坎一边是悬崖的山区，汽车的尾部应对着山坎，汽车的头部朝向危险的悬崖，倒车时，应较白天多留余地。

9）夜间雨雾天行车。夜间雨雾天行车时，应使用防雾灯或防眩目近光灯，不宜使用远光灯，以免出现炫目的光幕而影响视线；同时，密切注意道路上的各种动态，以防出现意外情况。

10）夜间因故停车。夜间因故须在路边停车时，必须开启示宽灯和尾灯，以提醒车辆及行人。若停车时间较长，还应在车后至少100m（高速公路设置在200m外）的地方设置危险警示标志（专用标志或石块等），以防意外。

（2）夜间驾驶灯光的使用方法

1）夜间开灯的时机。夜间驾驶使用灯光的时间一般与城市路灯开闭时间相同，如果遇到阴暗天气视线不良时，可提前开灯，凌晨可推迟闭灯。

起步前，应先打开示宽灯、尾灯、牌照灯和仪表灯；当看不清道路前方100m处时，应打开前照灯进行观察，确认安全后，方可起步。

在驾驶遇阴暗天气视线不良时，应提前开启示宽灯、尾灯、牌照灯和仪表灯。车速在30km/h以内时，可使用近光灯，灯光应照出30m以外，对30m以内的物体能看得清楚；车速超过30km/h时，应使用远光灯，灯光应照出100m以外，100m以内的物体能看得清楚。凌晨应推迟闭灯。

2）城市道路行车中灯光的使用。由于城市道路具备较好的照明条件，进入城市道路之后，应关闭远光灯，使用近光灯行驶；时刻注意灯光下面黑暗处的动态，提防有汽车和行人突然出现，造成危险；汽车交会应关闭近光灯，只打开小灯或示宽灯；转弯、车道变换时，应提前打开转向指示灯，并开、闭近光灯示意来往汽车及行人注意。

3）通过交叉路口时灯光的使用。通过一般道路的交叉路口时，距交叉路口150m以外时应进行远、近光灯变换，示意路口左右方向来往的汽车和行人；右侧路口有来车时，应根据来车灯光的远近，确定是先行还是避让；转弯时，应距路口来车30～100m打开转向指示灯示意，进入路口前应降低车速，注意黑暗中的行人和非机动汽车。

通过城市交叉路口时，距交叉路口100m以内，用变换灯光的方式提醒来往汽车和行人；提前进行车道的变换，按交通信号的提示通过。即便是深夜人少车少也必须遵守交通信号的规定。

夜间通过交叉路口、转弯或变更车道时，应在距路口30～100m处关闭远光灯，改用近光灯，并根据需要使用转向灯；通过没有交通信号控制的交叉路口时，可用变换远光灯和近光灯的方法提示其他车辆和行人。

4）通过坡道时灯光的使用。

实用锦囊

坡道灯光的使用技巧

上坡时，提前冲坡，进行远、近灯光的变换，提醒对面来车注意；将近坡顶时，要合理地控制车速，将远光灯转换为近光灯，以防对面来车眩目而造成汽车失控。下坡时，因灯光照射范围近，应使用远光灯，以增大视线范围；会车时，按夜间会车的要领互闭远光灯交会。

夜间过坡道时灯光的使用如图 2-43 所示。

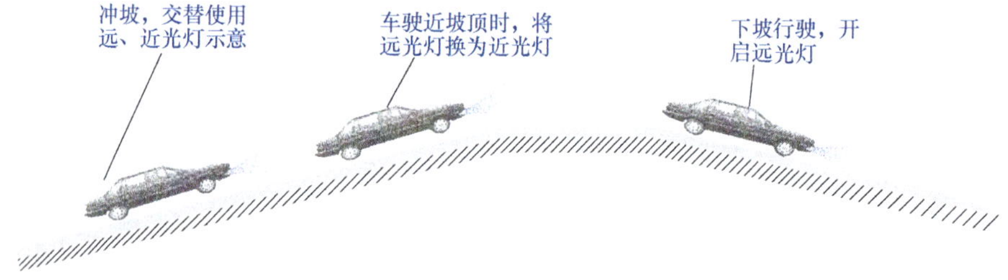

图 2-43　夜间过坡道时灯光的使用

5）通过弯道时灯光的使用。通过慢弯时，灯光照射距离逐渐变远，应提前变换远、近光灯示意；按正常的夜间驾驶操作进行。

通过较急的转弯，应距转弯 150m 处关闭远光灯，打开近光灯；降低车速，靠右侧行驶，并随时准备停车，预防突发事件的发生。

通过连续弯道时，应加强远、近灯光的变换使用；视线注意到弯道尽头，适时调整行驶方向，确保安全。

6）停车时灯光的使用。夜间停车时，打开右转向指示灯，变换远、近光灯，选择停车地点；按交通法规的要求在安全地点停车后，打开小灯和尾灯；有遇险警告灯的汽车，将遇险警告灯打开，以提示前后来往的汽车、行人及非机动车。若在路边临时停放，应开启小灯和尾灯，并开启示宽灯，以引起其他汽车的注意。

7）在雨、雪、雾天的夜间灯光的使用。应使用防雾灯或不炫目的近光灯，以免出现炫目的光幕妨碍视线。

（3）夜间道路的识别方法

1）根据行驶阻力判断路面。夜间行车时，若感到发动机声音变闷，动力不足，行驶速度逐渐减慢，则可能是车辆正处于松软路面行驶或者是在上坡路段行驶所致。如果车速自动升高或者发动机声音变得轻松，则可能是车辆正处于下坡路段行驶或驶出松软路面。

2）根据汽车前方出现的黑影变化程度判断。前方路面出现黑影，汽车驶近时黑影逐渐消失，表明路面有浅小坑洼；**驶近时如果黑影不消失，应提防路面有深坑或大坑，并在必要时果断减速或停车。**

3）根据灯光强弱判断路面。

实用锦囊

根据灯光强弱判断路面的方法

灯光照到路面，如果感到光线不强，则表明是沥青路面；如果感到路面发光，光线又明快，则表明是沙砾路面。碎石路面在月光夜为灰白色，积水处为白色；无月光夜为深灰色，路外为黑色；雨后为灰黑色，坑洼、泥泞为黑色，积水处为白色；雪后，车辙为灰白色，通过较多的车辆后呈灰黑色。

4）根据车灯信号判断路面

① 当车的灯光投射距离由远变近时，表示汽车驶近或驶上坡道（图2-44）。

图2-44　光柱由远变近，表示汽车驶近或驶上坡道

② 当车的灯光投射距离由近变远时，表示汽车已在下坡或由陡坡进入缓坡（图2-45）。

图2-45　光柱由近变远，表示汽车驶入下坡道

③ 当车灯光离开路面时，表示前面出现急转弯或车辆已驶至坡顶（图2-46）。

图2-46　光柱离开路面，表示前方出现急转弯

④ 当车灯由路中移向路侧时，表示前方出现一般性弯道（图2-47）。

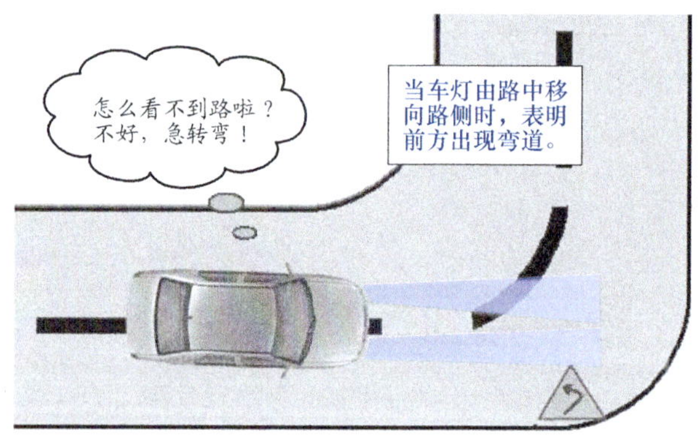

图2-47　光柱从路中移向路侧，表示前方出现弯道

⑤ 当车灯光从道路的一侧移向另一侧时，表示前方为连续弯道。

5）根据颜色判断路面。

① 月光下路面的识别判断方法。月夜时，土路呈白色。干燥平坦的柏油路面呈土灰色，土堆土坎路两边颜色发黑。如果路面出现褐色斑块，说明有低洼不平之处，如褐斑较多且零散，说明路面严重不平，如果路面出现褐色横线，说明有洼沟横陈路面；褐色较暗，说明坑洼较深。如果路面出现发白横线，则可能有突坎横陈路面。

行车途中，若发现前面突然变黑，则说明可能有障碍或急转弯地方，应减速或停车查明情况后通过。

② 无月光下路面的识别判断。土路一般呈白色，两边沟渠是黑线。柏油路面随气候变化，冬秋发白夏发暗。心中要是无把握，应及时停车察看路面。

③ 雨夜路面的识别判断。平坦的雨湿路面呈黑色，较低洼的地方呈白灰色；较

深、较大的洼坑则有积水，水面发出镜片一样的反光；突起较高的路面呈土灰色，有发亮感觉。

④ 雪夜路面的识别判断。路面被雪覆盖后，要以路边的树木为参照，找到路面的大体位置。压下的轮迹呈灰白色，通过较多车后变为灰黑色。要顺轮迹行进，若没有轮迹可依，则要在道路中间行驶。

6）车辆行驶状态的判断

① 若前方出现白色光柱，说明有迎面行驶的车辆，根据其前照灯（或前侧灯）的宽度，可判定来车的宽度。

② 若前方出现有色灯（包括尾灯、牌照灯）时，说明前方是同向行驶的车辆。如果前方红色灯光突然增加了亮度，说明前车制动，应迅速采取相应的措施。

③ 后车在超越自己之前会用前照灯变光的方式提示前车想超车，确认本车前方较为安全后，要进行有效避让。

④ 当对向车射出光线较短时，表明来车将接近坡道；当对向车射出的光线与路基脱离时，表示来车已接近坡顶。

⑤ 当前车尾灯灯光或亮或暗时，表明前车在远处；当前车尾灯灯光较为明亮时，表明前车在近处。

⑥ 当前车尾灯左右间距较大时，表明前车为大型车；当前车尾灯左右间距较小时，表明前车为小型车。

特别提醒

夜间行驶应注意以下事项：

1）夜间长途驾车两小时左右会感到疲劳，要适时停车，稍活动休息，以恢复精力。此外，夜间行车容易疲劳，尤其是在凌晨三四点时，最容易打瞌睡，切勿勉强驾车，应就地休息，等精力得到适当恢复后，再继续行车。

2）夜间行车时，要随时注意观察仪表的工作状况，如果有异常响声或异常气味及灯光照明系统有故障，应立即停车检查，排除故障后方可继续行驶。

行驶中，应注意观察仪表板上的仪表和指示灯：当车速低于30km/h时，可使用近光灯；车速在30km/h以上时，应使用远光灯。

3）夜间行车遇到突发事件时，应沉着冷静，准确地判断情况，迅速地做出处理。

4）夜间行车遇到全车灯光突然熄灭时，应稳住转向盘，利用灯光熄灭前观察的最后印象，及时停车，查明原因，排除故障。停车时必须靠路边停车，不得影响过往汽车的通行。

5）在行驶中，遇到道路施工信号或特别警示时，应减速慢行，路况不明或地势险要地段应将情况观察清楚后，再安全通过。

6）在多尘道路上尾随行驶时，应与前车保持较大的距离，以免前车扬起的尘土妨碍视线，造成判断失误，发生危险。

7）夜间行车或停车，应尽量避免车轮驶入路边草地，要谨防暗沟、暗坑或因路基松软而发生陷车事故。

8）夜间需要倒车或掉头时，必须下车看清进退地形、上下及四周的安全界限，或请人在车外进行指挥，进退中应留出较大的余地。

9）汽车防雾灯采用散射能力强的色光——黄光，这种色光能使对方来车驾驶人眩目，会车时易造成两车相撞的危险。因此，规定夜间会车时严禁使用防雾灯。

10）夏季行驶时，有空调的汽车要注意通风，通风条件差会使人神志疲劳，影响正常行驶。

11）夜间停车时，要选择坚实、安全的地方，最好是人员较多的村镇或城镇。

12）从街道、停车场、加油站等灯光明亮的区域驶入黑暗道路时，应降低车速，以保证眼睛有较好的暗适应过程，待视觉适应后再加速行驶。

13）驾驶人在夏季夜间行车时，必须关闭风窗玻璃，防止昆虫飞进驾驶室刺伤驾驶人的眼睛。汽车行经村镇附近或通过桥梁时，应注意道路两侧及路边和桥梁上休息的人员，谨防人员伤亡事故发生。

14）夜间驾驶时，道路上的交通情况比较简单，进入深夜后，几十千米也难见人或车。此时，很多驾驶人会习惯性地将车开得越来越快，这是相当危险的。因为夜间驾驶人只能看到灯光照射的有限区域，根本看不到道路两侧的情况。如果道路两侧出现突然情况，就很难及时处理。因此，应严格控制车速。

2. 夜间行车的驾驶九禁忌

1）一忌灯光不全或有故障就上路。灯光是夜间行车安全的生命保障，绝不能有半点马虎。

2）二忌高速行驶。

3）三忌忽视各种灯光信号。对于施工信号灯、铁路信号灯更要格外小心。遇到这些信号灯，一定要把车速降到安全速度以下。

4）四忌夜间疲劳驾驶。夜间行车，大地一片寂静，驾驶人只能听到有节奏的汽车行驶声音，只能看到白茫茫有限而单调的路面。时间一长，便不由自主地分散注意力，眼皮开始“打架”，睡意袭来。为了防止注意力分散打瞌睡，驾驶人要注意有充足的睡眠，尤其是夜车长途，一定要注意休息好，若感到劳累，可暂停夜间行车。

5）五忌车速变换时不变远、近光灯。车速在 30km/h 以内应开近光灯，车速超过 30km/h 应开远光灯。

6）六忌在照明良好的道路上不使用近光灯。在照明良好的道路上应使用近光灯或示宽灯；在通过有指挥的交通路口时，也应关掉远光灯，使用近光灯或示宽灯。

7）七忌临时停车不开尾灯。在路边临时停车，一定要把示宽灯和尾灯打开，以引起其他交通参与者的注意。

8）八忌灯光使用不当。

9）九忌跟车距离较近。

第六节　高速公路驾驶技巧与禁忌

一、高速公路行车前的准备

口　诀

查天气交通信息，多准备有备无患；
行车前检查车况，气足液满轮胎好；
细制订行车计划，沿途都心中有数。

1）检查车辆。在驶入高速公路之前应当有针对性地对车辆进行仔细的检查，如图 2-48 所示。

① 检查燃油、机油、冷却液是否足量。

② 重点检查灯光、制动、转向、轮胎等是否良好。

③ 注意检查车辆的装载情况，告知乘客安全注意事项，查看货物捆绑是否牢靠，车厢挂钩或厢式车辆车门是否锁牢。

2）注意收听天气预报和交通广播信息，了解道路情况。

3）制订行车计划。根据要到达的目的地以及行驶距离、气象条件制订一个简单的行车计划，以便对高速公路沿途行车做到心中有数。计划的内容主要包括进

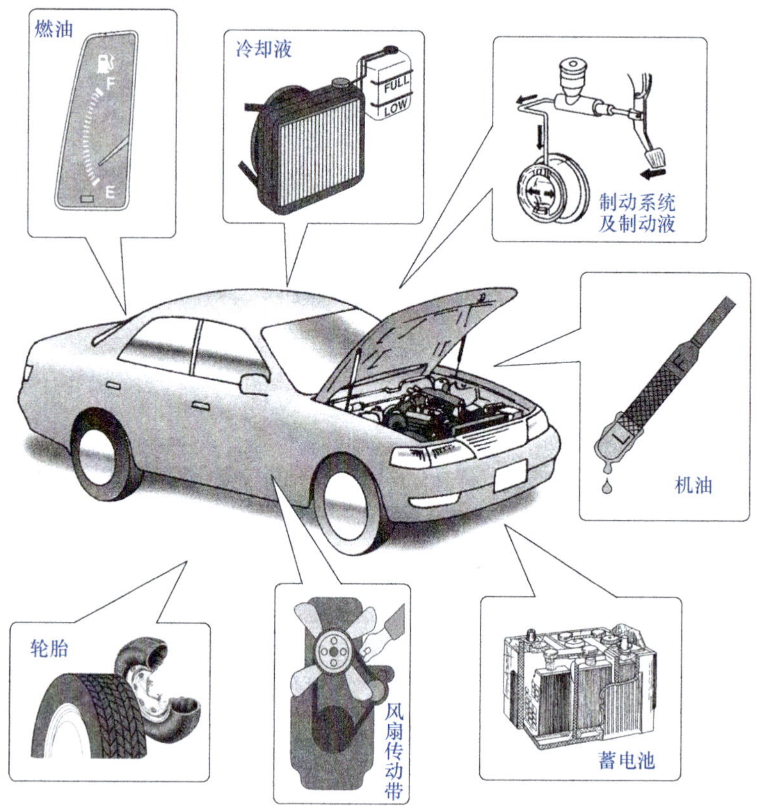

图 2-48　检查车辆技术状况

出路口的位置、行驶路线、行车时间和途中休息、进餐、加油等。

二、驶入高速公路的驾驶技巧与禁忌

1. 驶入高速公路的驾驶技巧

口　诀

顺序进口，匝道莫快，加速车道，后车无碍。
高速路，视线好，保车距，不猛跑。

（1）通过收费处

汽车进入收费处前，应密切注意通道上方的灯光信号和控制入口前的情报板，了解哪个通道可以通行以及前方道路的通行情况，以确定是否进入或驶出高速公路。

车辆驶进收费站时要减速慢行，选择允许通行的收费口依次排队，领取通行卡（或收费票据）后才能通过。驾驶人领取通行卡或票证后，要妥善收存，以便行至出口时交卡或验票。

（2）驶入匝道

1）高速公路的有些入口是两条不同方向的交汇处，行驶时要注意根据指路标志正确选择方向，选择进入左侧匝道还是右侧匝道。确定行驶的匝道后，及时驶入并尽快地提高车速，但不能将匝道当成加速车道，应严格按规定的速度行驶；前方有行驶的车辆时，要保持足够的安全间距；有弯道和坡道的匝道一般都要限制速度，应注意警告标志，一定要按标志规定的速度行驶，如图2-49所示。

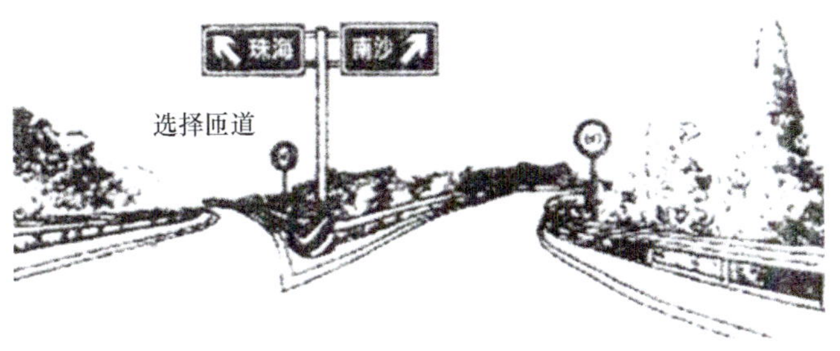

图2-49　驶入匝道

2）从匝道入口进入高速公路的车辆，必须在加速车道上将车速提高至60km/h以上，开启左转向指示灯，观察和正确判断高速公路右侧车道上的车辆情况、行驶速度，在不影响其他车辆行驶的情况下加速驶入高速公路行车道。切不可由匝道直接进入行车道，如图2-50所示。匝道上不准超车、停车、倒车和掉头。

图2-50　不能直接从匝道进入行车道

在匝道上行车，不得超速行驶，应遵守限速标志，以免在弯道处发生碰撞或刮蹭事故；在匝道内车速不超过40km/h，不准超车和掉头。

(3) 驶入行车道

1) 若在高速公路加速车道前有车辆，高速公路上的车辆又在连续不断地行驶，此时应在加速车道上等待驶入行车道的时机，并注意与前面停车保持一定距离，如图 2-51 所示。

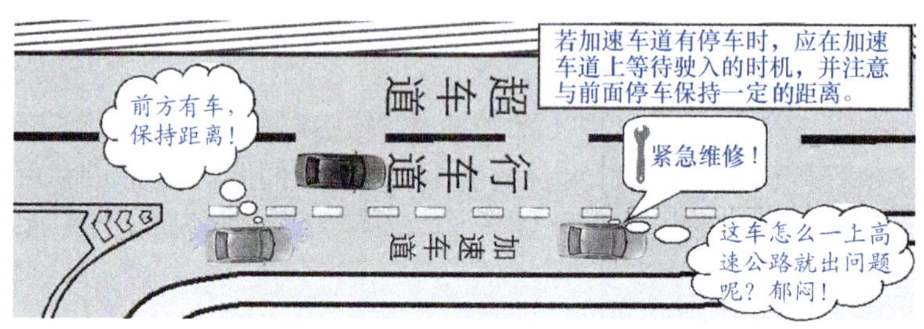

图 2-51　与前面停车保持一定距离

2) 汽车在加速车道加速准备驶入行车道前，应密切注意行车道上的车辆和加速车道上的尾随车辆，在安全的条件下，驶入高速公路。同时，驾驶人驾车在行车道上行驶时，也应注意从加速车道上准备驶入行车道的汽车。

从匝道驶入行车道的全过程如图 2-52 所示。

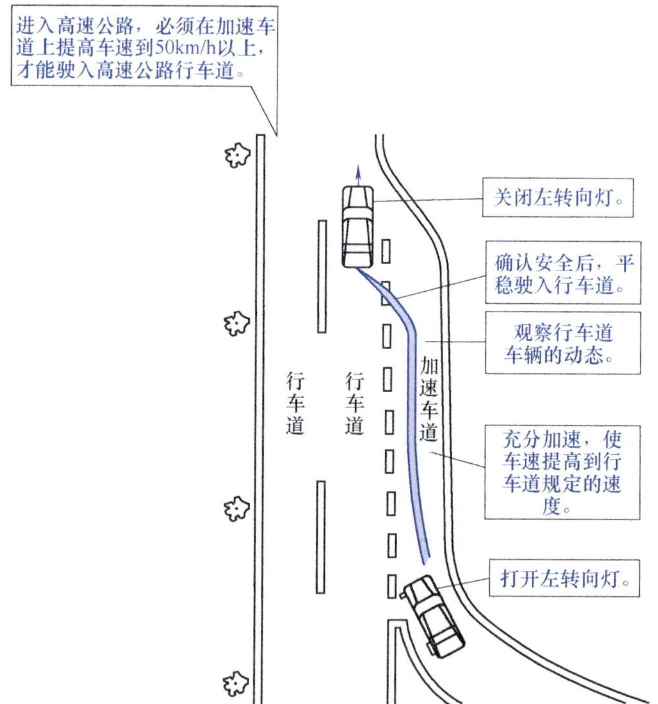

图 2-52　从匝道驶入行车道的全过程

特别提醒

驶入高速公路应注意以下事项：

1）进入收费站口的汽车应依序排队，后来的汽车不准超车和插队。

2）汽车进入后不宜加速行驶，否则难以看清匝道入口处的指路标志。

3）驶入匝道的机动车，不许超车和停车。

4）加速车道如有停驻或缓行的汽车，本车应稍作等候，待其驶离后再加速驶入行车道。

5）进入行车道前，要对后方来车认真观察，如距本车距离尚远时，可以在其驶来前进入行车道；如距来车距离较近，可待其驶过后再行进入。

6）如遇列队行驶的车流时，不得中间插入，应等待其全部驶过后再行车。

7）不得从匝道未经加速直接驶入行车道。

8）进入行车道后，应将车速逐级提高，依次将车变更进左面快速车道，不得从最右侧慢车道直接驶入最左侧快车道。

2. 驶入高速公路的四禁忌

1）一忌不降低车速。驶近高速公路收费站时，在减速线标志处将车速降低至限制速度以下。

2）二忌不选好收费口。根据各收费口的信号指示及等候汽车多少的情况提前选好收费口，然后按规定减速进入收费口。一般车速应控制在10km/h以下，并不得超车、插队或临时变更行驶路线。

3）三忌不控制车速。通过收费口驶向入口匝道时，要注意限速在40km/h以下，而且不得超车，同时打开左转向灯并注意主干道上车流的动向，在加速车道上充分加速到一定速度后，再进入主干道并关掉左转向灯。

4）四忌驾驶禁止驶入高速公路的机动车驶入高速公路。行人、非机动车、拖拉机、农用运输车、轮式专用机械车、铰接式客车、全挂牵引车，以及设计最高车速低于70km/h的机动车，不得进入高速公路。

特别提醒

① 持有实习驾照的驾驶人不准在快速车道驾车行驶。

②“三超”（超长、超宽、超高）汽车必须经公安机关交通管理部门批准后，按指定路线、时间、车道、速度行驶，并悬挂明显标志。

三、高速公路行驶的驾驶技巧

口　诀

高速公路车高速，谨慎驾车别马虎；
车况良好要保持，行车不要带故障；
公路标志看仔细，行车方向要注意；
高速公路分道行，不骑不轧讲文明；
高速公路限车速，守法保障平安路；
行车保持车间距，发现问题来得及；
超车一定要示意，预防后车来抢挤；
变道之前打转向，后视镜里看车辆；
跟车注意保距离，谨防追尾莫大意；
车辆尾随可转向，侧面有车让一让；
弯道下坡减车速，路牌标示有坡度；
路面起霜和结冰，适速行车保安全；
适当休息防疲劳，意外停车设标记；
临时停车在路肩，停车之处无转弯。

（1）分道行驶

汽车在高速公路行车道行驶如图 2-53 所示。高速公路有双向四车道、六车道和八车道三类，我国大部分为四车道的高速公路。进入高速公路后，通过标牌或道路的标志箭头，各种车辆应在要求的车道上行驶。高速公路以沿机动车行驶方向左侧算起，第一条车道为超车道，第二、第三和其他车道为行车道。

1）单向只有两条车道时，所有机动车都应当在右侧的行车道上行驶，左侧车道为超车时使用。

2）有三条车道时，设计车速高于 130km/h 的小型客车在第二条车道上行驶，大型客车、货运汽车和设计车速低于 130km/h 的小客车在第三条车道上行驶。

3）有四条以上车道时，设计车速高于 130km/h 的小型客车在第二、第三条车道上行驶，大型客车、货运汽车和设计车速低于 130km/h 的小型客车在第三、第四条车道上或者向右顺延的车道上行驶，如图 2-54 所示。

4）行车时不准随意穿越线，骑、轧分界线，不准在路肩上行驶，如图 2-55 所示。

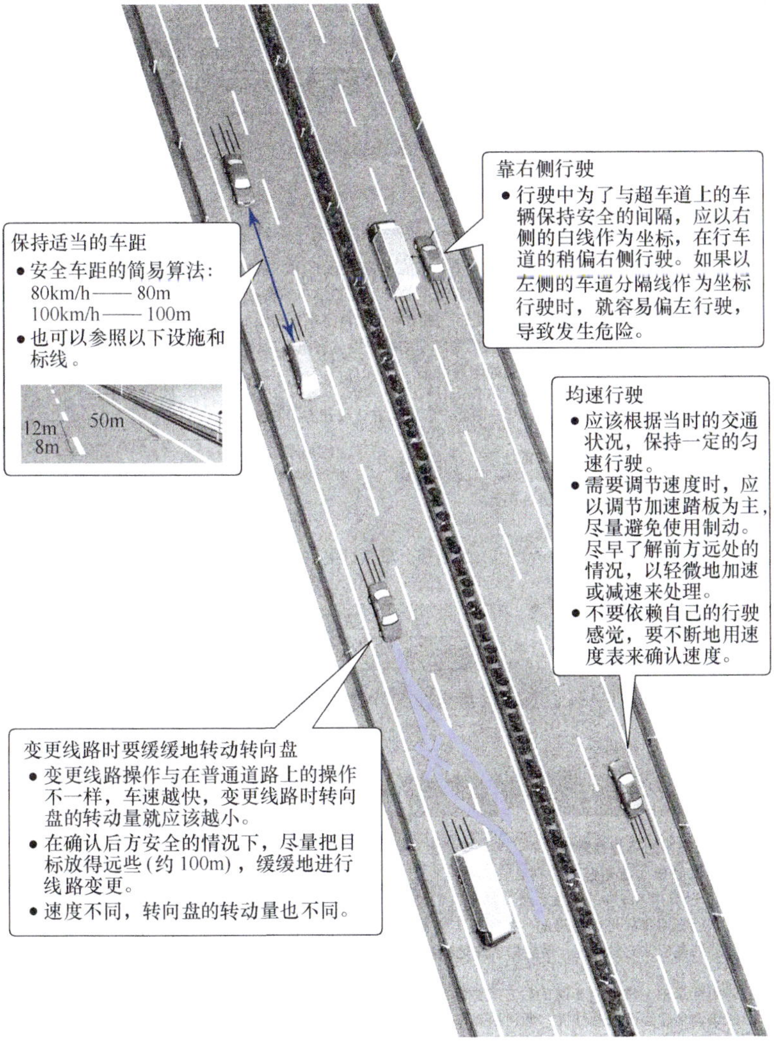

保持适当的车距
• 安全车距的简易算法：
80km/h —— 80m
100km/h —— 100m
• 也可以参照以下设施和标线。
12m
8m
50m
靠右侧行驶
• 行驶中为了与超车道上的车辆保持安全的间隔，应以右侧的白线作为坐标，在行车道的稍偏右侧行驶。如果以左侧的车道分隔线作为坐标行驶时，就容易偏左行驶，导致发生危险。
均速行驶
• 应该根据当时的交通状况，保持一定的匀速行驶。
• 需要调节速度时，应以调节加速踏板为主，尽量避免使用制动。尽早了解前方远处的情况，以轻微地加速或减速来处理。
• 不要依赖自己的行驶感觉，要不断地用速度表来确认速度。
变更线路时要缓缓地转动转向盘
• 变更线路操作与在普通道路上的操作不一样，车速越快，变更线路时转向盘的转动量就应该越小。
• 在确认后方安全的情况下，尽量把目标放得远些（约 100m），缓缓地进行线路变更。
• 速度不同，转向盘的转动量也不同。

图 2-53　行车道上行驶

小客车
小客车
快车道
慢车道

图 2-54　分道行驶规定

乱拐弯
轧线走
溜边走
超车道
行车道
行车道
危险！

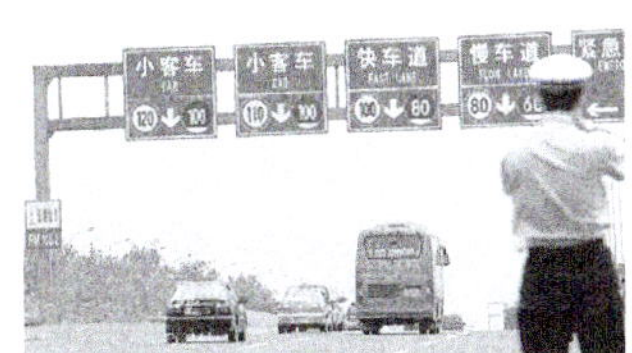

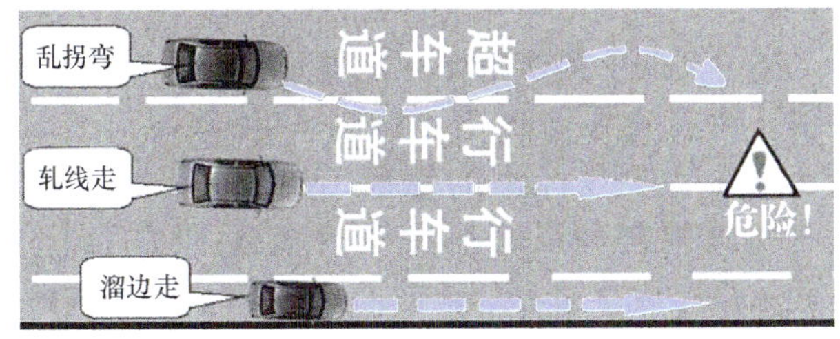

图 2-55　不准随意穿越线，骑、轧分界线行驶，不准在路肩上行驶

特别提醒

在高速公路上行驶应注意以下事项：

① 正常行驶的机动车，不准倒车、逆行，不准穿越中央分隔带掉头或转弯。

② 不准在高速公路上试车或学习驾驶机动车。

③ 不准在匝道和变速车道上超车或停车。

④ 不准驾车骑、轧车道分界线行驶和在超车道上连续行驶。

⑤ 不准从右侧超车。

⑥ 除遇障碍、发生事故等必须停车外，不准随意停车；不准停车上下人员或者装卸货物。

⑦ 除因停车驶入或驶出紧急停车带和路肩外，不准在紧急停车带或路肩上行车。

（2）最高车速和最低车速

机动车在高速公路上正常行驶时，最低时速不得低于60km/h；最高时速：小型客车不得高于120km/h，其他机动车不得高于100km/h，摩托车不得高于80km/h。

高速公路不同类型车辆车速的限制如表2-6所示。

表2-6　高速公路不同类型车辆车速限制　（单位：km/h）

车辆类型	最高车速	最低车速
小型载客汽车	120	60
其他机动车	100	60
摩托车	80	60

高速公路上要求以非规定速度行驶时，都设有限速标志，如图2-56所示。在有限速标志的路段，应及时将车速控制到限速标准以内，超速驶过该路段是非常危险的。

图2-56　限速标志

特别提醒

最高、最低车速是指天气及交通良好情况下适用的行驶速度。遇大风、雨、雪、雾天或者路面结冰时，应减速行驶，最高、最低车速规定不适用。另外，高速公路上有限速交通标志或者限速路面标记与最高、最低车速规定不一致时，应当遵守标志或标记的规定。

（3）行车间距

行车间距包括横向间距和纵向间距两种，一个是车辆间的前后距离，另一个是车辆超车时两车平行行驶瞬间的左右最小间隔距离。高速公路行驶的车辆速度快，如果行车间距保持不好，很容易发生首尾相撞或刮擦事故，有时甚至会连撞几辆车。

正常情况下，当车速约为100km/h时，行车前后间距为100m以上，左右距离为1.5m以上；车速约为70km/h时，行车前后间距为70m以上。左右距离为1.2m以上。车速低于100km/h时，与同车道前车距离可以适当缩短，但最小距离不得少于50m。

机动车在高速公路行驶，遇有雾、雨、雪、沙尘、冰雹等低能见度气象条件时的限速及跟车距离如表2-7所示。

表2-7　高速公路低能见度气象条件时的限速及跟车距离

能　见　度	<200m	<100m	<50m
开启灯光	雾灯、近光灯、示宽灯、前后位灯	雾灯、近光灯、示宽灯、前后位灯、危险警告灯	雾灯、近光灯、示宽灯、前后位灯、危险警告灯
车速限制/(km/h)	≤60	≤40	≤20
跟车距离/m	>100	>50	尽快驶离高速公路

在高速公路上，专门设有为驾驶人确认跟车间距离的行驶路段，如图2-57所示。在此路段上行驶，检验并调整本车与前车的距离至规定间距。

在高速公路上行驶关于行车间距应注意以下事项：

1）车辆长时间高速行驶，驾驶人视觉长时间接受路面及周围流动景物的刺激，视觉的立体感会逐渐下降，因而对距离的估计容易发生偏差。另外，大型车辆的驾驶座位高，驾驶人的眼睛所视前方距离较远，容易产生车速估计偏低、与前方车辆保持距离不够的问题。在高速公路行驶不要过分相信自己感觉上的判断，每当行驶到设有确认车间距的路段，检查一下本车与前车的行车距离，十分有利于行车安全。

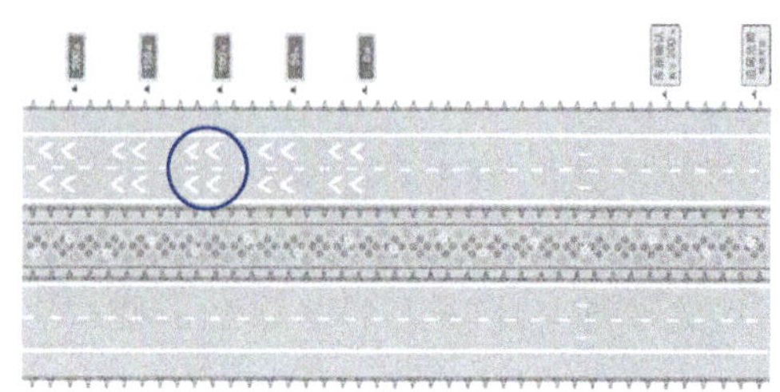

图 2-57　确认间距路段

2）远离可能发生危险的车辆，发现危险车辆应尽快避之。危险车辆就是随时有发生事故可能的车辆，如运载危险品的货车、严重超载的大型货车、随时可能落物的车辆等，还包括那些由鲁莽或疲劳驾驶人驾驶的车辆。如果在行车中发现了前车属于危险车辆，应趁早避开。避开的方法是尽快在有利的时机超越它或拉开与它的距离。

3）雨雾天在高速公路上行驶时，应按规定速度行驶，行车间距保持为干燥路面行车间距的两倍以上为宜。当能见度在 50m 以下时，不可冒险行驶，应设法将车驶向最近的服务区或停车场暂避，待雾散后再驶入高速公路。

遇浓雾突然来临，来不及驶向服务区或停车场时，可把车驶入路肩停下，打开示宽灯和尾灯，待雾散后，尽快驶离路肩。

（4）转向盘的控制

车辆在高速公路上行驶车速高，驾驶人会感到转向更灵敏。因此，转动转向盘时，不能猛打猛回。转动转向盘的角度要小，转向盘的转动要早打早回。

不管出现何种情况，只要车辆在高速运行中，驾驶人的双手绝不可同时脱离转向盘，即使车辆在非常稳定的情况下直线运行，也不得离开，以防发现意外时措手不及。例如，车轮爆胎时，车辆瞬间迅速跑偏；雨天道路积水，强大的阻力使车辆甩尾；互相超车时形成的气流旋风迫使车辆改变行驶方向。

（5）制动的使用

在高速公路上行驶，由于车速高，不宜过于频繁使用行车制动器，特别是紧急制动。因此驾驶人必须思想集中，做好预见性制动的准备。

1）提早发现前方路面的危险障碍。若需要制动，可先挂上低速档，利用发动机的牵阻作用制动，减缓车速，到了接近需要制动的地点时，再缓慢加力制动或使用点制动以使车辆平缓停车或减速。

2）遇有紧急情况需要在路肩停车时，应开启右转向灯，换入低一级档位，将车辆驶入硬路肩，然后制动停车。

3）遇到前方有障碍或前车因故采取制动措施时，后车可先轻踩几下制动踏板，以便使制动灯闪烁，提醒警告后车驾驶人不要过于紧逼，然后再根据行车道上的前方障碍情况或前车减速情况确定是继续减速还是超车通过。

4）在运动中变更车道。进出高速公路时，禁止使用制动。车辆在运行中需要使用制动时，不可同时变更方向，如果在制动时变更车辆行进方向，会造成车辆侧滑或侧翻。

（6）超车的方法

在高速公路上超车时，只允许使用相邻的左侧车道，不准在匝道、加速车道和减速车道上超车。超车过程如图 2-58 所示。

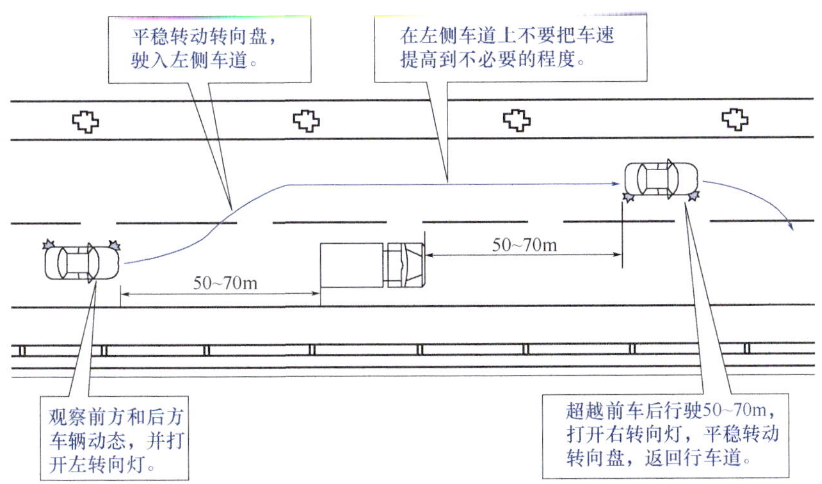

图 2-58 超车过程示意图

1）先观察，把握时机。在同一行车道内，如距前车距离越来越近，表明前车速度低于本车速度，此时便可确定前车即将成为超越对象。在驶近前车还差 200m 远时，开始做超越的准备。首先，对车后情况进行观察，观察车后有无跟行的汽车和正在超越自车的汽车。如有跟行的汽车，应观察此车有无超越本车的动态。如果发现车后有车从超车道驶来，本车应延缓超车，让超越本车的汽车超越后，自己再超越。其次，对前方的交通情况进行观察，主要目标是看前车前方是否还有同车道行驶的汽车，如有，必须注意前车有无变更车道超车的可能，如若前车在本车变道前率先变道，本车则应采取跟随前车变道的方法，驶入超车道。通过以上前后观察，确认无危险存在后，应把握时机，在距前车约 70m 处开启左转向灯，进入超车阶段。

2）进入超车道的方法。开启左转向灯后，应采取缓拨转向盘、渐渐向左斜插的取线方法驶入超车道，行车轨迹应避免出现“硬弯”。

3）驶入前车听觉范围时，应及时鸣笛。从超车道靠近前车约 20m 远时，应鸣笛（夜间应同时变换远近光灯）提醒前车，以引起前车注意，做出避让。

4）超越时，谨防被超车突然驶入超车道。这种情况多发生在被超车前方仍有汽车行进时。引发这种险情的原因有：本车没有给足超车信号；被超车在变更车道前没有观察车后情况或观察失误。为防范意外，**超车时一旦驶入距被超车的危险距离，就要特别警觉被超车动态，只要发现被超车车头稍有左倾，就应立即制动减速。**

5）超车后，安全驶回原车道。超车后应继续保持一段距离的直行，然后用右侧后视镜观察与被超车之间的距离，拉开至少有50m远的距离时，开启右转向灯，缓转转向盘，渐渐向右斜插，驶回原车道。

6）超车变更车道。超车变更车道时，应判断前方汽车是否在超车或前车有无超车意图，并通过后视镜观察左侧车道后方有无后续汽车、有无汽车企图超越。

超车变道的方法

确认与要进入的车道前方汽车及后方来车均有不影响超车的足够安全间距；打开左转向灯，夜间还需变换使用远、近光灯示意；再一次确认后方确实无汽车超越，保持与前、后汽车均有足够的安全距离。

在距前车70m左右时，向左适量转动转向盘，以较大的行车轨迹切入左侧变更车道，加速平顺地驶入需要进入的车道；超车时，应保持足够的横向安全间距，避免拖延时间，加速超越；超车后，距被超汽车50～70m时，打开右转向灯，在不影响被超汽车正常行驶的情况下，平稳驶回行车道，关闭转向灯。

（7）中途停车

若因故障需要临时停车检修时，必须驶离行车道，将车停在紧急停车带内或右侧路肩上，并立即报警，禁止在高速公路上拦截车辆。

高速公路上是不准停车的，尤其是在行车道上，绝对禁止停车。车辆发生故障急需停车排除时可短时间在路肩上停车。

高速公路中途停车时应注意事项：

1）因故障、事故等原因不能驶离行车道时，驾驶人必须开启危险警告灯，并在行驶方向的后方150m外设置故障车辆警示标志，如图2-59所示。夜间还须开启示宽灯和尾灯，驾驶人和乘员必须迅速离开汽车，转移到右侧路肩或紧急停车带，并向交通警察或急救中心报警。

2）与排除故障无关的其他乘车人必须迅速转移到路肩及应急停车带的外侧，最好是在故障车后面20m外的护栏外等候，并立即报警（可拨打122电话）。

3）驾车者和修理人员在进行排障作业时应关好左侧车门，以防止后面来车刮碰。

（8）进出服务区

进入服务区前，通常在1000m和500m处设有服务区预告标志，看到标志后，

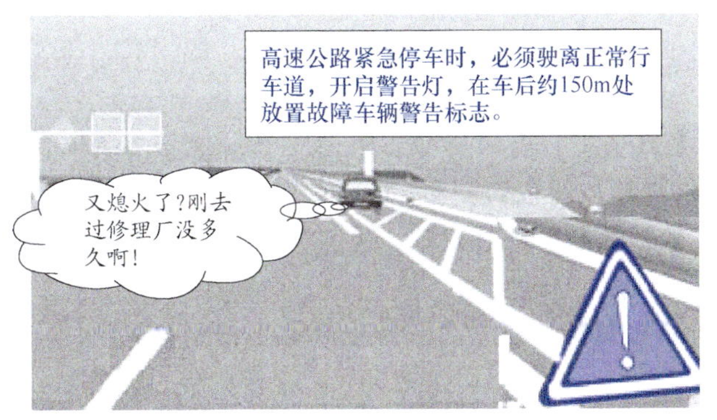

图 2-59　高速公路中途停车

降低车速，开启右转向灯，变更车道，进入服务区匝道，选择合适的停车区域。

驶离服务区时，应按照出口标志行驶，在匝道进入高速公路前，及时打开左转向灯。看清并正确估计车流的行驶速度，靠右逐渐加速。在不妨碍高速公路内机动车正常运行的情况下，驶入慢车道。

特别提醒

1）驾驶人感觉疲劳时，应驾车驶向休息区。在高速公路上连续行车，应以1~1.5h为安全限度。一次连续驾驶时间不要超过4h，否则极易造成事故。

2）高速公路防止道路错觉。在高速公路弯道幅度较大的路面，左转时中线的车辆容易追撞内线的车辆，而右转时内线的车辆容易追撞中线的车辆。这是因为，在向左转弯的急弯路面，驾驶人会产生前方路幅较窄、靠内（左）侧路较宽的错觉，为了安全，驾驶人会下意识地向左侧偏移；反之，向右急转弯时，又会向右偏移。

为避免这种情况的发生，最好将视线稍向前移，不要一直盯着眼前的路况，同时将视线放远，提早掌握前方动向。

3）汽车之间的交流只能利用汽车的转向灯、前照灯和喇叭等。

① 要不断利用车内和车外后视镜观察周围其他车辆的情况，遇有要超本车的车辆时，要注意让超车。如果前面路面情况比较适合其他车辆从左侧超越本车，则应打右侧转向灯，表示前方安全，可以超车。

② 如果想超前方其他车辆，则在确认安全的情况下，打左转向灯提示前方和后方车辆注意。

③ 如果是在夜间，还可通过不断闪动前照灯的方式，来强烈表达你的超车意图。

④ 在刚要超过去时，可以鸣短笛表达谢意。在准备并入原来车道时，还要打右转向灯来提醒被超车辆注意。

⑤ 当在高速公路上靠边停车时，要打开危险警告灯，来提醒过往车辆注意避让。

4）制动时不可同时变更方向。制动时变更车辆行进方向，会造成车辆侧滑或侧翻。

5）高速公路不准随意停车及停车上下人员或者装卸货物。

四、高速公路复杂路段的驾驶技巧

（1）通过弯道的驾驶技巧

1）注意观察路标。高速公路有弯道时，一般在进入弯道的前方路侧设立有连续性提示标志，行驶中一旦发现弯道标志，则应立即采取控速措施，挂入低一级档位。

2）观察道路右侧护栏并保持距离。

3）用目光扫视仪表速度指示。通过弯道时的车速应控制在 60～80km/h，不可用经验或感觉来确定，因为凭经验或感觉的速度往往与实际速度出入很大，容易引发交通事故。

4）用手感判断车速是否适宜。弯道行驶车速适宜时，把握转向盘的双手会感觉轻松自如；车速越快，汽车驶向路边的趋势越大，双手掌控转向盘的反向作用力也就越大。**感觉双手吃力时，说明车速已经超出适宜范围，应当再做减速。**

5）弯道行驶中，汽车应适当降低车速，高速会失去控制，造成事故；尤其左转弯道行驶时，由于驾驶人的视距变短，应尽量避免在弯道上超车；为了避免因转小弯与侧面汽车刮碰，不得在弯度小的弯道上超车。

特别提醒

弯道上常见的交通事故有：追尾相撞；与侧面车辆刮碰；冲撞防护栏或中央分隔带；进入服务区、停车场时，冲出车道线外。

（2）通过坡道的驾驶技巧

与普通公路相比，高速公路坡道的坡度一般不是很大。车辆上坡时，由于行驶阻力的作用，车速逐渐下降，因此驾驶人很自然地意识到在上坡。但是，下坡时驾驶人不容易察觉。随着车速的逐渐加快，驾驶人的视野越来越窄，对坡度估计的误差也将变大，导致车辆超速下坡，发生事故的危险性剧增。夜间行驶时，由于视线不好，情况更是如此。

坡道上常见的交通事故有：对速度估计不足，车速过高，驶出车道线，碰撞防护栏或中央分隔带，车辆横滑引发的追尾相撞。

1）注意坡道的存在。通过观察道路标志，如“坡道”和“坡度”等标志可知坡道的情况，然后根据道路实际情况控制行驶速度。

2）控制下坡车速，不要依靠估计的车速，要注意观察车速表的显示，确认速度在安全范围内。

3）绝对不允许在下坡转弯路段上变更车道和超车。

4）在设有爬坡车道的上坡路段，大型客车、货运汽车应在爬坡车道上行驶，速度较快的小型客车不可随意驶入爬坡车道。

（3）通过隧道的驾驶技巧

隧道是高速公路上行驶最危险的路段之一，可能发生的交通事故有：与前车追尾相撞；与隧道内壁刮擦；与侧面车辆刮碰等。

1）即使是白天，也应该在隧道入口前约50m处开启前照灯、示宽灯和尾灯，以便认清前车状况，并引起后方车辆的注意。

2）在进入隧道前，驾驶人应及时查看车速表，根据隧道上标志规定的速度进行车速调整，同时注意车辆装载高度能否安全通过。

3）进入隧道后，驾驶人应把注视点移到隧道的远处，不要看两侧隧道壁，避免强烈的速度感。同时注意保持行车间距，当车速为80km/h时，行车间距为80m以上；车速为60km/h时，行车间距为40m以上；车速为50km/h时，行车间距为30m以上。

4）隧道内严禁变更车道、超车，不宜鸣笛，以防噪声影响其他车辆行驶。

5）驶出隧道之前，要通过车速表确认行车速度，不能凭直觉判断车速。掌握好转向盘，以防隧道口处的横向风引起车辆偏离行驶路线。

6）如果车辆在隧道内出现故障，只要车辆还能行驶，应尽可能把车驶出隧道，严禁隧道内停车。

五、高速公路特殊环境的驾驶技巧

1）夜间行车，驾驶人容易疲劳，应尽量避免长时间夜间驾驶，夜间在高速公路上行车应注意以下几点：

① 夜间行车，应提前检查车辆的技术安全状况，特别是电器、电路部分，要确保无故障、灯光明亮、电能充足。

② 在相同的道路条件下，适当降低车速，一般比白天的车速降低10km/h。

③ 要善于根据灯光在地面上的反射和车速的变化，判断道路是否有坡度。如灯光照射距离变近，发动机有动力不足状况，则为上坡路段；反之，则为下坡路段。

④ 注意观察前方车辆的尾灯，及时做出正确的判断。选择在本车前方、行驶

速度与本车差不多的车辆为参照，保持足够的行车距离，跟车行驶。

2）在大风天气，对行车安全影响最大的是从侧面吹来的强烈阵风。突然遇到侧向风袭来时，应一边注意车辆行驶方向的变化，一边适当地往回转动转向盘加以修正。如果立即改正方向而急转转向盘，极易造成汽车横向滑移甚至发生事故。

3）大雾天气，在高速公路上行车时应注意以下几个问题。

① 雾天行车应将风窗玻璃、各种车灯擦拭干净。行车中如遇大雾，应及时打开尾灯、防雾灯或前照灯（近光）。如遇浓雾使能见度极低时，应将车开到服务区停车休息；遇到突然的浓雾，要寻找最近的高速公路出口，立即驶离高速公路，切勿勉强行车。

② 雾天行车应将车速减至最低限速标准，使制动距离控制在可见距离之内。同时要稳定车速，不可猛踩或快松加速踏板，不可紧急制动和急打转向盘，以防侧滑。另外，还要加大跟车距离，以防追尾事故。

4）雨天能见度降低，道路湿滑，制动距离增大；同时，驾驶人在雨天行车容易产生疲劳感，因此，雨天行车应注意以下几点。

① 出车前要检查刮水器的工作情况。

② 行车中要控制车速，应将车速降低 20% 左右，遇到情况，要及时采取预见性措施。

③ 增大行车间距，应把行车间距增至干燥路面的两倍以上。

④ 尽量减少制动，避免使用紧急制动，且不要猛转转向盘，以防产生侧滑（图 2-60）。

图 2-60　防止雨天侧滑

特别提醒

高速公路注意避免水滑现象。

如果你感到转动转向盘时用力变小了，应警惕这是可能发生水滑的危险信号。避免水滑现象的方法是降低行驶速度。

水滑现象是因雨天汽车在积水路面上高速行驶时，轮胎与路面间的存水不能排除，水的压力使车轮上浮，形成汽车在积水路面上滑行的现象，如图2-61所示。

图2-61　水滑现象

⑤ 遇特大暴雨，不要贸然行驶，应选择安全地点停车，并开亮示宽灯和尾灯，引起来往车辆的注意。

雨中高速公路行车应注意事项：

① 雨中或雨后行车，应注意观察前方道路是否有积水，以便提前采取措施。

② 雨中或雨后行车，尽量降低车速通过积水地带。

③ 当突然发现前方有积水路面时，如车速较低，可安全避让；如车速较高，不要强行猛转转向盘避让，以防因此导致侧滑和失控。

④ 当不得已行驶在积水路面上时，不要转动转向盘，不要踩制动踏板，更不能急加速，而是应扶好转向盘继续前进，否则更易使车辆侧滑。因为，此时车轮的抓地力非常小，稍出现不稳定因素，车辆方向就会失控。

5）雪天在高速公路上行驶，应加大行车间距，一般应为干燥路面的3倍以上；尽量沿前车的车辙行驶，一般情况下，避免超车、急加速、急转向和制动；必须停车时，应提前采取措施，尽量用发动机的牵阻来控制车速，以防各种原因造成的侧滑。

路面结冰时，应立即将汽车驶到最近的服务区或停车场，安装轮胎防滑链或换用雪地轮胎。

上冰雪坡道时，预先挂入低速档，避免中途换档。若因路滑不能上坡，应选择宽阔平坦处暂停，在滑溜处铺撒砂、石、土等，再起步加速上坡行驶。下坡时，挂低速档，用发动机的牵阻力来控制车速，避免使用行车制动。如必须使用行车制动，应在不踩下离合器踏板的情况下，使用间隔点制动并轻踩制动踏板的办法减速。

雪天行车的要领是：低速、慢打（转向盘）、点制动。

六、驶离高速公路的驾驶技巧

口 诀

注意路牌发信号，减速慢行进匝道；
出口减速守秩序，不可抢行和大意。

在临近高速公路出口处分别设有2km、1km、500m以及出口处的预告标志，驾离高速公路时，要注意观察这些标志，及时变更车道和减慢车速。驶离高速公路步骤如图2-62所示。

1）行至2km标志处，应该向右侧的行车道变更车道。

2）行至1km标志处，不可再超车，以免错过高速公路的出口。如果错过出口，不许掉头、倒车，只能继续向前行驶，到下一出口驶离高速公路。

3）行至500m标志处，应开启转向灯，做好进入减速车道的准备。

4）驶入减速车道后，应关闭转向灯，同时降低车速，到达减速车道与出口匝道分流的三角地带前端，将车速降至60km/h以下，随后便进入高速公路出口的匝道。在匝道的末端设有收费站，在这里要交卡或验票。驶出收费口后，要慢行一段路程（最好能稍停一会儿），以做心理调整。如果不彻底消除高速公路行车心态，可能会不适应在普通公路上交通情况的变化，易发生交通事故。

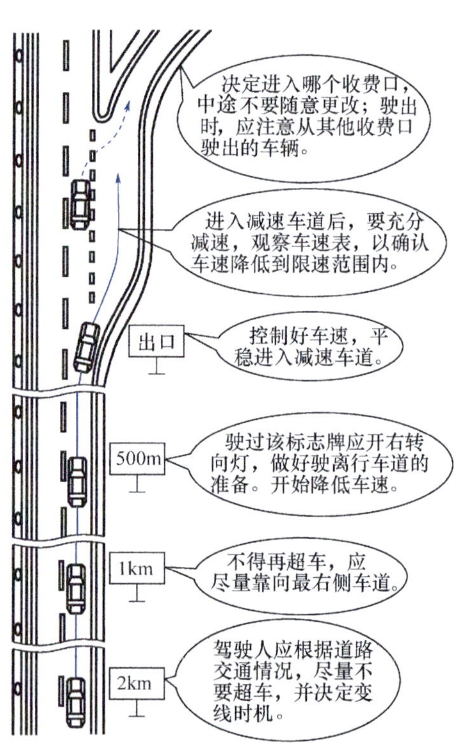

图2-62 驶离高速公路步骤

如错过出口，则必须继续行驶到立体交叉桥掉头或到下一个出口，方可驶出高速公路，绝不允许在高速公路上倒车、掉头逆行或穿越中央分隔带。

驶离高速公路应注意以下事项。

1）进入匝道前，必须充分减速，并观察里程表，确认车速读数，将车速确实降至匝道所规定限速的范围。

2）进入匝道的汽车，严禁超车、掉头和停车。

3）行至匝道终端岔道汇流处时，要特别留意和小心，严禁与另一匝道驶出的汽车抢道。

4）进入收费站时，不可与其他汽车争抢通道，应文明驾车，依序排队。

5）驶出收费站时，必须迅速驶离道口，以免堵塞交通。

七、高速公路驾驶的九禁忌

1）一忌高速行车。我国高速公路最高车速的规定是小型客车不得高于120km/h，大型客车、货运汽车、摩托车不得高于90km/h。车速越高，制动距离越大，汽车离心力就越大，汽车的操纵稳定性就越差。车速越快，驾驶人视线越短，视野越窄，由此而产生的判断失误也就增加。

2）二忌压速行车。我国高速公路对最低车速也有规定，在正常行驶时，最低车速不得低于60km/h。正常情况下驾车低于此车速也是被严格禁止的。在遇有大风、雨、雪、雾天或者路面结冰时，应当减速行驶，在这些情况下，以保证行车安全为主，可以低于规定最低车速行驶。

3）三忌跟车太近。我国高速公路对车间距规定：同一车道的后车与前车必须保持足够的行车间距。安全的跟车距离可通过3s跟车法来判断：在一般情况下，后车驾驶人确定某时刻前车驶过某一固定物体时，后车按某车速行驶3s后未到达该固定物体，保持此间距行车一般是安全的。但在坡道、冰雪路面上行驶时，此间距一般要延长1.5~3倍方较安全。

4）四忌违章停车。我国高速公路对停车规定：除遇故障、发生故障等必须停车的情况外，不准随意停车，不准停车上下人员或者装卸货物。

5）五忌带故障行车。我国高速公路对车况规定：严禁驾驶转向器、制动器、灯光装置等机件不符合安全要求的机动车在高速公路上行驶。因为，在高速公路上行驶时，汽车的技术状态起着特别重要的作用。在车辆稀少的道路上，制动踏板和转向器的自由行程不正确或轮胎胎面磨掉的花纹可以用低速行驶来予以弥补，但在高速公路上是无法弥补的，这样的车在高速行驶的车流中要做到安全行驶是不可能的。由于车辆有某种“毛病”而降低车速，就会扰乱正常的行驶秩序，成为不少险情的起因。此外，在高速公路上行驶，由于转向失控、制动失灵、轮胎爆破等原因引起的交通事故，其后果是非常严重的。

6）六忌在匝道处直接出入行车道。

7）七忌不按规定装载行驶。在高速公路上行驶，如果超载，其危害比一般公路上更严重。

8）八忌思想麻痹和心存侥幸。

9）九忌开车接听移动电话。高速行驶接听移动电话，一是分散注意力，方向容易跑偏；二是极易导致车速突然减慢，易引起后车追尾。即使是使用耳机，也有同样的问题。

第七节　其他驾驶技巧与禁忌

一、新手行车的驾驶技巧与禁忌

1. 新手（短驾龄驾驶人）行车的驾驶技巧

1）应该调整好自身的心理素质。面对飞来驰去的车流和纵横交错的道路，千万不要过于紧张，切记保持冷静的头脑。新手上路后经常是紧张得不知道该怎样挂档、转向等，看到身边有其他车辆通过就恨不得抬着车子走。其实，只要冷静地按照规章驾驶就不会有问题。

2）新手最初上路最好能有有驾驶经验的人陪同，有会开车的朋友坐在身旁就像是有了定心丸，一旦驾驶中出现什么差错，也会得到及时的提醒和帮助。朋友同车上路还有一个好处，在实在无法开车时朋友还可以下车为你指挥交通，在车前面为你开出一条通路。

3）上路前要在心里盘算好驾驶的要领，并熟悉一下制动踏板、加速踏板和离合器踏板，以防紧张的时候将加速踏板当制动踏板踩，那可是太危险了！熟悉各个档位，因为新手上路一紧张就会忘记增减档，汽车的怒吼声对于新手来说经常是充耳不闻的，将手动档车开成自动档是很多新手经常犯的错误，所以上路前这些基本的操作一定要烂熟于心。

4）新手在驾驶小型客车上路随其他车辆的行驶过程中，要注意“四不跟”。

实用锦囊

新手上路“四不跟”

① 不跟大型货车。大型货车又宽又高，遮挡行车视线，既容易随着闯红灯（大货车过去后红灯亮了），又须防着车上货物有可能掉落而伤及本车和本车乘员。

② 不跟空驶出租车。大多空驶出租车一旦发现有人打车就会突然制动或转向，这时如跟得太紧又处理不当，就容易造成两车甚至多车的连环追尾。

③ 不跟大小公共汽车。大小公共汽车与大型货车一样，容易遮挡行车视线。且有些公共汽车进出站强进猛出，有时还不打转向灯，这时如果跟随距离过近或在其两侧就比较容易发生事故。

④ 不跟外地车。外地车一般对本市道路不熟，行车犹豫不决，忽左忽右。

2. 新手行车的驾驶三禁忌

1）一忌单手握转向盘。无论你技术有多好，驾龄有多长，驾车时也不能只用单手握转向盘，如边听电话边开车、边抽烟边开车等坏习惯。开车时一定要双手时刻不离转向盘，保持最警觉的驾车姿势，确保汽车方向时刻都在自己的双手操控之下。

2）二忌跟车太近。有统计数字显示，构成交通意外事故的主要原因之一就是跟车太近。要遵守“2s 守则”，但当遇上下雨路滑的情形，或者是尾随大型车辆，如货柜车等，跟车距离就要拉长至4s 甚至5s，以免驾驶视线受阻，影响驾车的安全性。

3）三忌眼光短浅。最高明的驾驶技巧，就是保持车速均匀，不要突然加速或突然减速。能够畅顺地开车，就要有好的预见性，预先做好准备，早一点放慢车速，而无须紧急制动。要习惯以加速踏板来控制车速，少一点依靠制动器。控制加速踏板的动作要柔顺，加速和减速便能凭加速踏板的深浅度来控制。

二、老年驾驶人行车的驾驶技巧

由于老年人在心理、生理上与年轻人存在着一定的差异，在行车时应特别注意。

1）避开高峰出行。老年人驾车相对来说速度比较缓慢，在拥挤的路段上更容易被挤、被催促，从而使心情变得过于紧张，驾车时容易出现错误操作。所以老年驾驶人如果没有紧急的事情，应尽量避开高峰时段出行。一般每天 7：00 ~ 9：00、17：00 ~18：30 是车辆行驶的高峰时段。

2）规划好行车路线。每次驾车出行前合理选择行车路线，尤其在车辆较多的市区行车，尽量绕开车辆相对集中、交通情况复杂混乱的道路，这样开起车来才能心中有数。

3）避免车速过高。老年人的应变能力迟缓，对车速、车距的判断能力要低于年轻驾驶人，如果高速行驶，一旦出现险情，老年人难以果断采取措施，所以应避免高速行驶，更不能强行超车。老年驾驶人在高速公路上更应特别小心，尽量走外车道，车速在 60 ~ 80km/h 为宜，即使开的是高档车，车速也不宜超过100km/h。在超车、变道之前，一定要注意前后的车辆，要留足够的空间，这样在遇突发情况时，能够有时间采取防范措施。

4）自我保护。老年人视力相对下降，行车时要特别注意对眼睛的保护。晴天时最好戴上太阳镜。同时注意清洗风窗玻璃，不要让灰尘模糊自己的视线。行车超过两个小时后，要停车休息。

5）减少夜间行车。夜间能见度低，视线模糊，尤其在没有路灯的道路上行驶，稍不慎，就很容易发生事故，因此老年驾驶人应尽量减少夜间行车，若遇特殊情况必须出行时，应有他人陪伴，以防不测。另外，天气不好时尽量不要开车外出。

6）不开自己不熟悉的汽车。如果驾驶人对某车的性能和使用不太熟悉，为安全起见，最好还是别开。

三、避免驾驶人伤亡的技巧

1）座椅靠背不应太斜，而应与坐垫大致垂直，当驾驶人坐正时，后背大体与靠背平行。若靠背太向后斜，则撞车时驾驶人的头部容易因撞击车顶棚而造成伤亡事故。

2）驾驶人座椅距离的远近关系驾驶人的手臂会否发生骨折。

正确的座椅距离

落座的驾驶人用右手握住转向盘的左侧，手臂尚有一定自然弯曲的弧度。这样翻车或撞车时，手臂在胸前有充足的急速弯曲空间，不至于骨折。若座位远离转向盘，或距离转向盘太近，则容易骨折。

3）撞车时若系有安全带，则驾驶人不会前撞后蹿，飞出窗外。翻车后别匆忙解开安全带，因为驾驶人的头部会朝下撞击，轻者受伤，重者则可致命。另外，驾驶人系好安全带后必须将安全带的高度调好，正确的位置是从驾驶人左侧肩头通过，如果从颈部通过同样是非常危险的。

4）女性驾驶人应不戴饰物。女性驾驶人驾车前最好取下鸡心形或利器形状的项链，以防在汽车急速摆动或剧烈撞击时，饰物会造成对自己的伤害。

四、汽车防盗的技巧

1. 行车途中防盗抢

驾驶车辆时，特别是女性单独驾驶车辆或在外地行驶时，更要提防车辆和财物被盗抢。在城乡接合部、立交桥下、车辆拥堵地带或行驶速度较低、夜间行车和光线较差的路段，往往是犯罪分子盗抢机动车案件的多发路段，驾驶人要加倍小心。

（1）防拉车门行盗

案例。当驾驶人独自驾车在路口等信号灯或有事临时停车时，一个盗贼突然拉开驾驶人所在的左侧车门，将驾驶人的视线引向左方，此时其同伙乘机拉开汽车右侧的车门，抢夺驾驶室内的财物。犯罪分子在作案时，多把目标瞄准独自驾车的女性。

为了防止这种案件的发生，要养成上车后立即锁车门的习惯，通风时不要将车窗玻璃全部降下。在车速缓慢、等红灯、找车位停车时，要注意观察周围游人的动态。如果习惯将自己的手提包放在副驾驶席上，不仅要记住锁好车门，还要把车窗关上。

（2）防敲车门行盗

在驾驶车辆行驶途中突然有人向你示意或敲打车窗，当你误以为是车辆出现了问题下车检查时，作案人会趁机将车内的财物盗取。这是盗贼们在公路上作案的惯用伎俩，盗贼的作案目标主要是外地车。此类案件的作案人一般有多名，作案时分工明确，有负责吸引驾驶人注意力的，有负责实施盗窃的，有负责赃物传送转移的。

实用锦囊

防敲车门行盗技巧

在车辆低速行驶或遇临时停车等情况时，当遇到陌生人拍打车门或示意你的汽车发生故障时，不要急于下车查看，以免上当受骗。应先观察周围情况，将车开出一段距离后，再谨慎下车查看，如果没有发现车辆有异常情况，应尽快离开此嫌疑地段。

（3）防利用交通事故诈取钱财

1）撞车行骗。作案团伙利用报废的名牌高档轿车翻新后充当作案工具，在道路情况正常时，突然紧急制动使后车追尾，或者突然转动转向盘制造刮蹭事故，然后索要大笔赔偿。作案团伙多把目标对准外地车辆、粘贴有“实习”标志的新手驾驶的车辆，或只有一人驾驶的车辆。作案地点多在比较偏僻的路段、人车稀少的停车场或等红灯的交叉路口。

2）撞人行骗。作案团伙采取苦肉计，在汽车行经非机动车道或交叉路口车速比较低的情况，团伙中一人故意被车“撞伤”，等驾驶人下车察看时，团伙中其他成员就上去帮腔，合伙诈取钱财。

遇此情况，如果驾驶人认为发生碰撞时的情景很奇怪或不可思议，或者对方车上有很多人，自己势单力薄，就应该向交警部门报警。如果对方采取过激行为，驾驶人应迅速驾车离开现场，同时报警。如果发现当时对方的人较多，明显是串通一气的，自己行车又没有违反交通规则，就应报警立案，不能因图省事而上当受骗。

（4）防暴力抢劫

平时可以把带报警器的遥控器与点火开关钥匙分开携带，路途遇劫匪暴力抢劫车辆时，切不可与劫匪纠缠，在下车后立即报警，然后用遥控器启动报警器迫使劫匪弃车而逃。

2. 停车时防盗抢

1）购车后要加装防盗锁或电子报警器。在选购机动车防盗装置时，一定要选择正规厂家、科技含量高的产品。公安部门从对盗车贼的审讯中发现，盗车贼在实施犯罪前，往往先接近车身故意碰击汽车，甚至朝车上踹一脚，当听到有报警器发出响声时，便会迅速走开。但是，也有些盗车贼促使报警器发响后，发现车主不在车辆的附近，就会很快切断报警器的线路，几分钟内就可以将车开走。因此，**为了保险起见，最好还是在车上再加装机械防盗锁。**

2）人为设置故障。有时在偏僻或者陌生的地方需要较长时间停车，驾驶人可以在车上设置一些暗道机关或人为的故障：可以在发动机起动线路、点火系统线路、油路中设置隐藏的开关；停车时将点火系统高压线交换一下位置，或去除分火头等小零件。这样，盗车贼即使解除了防盗锁，也需要时间再去排除其他故障，增加了盗车难度，拖延了盗车时间，迫使盗车贼放弃盗车念头。

3）防止车辆钥匙被复制。**不要轻易将车辆借给他人使用。在汽车进厂维修保养时，要选择信誉高的正规厂家，防止在车辆维修保养中钥匙被复制。**有些汽车的油箱盖和车门锁是同一把钥匙，如果在经常停车的地方油箱盖被盗，不仅要重新配油箱盖，还应该同时更换车门锁。

4）临时停车防盗抢。行驶到偏远或复杂的路段时，停车前应仔细观察周围的情况，要防备有车尾随。如果发现有车紧跟着自己的车停下来，驾驶人应继续向前行驶一段距离后再停车，或者停车后不要马上出来，以防被抢劫。

单独驾车去加油时，如果因结算费用或开具发票为图方便没有锁闭车门，就会给犯罪分子提供犯罪机会；若在进入银行取款之前就被确定为侵害目标，当驾驶人填写取款单时，犯罪分子会告知银行外的同伙破坏机动车的车胎，如直接刺破轮胎或在轮胎下放置铁钉使轮胎损坏等，然后利用驾驶人更换轮胎的时机，实施盗窃车内钱财的行为；此外，若车辆突然出现故障，当驾驶人在车前或车下专心排除故障时，犯罪分子往往会在车后或车内趁机盗窃。因此，**临时停车一定要养成随手锁好车门的习惯。**

5）车辆停放防盗抢。当驾驶人需要停车后离开车辆时，如果将车停在路边或偏僻的地方，可能会成为犯罪分子的首选目标。因此，在停车时应将车辆停放在有人看管的停车场，财物和各种证件要随身携带，检查所有门窗都已经锁好后才能离开。最好在车上安装防盗报警装置。

3. 出行消费防盗抢

1）公共场合切忌露财。消费时使用大量现金或故意炫耀财物的人很容易成为作案人的侵害对象，这些人往往防范意识很差，盗贼作案时很容易得手。

驾驶车辆外出时，名贵首饰要放在衣服里；手机不要放在仪表板上；个人穿戴不宜过分时尚，不应有意炫耀；不要携带过多现金，大额消费时尽量使用银行卡；需要使用现金时应事先点出所需数额，别坐在车上数钱，清点现金时应选择比较隐蔽的场所，不要使过多的现金外露，以免他人见财起意，当心扒手可能就跟随在你的车后。

2）把好进口关。不要贪图小便宜，食品、饮料、香烟坚持自备，切忌食用陌生人馈赠的食物，要防止不法分子利用食物中混有麻醉剂的方法进行抢劫。要讲究拒绝的方式，但态度一定要坚决。

特别提醒

1）离开汽车时，必须将每扇门锁好，并关紧每一扇窗。

2）当驾驶人不在车上时，点火开关钥匙绝不可留在车上，以防盗贼破窗而入，开走汽车。

3）必要时，可更换门锁，通常用锥形门锁代替标准门锁。

4）点火开关、车门、行李箱和油箱应使用不同的锁，尽管会有一些不方便，但即使车门钥匙被盗，小偷还是无法开走汽车。

5）尽可能将车停在一个明亮、人多的地方。事先计划好，以免把车停在行人稀少、昏暗的街道上。如有可能，尽量将车停在专门的停车场。

6）听到报警器响了几声后又停止，千万别掉以轻心，这时小偷可能正在做试探。

7）当车停了一段时间再使用时，一定要仔细看一遍车辆，查看轮轴盖、备胎、牌照等有无变化，有些小偷会偷窃牌照，并把它换到被通缉的车上。

8）留在车座上的衣服和包可能会吸引路过的小偷，这些物品最好不要放在车内。

五、新车磨合期的驾驶技巧与禁忌

新车出厂，磨合期的行驶里程是从新车或发动机大修出厂后开始计算的，并按照各制造厂的规定执行。一般规定汽油车磨合期的行驶里程不少于1000km，柴油车不少于1500km。新车刚开始行驶时期，由于车辆各部分的运动部件还没有磨合，必须谨慎使用，否则将会加剧零部件的损伤。**全车各部位的运动摩擦件须经过1000km以上的磨合，才能建立起良好的配合关系。**

1. 新车磨合期的驾驶技巧

1）发动机刚起动后，不要急剧增加转速，不允许连续猛踩加速踏板。避免在高速（或低速）连续恒速运转，用中等转速运转发动机为好，一般不超过最高转速的80%。

2）在行驶中，不要超过各个档位的最高速度；不允许长时间高速行驶或高速档位时加速行驶，行驶速度一般控制在各档最高速度的70%以内；不要以单一速度长时间快速或慢速行驶，不要在高速档情况下缓慢驾驶。

3）根据道路的不同条件及时换档，充分估计到发动机在磨合期动力性较差，提前换低速档，不要勉强用高速档行驶，以免发动机负荷过大；磨合期装载量不得超过额定载质量的70%，不得拖带挂车或拖曳其他车辆。**轿车在磨合期内，发动机转速应控制在2500～4000r/min以内，最高车速应控制在90km/h以内。**

4）避免紧急制动，以免损坏机件。缓和地使用制动，能较好地磨合并延长制动系统的使用寿命。为了尽可能地缩短制动器的磨合时间，汽车在第一个200km行驶期间，可适当地增加点制动次数，以加速制动器的磨合。

5）磨合期燃油和机油的选用。为防止磨合期内因产生爆燃而加速机件的磨损，应采用辛烷值较高的优质汽油。由于磨合期发动机内部机件配合间隙较小，为了使摩擦表面得到良好的润滑，**应选择低黏度的优质机油，并且不宜使用发动机耐磨添加剂。**

6）发动机冷却液温度及机油压力。磨合期应特别注意观察发动机冷却液的温度，发动机起动后冷却液温度上升至50℃以上时再起步，行驶中冷却液温度不得超过85℃。磨合期发动机的机油压力：低速行驶时不应低于147kPa，高速行驶时不应高于441kPa。

7）注意底盘温度。在磨合期内行车时，要经常注意变速器、轮毂的温度，一般不应超过60℃，或者是用手触摸能够忍受即为正常。发现温度过高时，应及时找出原因并进行排除。

2. 新车磨合期驾驶十禁忌

1）一忌高速行驶。

2）二忌满超载。新车或刚大修好的车满载或超载运行时，对新车机件损害极大。

3）三忌跑长途。新车跑长途，会使发动机连续工作的时间增长，造成机件磨损加剧。

4）四忌急制动。急制动是不良的驾驶习惯，特别对新车的发动机、制动系统和底盘的冲击损伤很大。行车中应提前处理情况，减速减档。

5）五忌不及时换档。行驶中应及时换档，不能使用高速低档行驶或低档高速行驶，也不要长时间使用一个档位。

6）六忌用油不规范。新车最好使用厂家规定品牌型号的燃油和机油，或者不能低于厂家规定的标号。

7）七忌驾驶操作粗心大意。发动机起动时不要猛踩加速踏板，严格控制加速踏板踏板行程，以免发动机高速运转。

8）八忌冷起动时不预热。汽车冷起动时最好预热，使冷却液温度表指针指到刻度线中间（冷却液温度40℃以上），再缓缓起步上路。

9）九忌不进行磨合维护。不按规定进行磨合维护，将会加剧各部件的磨损，缩短汽车的使用寿命。

10）十忌用作教练车。初学驾驶人员操作不规范，对车辆的损害相当大；另外，新车没有装备副制动、副喇叭等辅助设施，危险性增大。用新车作为教练车，误己误人，贻害无穷。

六、进出停车场所的驾驶技巧与禁忌

1. 进出停车场的驾驶技巧

1）进出停车场时必须缓慢行驶，不能高速进出停车场。

2）进出停车场必须动作细腻，操作准确。驾驶操作时动作小，加速踏板轻，反应快，制动及时。

3）在暂时没有停车位时，要注意观察车辆动向，留心那些准备开出停车场的车辆。

实用锦囊

地下停车场不迷路的技巧

进入地下停车场要注意观察指示牌，如果标示第一层车位已满，就不要试图在第一层来回寻找车位，否则有可能更耽误时间。反正已经进来了，多下一层或两层也费不了多大事。

1）进入地下停车场，应听从停车场人员的指挥，否则容易走岔道，甚至造成逆行，与其他车辆发生碰撞。

2）停好车后，首先应记下停车位所在层数、区号及车位号，以便办完事后回来好寻找。

3）由于地下停车场光线不佳，在进地下停车场时可能打开了前照灯。因此，停好车后应检查是否关闭了前照灯，否则等办完事回来后车辆可能会因蓄电池缺电而无法起动。

4）不要将贵重物品放在车中，包括行李箱中。即使包中没有什么贵重物品，也不要将包放在车中座椅上，以免招贼。由于光线昏暗，地下停车场是个容易发生盗窃案件的地方。

2. 进出停车场的驾驶三禁忌

1）一忌不遵守管理规定，违章停放车辆。

2）二忌进入停车场后，转向盘猛打猛回。

3）三忌粗心大意，不锁好车辆就离开。

第八节 自驾车旅游技巧

一、自驾车旅游的准备

（1）自用物品准备齐全

1）自用物品，包括驾驶证、行驶证、公路地图、部分常用的急救药品和包装用料等。如果要开夜车，还应该带上指南针、防水照明手电、机油以及冷却液等。

2）相关设备，包括千斤顶、扳手、灭火器、拖车绳、应急灯、补胎工具、发电机传动带、火花塞等易损的配件要记得带，还要带上安全警示牌等。

3）随手用品。对于驾驶人来说，开车时随手能用到的用品才是最贴心的，有以下几种。

① 太阳镜。夏季出游是一定要带太阳镜的，即使到了秋天或者是冬天，如果天气好，光照充足，阳光依旧刺眼，戴上太阳镜，就不会感到阳光刺眼了。

② 饮料架。饮料架可放在出风口上，伸手就可取到自己喜欢的饮料，与己方便与人也方便。

③ 指南针。多数车用指南针可以粘在操控台上边，这样就可以一边开车一边判断方向。不要认为已经有 GPS 就不需要指南针了，有时候指南针是更可靠的定向工具。

4）收纳用品。出去游玩要带很多东西，这时候，收纳类用品就可以帮上忙了。以下几种物品请驾驶人参考使用。

① 座椅挂袋。挂在座椅上的挂袋既方便又实用，是出行中的必需品之一。卫生纸、毛巾、文件等都可放进去，水果和水瓶也可以放进去。这种挂袋经济实惠，使用方便，也好携带，是自驾出游朋友的好帮手。

② 汽车衣架。有的朋友即使外出游玩也很讲究穿着，往往要带几件好衣服。最好把那些怕压出皱的衣服挂在汽车衣架上，然后把衣架挂在副驾驶席的头枕后面。这样就不会占用很多空间，使用起来也比较方便。

③ 伸缩收纳箱。使用的时候，它是一个大肚腩；不使用时，它就能收缩成一小片。这就是现在比较流行的伸缩收纳箱。伸缩收纳箱采用了百叶窗的设计原理，用的时候可以变大，不用的时候可以节省很多空间。

5）电子用品。远途出行，没有电子产品的陪伴，车友们肯定感到无聊。不论是指路的 GPS，还是带来优美音乐的播放器，终究还是需要购买一个能够提供更多乐趣的电子产品。

6）汽车 GPS。如今 GPS 已经被广泛使用，如何挑选一个好用的 GPS 是车主朋友选择的重点。如最流行的多媒体式 GPS，导航系统才是其主要功能，其他的功能都是为其服务的。再如触屏式手写输入，操作便捷，即便对于老年人来说，也相当容易使用。多媒体式 GPS 的便捷也需要使驾驶人付出一定的代价：一是导航软件不能自主更换；二是地图的更新还需要缴费。

7）车载 MP3。MP3 一般是标准配置，若车上没有，最好选择一个车载 MP3 转换器，这样平常用的 MP3 就可以在自驾的时候置于车上使用。

（2）车辆全面技术检查

出行前，驾驶人应对车辆仔细检查一遍，包括齿轮箱和变速器的润滑油以及底盘、制动、转向、灯光、轮胎、悬架装置、油、水、电等。如果条件允许，最好将车辆开到特约维修服务站，进行一次全面的体检。

自驾游出发前应检查哪些项目

1）检查燃油是否加满，不提倡自带汽油。

2）检查润滑油是否足够，发动机底部是否漏油。油位应在油尺刻度的上下限之间，若油位过低，需要添加；若油位过高，应查明原因。

3）检查车辆冷却液液面，不足时要补充，补充后要排气。

4）检查蓄电池电解液液位及密度是否合乎标准。电解液液位高出极板10～15mm为正常；如液位低，需补充蒸馏水。如蓄电池起动油压过低，应及时更换蓄电池。

5）检查制动液是否符合要求，不足时要补加，并检查制动片、离合器片等部件的磨损状况，以确保制动效能良好。

6）检查轮胎气压是否符合标准，特别是别忘了检查轮胎是否出现老化裂纹或创伤，防止长途旅行爆胎，并带足备用胎。

7）检查汽车的照明灯、信号指示装置、喇叭、门锁、玻璃升降器开关是否能正常使用。

8）检查汽车发动机、安全气囊、ABS的指示灯是否正常，如有问题，应及时维修。

9）检查是否带好备用车钥匙，以防车门无法打开。

10）检查刮水器是否工作正常、清洗液是否充足、喷水泵能否正常工作以及刮水器片是否有弹性。刮水器若有毁损，一定要换掉。

（3）制订自驾游计划

自驾出行，要根据地图和走过该条路线的朋友所提供的情况，做到对路况、饮食、住宿、加油站等位置心中有数。另外，还要注意掌握最新资料，及时进行更新，适时调整出行路线。

1）自驾车出行车辆不要太多，但也不能太少，一般以三四辆为好，每车应有两三名驾驶人；如果三四家人结伴出行最好选择SUV或MPV，空间大，适合跑长途；如果有条件，可将车厢后边布置成一个卧铺，随时都可以保证一个人躺下来休息。

2）旅游黄金周期间出行，游客人数暴涨，旅游胜地的旅馆也爆满，如果不提前预订酒店，很有可能就要在车上过夜，所以应提前预订酒店。预订酒店可通过旅行社，也可以在网上订购，但要提防上当受骗。最好住规模较大一点的酒店，其服务也更为规范。

3）设计出行路线可分为两部分：要去游览的景区景点及行车路线。行车路线的选择要遵循先高速、后国道的原则，同时还要考虑行车沿线的饮食、住宿、加油等服务。

制订自驾游计划时，只需要定出驾车出行的大致时间表，不宜做过于细致的计划，不能安排得太紧，要留有余地。

二、驾车路线的选择

在野外行车，应根据不同的行车条件，合理选择路线，力求改善通过条件，保持平稳行驶，保证行车安全。选择路线应遵循以下几个原则。

1）选宽不选窄。在通道选择上，应尽量在较宽的路面行驶，既可保留情况变化时的处理余地，又可以降低影响要素对速度的影响，保持车速较小的变化，提高处理的安全保证。

2）选平不选偏。汽车在偏坡路上行驶，会改变汽车的重心，使离心力增加，稳定性变差，操作难度增大，极易造成车辆颠覆。当在雨天行驶时，偏路又极易造成车体侧滑，产生横置。因此，汽车行驶在坡路上时，应尽量选平坡。如果条件不能满足，则要尽量正向通过，变偏坡为正坡，努力保持车体的横向水平。

3）选中不选侧

① 行驶路线要居中，保持在道路中央行驶。其好处是，当任何一侧出现情况，都有躲避绕行处理的余地。同时居中行驶保持了与道路边线最远的位置，可最大限度地削减路边障碍对行车的影响，便于集中精力驾驶。

② 在安全要素都具备的行车通道中行驶。当汽车左右两侧都有情况要出现的，在行车通道的断面上保持居中通过，可以实现对两侧同等的安全间距，再配以速度操作，即可提高处理问题的安全系数。居中行驶是情况处理的一种基本手段。

4）选缓不选急。当汽车进入弯道行驶时，如果道路较宽，对面又无来车时，为保持行驶车速不受太大影响，可以通过路线选择对行驶弯度进行改造。在进入拐弯前提前做适当调整，扩大弯道的行驶距离，从弯道的内切点附近通过，使汽车以小于道路的弯道驶过，这样既保持了行驶平稳，又保持了行驶车速。

特别提醒

在对面有来车或山体及建筑物遮挡视线而进行该种方法操作时，必须在有路权的道路中心线右侧行驶，不可使车辆越过中心线进入对方一侧。

5）选硬不选软。松软的道路会增加汽车的行驶阻力，造成动力不足。因此行车路线要选择坚硬的路面，避开松软地面。一般来说，靠道路中心经车轮反复辗压的部分比较坚硬，靠道路边缘的部分比较松软。尤其是雨天行驶，路边虽无明显变化，但被雨水浸泡后，内部土质已被软化，车轮一旦进入，极易被陷住。

6）选水不选泥。雨后，在土质较为松散的地方，雨水或是顺坡流出或是渗入土中润湿土质，因此道路表面看不到积蓄的雨水；土质坚硬且较低洼处，反而能积蓄一些雨水。局部有水蓄存，一般说明这样的土质比较坚硬，如果有其他车辆通过的车辙，则更能增加判断的准确性。另外，在有泥处通过时，车轮会沾满稀泥而形成滑转；而在积水处行驶时，水可防止稀泥粘住车轮。但应注意，汽车在水中不可行驶过快，以防车轮溅起的水花造成电气设备短路熄火。

7）选旧不选新。在泥泞道路行驶时，为保证安全通过，路线选择要坚持选旧不选新的原则，即选择原有的车辙路线行进，不要轻易新辟路线。

8）选单不选双。这是处理路面障碍时的路线选择方式。静态情况与运动情况同时存在时，可通过提前变换车速来避免三者同时交会。或利用障碍点之间的横向宽度将车体靠近静态情况要素一侧行驶，降低或消除另一侧情况要素对行车的影响，以便集中精力观察，安全通过。

9）选重不选轻。当车体两侧的影响要素无法使其错开，而必须同时处理时，在行车路线的选择上必须要以危险性较大的情况要素为主，在观察上作为重点，在车位上尽量错开，保持可靠的安全距离通过；在轻重区别上，路面静态要素、路内情况要比路外情况重要；在动态情况中，运动速度快的要比速度慢的重要，近处的要比远处的重要；在混合情况中，运动情况要比静态情况重要。

10）选直不选弯。汽车保持直线行驶是实现平衡运动的保证条件，并可以提高行驶速度。汽车在行驶中除了因为道路形态变化或情况要素影响之外，不可随意曲线行驶。在路线选择上应尽可能地选用较直的行车道路。

11）载人行驶时选颠不选弯。当汽车载人行驶时，汽车的曲线行驶会造成人员的晃动，易挤伤或摔下乘员，增加不安全因素。另外，为了躲避地面情况而转向，会使汽车驶向路的一侧，容易出现树枝刮人事故。因此，当汽车载人行驶时，注意不要随意转动转向盘。在情况处理上要把保持平稳行驶放在第一位。对小的地面障碍，可利用压点重合骑轧通过，宁可颠一下也尽量少打转向盘绕行。一般来说，人员对颠簸的承受能力要比转弯好得多。

12）载货行驶时选弯不选颠。当汽车载货行驶时，由于重量较重，且与汽车结为一体，如果出现颠跳，货物与车体产生共振，会使汽车底盘承重成倍增加，造成机件的损坏，因此载货不同于载人，要严格控制颠跳。在路线选择上要以防颠跳为主，对地面突出障碍尽量采取转向绕行。转向时要做好车速配合，尽量减少离心力的增大，以防发生危险。

三、自驾车旅游注意事项

自驾游不同于平日上班，一般都路程较远，路况较差。在自驾游过程中，需要养成比平时更好的驾车习惯。

1）每天出发前检查车辆。每天出发前，要对车辆进行一次全面的检查，看看车底地面有无油污或水痕，以推断是否有漏油或漏水；测量胎压，看看轮胎的气压是否合适；检查机油状况；检查备胎是否完好；踩制动踏板检查一下制动系统是否工作正常等。确认一切正常才可以进入正常行驶。

2）及时加油。在外地人生地不熟，所以千万记得跑长途前要加满油。由于一些县级城市燃油品质参差不齐，**应养成油量少于一半时就开始寻找加油站的习惯。此时不要以为有了地图或者 GPS 就不怕找不到加油站，如果等燃油指示灯亮了又遇上地图上的加油站拆除或整修时，就会很被动。**

3）严禁疲劳驾驶。长途驾驶时，首先应避免疲劳驾驶，疲劳驾驶是造成意外事故发生的主要原因之一。有同行驾驶人的，每两小时轮换一次为佳。如果感到困倦之时，应该停车小歇片刻，千万不要勉强赶路。

4）儿童尽量坐后座。长途驾驶时，儿童不要单独安排坐在前排座椅上。因为许多汽车在副驾驶位置都设置了安全气囊，它弹出时的冲击力极大，虽可以保障成人安全，但却会给儿童带来意外伤害。因此，儿童应尽量坐在后排的安全座椅上，较大儿童则坐增高型座椅并系好安全带。

5）香水瓶及各种玻璃、金属质地的摆件不要粘放在副驾驶前方仪表板上，建议将它们安置在正副驾驶席中间的仪表板位置上。

6）注意急弯。山道行车往往弯多且急，此时切不可在弯道超车或在不清楚前方有无来车的情况下占道过弯。

7）忌靠山边行驶。在狭窄崖边山路行车时，切忌靠山边行驶，因为崖路边沿随时有坍塌的可能。如果是车队通过落石区时，则应该拉开 30～40m 的距离通行，这期间尽量不要鸣笛和猛踩加速踏板，以免引发落石。

8）山道行驶不建议空档滑行。在山区内常常会遇到上下长坡的情况。上长坡时，应注意及时降档以避免发动机输出转矩不足。在下长坡时要注意避免发生制动片因长时间使用而过热失效，所以应尽可能用低档位来限制车速。手动档车可以挂入低速档，利用发动机制动来避免车速过高，此时出于安全考虑绝对不要挂空档滑行。自动档车则可通过将变速杆置于 L、S 位，也可起到相同作用。如必须长时间踩制动踏板，则应行驶一段距离后停车，待制动系统冷却后再前进。

9）不要比拼车技。自驾游的同行车之间，很容易被驾驶人想象成是“比赛关系”。应心平气和地驾驶，避免互相之间比技巧比速度；同时也要避免和当地车辆开斗气车，减少意外的发生。

10）谨防疲劳驾驶。

① 出游前驾驶人因太兴奋或其他原因而睡眠不足，易造成驾驶中出现暂时性的大脑空白，而引起事故发生。

② 没有事先做好旅途计划，不了解路途情况，没有办法知道何时才能休息，从而错过了调整休息的最佳时间，从而造成了疲劳驾驶。

③ 驾驶过程中精神高度集中，眼睛老盯着公路中心线，会造成视线和心理上的紧张，从而导致疲劳驾驶。

为避免意外的发生应注意以下事项：

1）行驶时，应保持足够的安全空间，一旦意外发生，驾驶人可有足够的时间与空间做出反应，同时也让自己有足够的时间向其他公路使用者传达前方有危险的信息。在非高速公路、国道或省道虽有中间隔离墙，但隔离墙的缺口多，经常有摩托车、非机动车或行人在缺口中突然出现而发生交通事故，有经验的驾驶人在这些道路上会挑三车道的中间车道行车，当突然出现行人或车辆时，可以有一定的反应时间和空间避免事故的发生。

2）任何时候都要保持安全距离。当车辆速度达 10km/h 时，切记与前面的车辆保持一个车身的距离，每当车速增加 10km/h 时，车与车之间也应随之增加一个车身的安全距离。

3）驾驶时须提高警惕，保持冷静。例如，在公路上行驶时，有时有狗、猫、猪或鸡、鸭等动物突然跑到路上，遇到这种情况要迅速鸣笛，这一方面提醒动物注意危险，另一方面能让后面的车辆警惕到前方有情况发生。同时，从后视镜中注意后面和左右的交通情况，确保在避开动物的同时不会造成危险。在这种情况下，千万不可突然制动或突然转换车道，更不能乱转转向盘，尤其在高速公路上行车速度非常快的时候，这么做可能造成车辆失控，后果不堪设想。

4）确保车辆长期保持最佳状态。因为车辆各系统失灵，极易造成意外。凡是超过 500km 或需要上高速公路行驶的自驾游，出车前应对车辆做一次例行检查和保养，特别要重视对制动系统、转向系统、润滑系统、冷却系统及轮胎的检查和保养。

5）配备应急的工具。除了随车工具外，自驾游前应准备拖车绳、蓄电池跨接线、熔丝、电工胶布、手电筒等工具和物品。

6）掌握沿线的交通救险电话，发生意外时可第一时间得到帮助。目前各地的交通部门都已经建立了应急救险网络，在国道上基本可以在 20min 内赶到需要救援的地点。由于各地交通救险电话号码各不相同，自驾游前应通过沿线各地的电话查号台咨询清楚，以备急需之用。

四、自驾游归来后应对车辆进行的检查

当长途旅游归来后，应及时对车辆进行一次全面的检查，检查内容主要有以下几个方面。

1）检查轮胎表面花纹的磨损程度和表面损伤，并校准轮胎以及备胎的气压，视情况进行预防性更换维修。

2）检查蓄电池显示窗状态，视需要更换。清洁蓄电池表面和正、负接线柱。

3）检查车辆外部照明和示宽灯光功能是否正常，视情况对前照灯光束进行检修。检查刮水器功能是否正常，视情况添加清洗液。

4）检查组合仪表各警告灯和指示灯是否正常，对相应的故障进行检修。

5）检查制动摩擦衬片的厚度以及包括驻车制动器在内的制动效能，必要时进行更换和调整。

6）检查制动液液位和离合器液液位的高度与品质，必要时进行更换。

7）检查发动机机油、自动变速器油、助力转向油的油位和品质，必要时进行添加或更换；检查冷却液液位及冷却液浓度，必要时进行添加；检查发动机冷却液管路以及暖水阀是否密封良好。

8）对于行驶里程30000km以上的车辆，应仔细检查发动机附件传动带是否老化，并视需要更换。

五、租赁车的技巧

租车自驾旅游应注意以下问题。

1）要选择规模较大的租赁公司。一些非连锁的小公司常以低廉的价格来吸引旅游者，但规定的行驶里程数往往有出入，一不小心就因超出里程数而费用加倍。

2）提车时要试驾，了解车况，而且要细心检查，如车体有无划痕、车灯是否完备、门锁是否正常等。还要打开发动机舱罩，查看冷却液、润滑油、蓄电池电解液、制动液的液位等。

3）一旦车出了问题要第一时间联系租赁公司，千万不要擅自修理，否则租车公司会追究承租人的违约责任。

4）虽然租赁公司购买的是全险，但一旦发生车辆损伤，租赁公司也会要求承租人赔付车损的20%左右。如果遇上刮蹭，一定要及时找交警来定性，出具相关证明，这样才能得到保险公司应有的赔付。

5）节假日是租车高峰，往往在节前三四天都已基本租空，所以最好提早预订车辆。

承租人在租赁期内应注意以下事项。

1）三个必做

① 出车前，必须做常规检查，如机油、制动液、冷却液、轮胎气压和灯光等，若发现问题，须速送租赁公司指定的维修点维修，否则后果自负。

② 在车辆正常使用过程中出现故障或异常，必须马上通知租赁公司，或把车开到租赁公司指定的维修处，自己不要拆卸、更换原车设备或零件。

③ 外出旅行安全是第一位的。租车必须注意保存好租赁公司的救援电话及其他联络方式。

2）两个不做

① 对租赁的车辆不要做出转让、转租、销售、抵押及投资等行为，因为这样侵犯了租赁公司的所有权。

② 未经租赁公司书面同意，承租人不能改变所租车辆的车身颜色、形状，不得改装或是加装车内结构。

3）车辆被盗、被抢时，承租人要承担保险公司免赔部分的金额。有些租赁公司合约中还规定承租人须承担丢车后至保险公司赔偿前该期间50%的租赁费用。

车辆的证件及资料如有缺损、丢失，由承租人负全部责任和费用，同时还须承担自丢失证件之日起至补证完毕之日的全部租金。

4）承租人在租车期间发生事故时，无论事故大小，必须马上（24h内）通知有关部门和租赁公司并保护好现场，提供有关所需的资料证据。

承租人承担保险公司规定不予赔付的而实际需支出的费用。事故前期费用由用户支付，在保险公司赔付前，车辆修理期间，要支付车辆停驶期间的租金，并垫付修理费等。

5）续租和退租。按合同规定的还车时间、地点还车，注意保持车辆的技术状况良好。如车辆出现一些刮碰等小毛病，最好到租赁公司指定的维修点修车，这样才能得到租赁公司的认可。

续租车辆要提前24h办理手续。

提前退租，用户要支付提前退租的违约金，一般为20%。过期交车时，过期部分的租金一般按原租金的200%收取，不足一天的按一天计算。

第三章

安全行车、事故的预防与禁忌

第一节 安全行车的技巧

一、新手安全行车的驾驶技巧和经验

1. 新手驾驶技巧

（1）心理要稳

新手首先应该调整好自身的心理状态。新手上路后经常是紧张得不知道该如何挂档、转向等，记住，只要冷静地按照规章驾驶就不会有问题。

（2）做好准备

新手上路前要琢磨好驾驶的要领，并熟悉一下制动踏板、加速踏板、离合器，以防紧张的时候踩错踏板，那将是非常危险的；熟悉一下各档位，上路前这些基本的操作一定要熟记于心。

（3）降低速度

对于新手来说，速度不是最重要的，安全问题才是关键。所以新手开车不要贪快，要慢开慎行，遵守交通秩序，给别人留出足够的空间。另外，新手经常会在车的后风窗玻璃上贴上“实习”的标识，即便你的车速较慢，后车一看到“实习”二字也就多了几分宽容。

（4）不要驶入快行车道

新手上路尽量不要驶入快行车道。快行车道里车的速度都比较快，留给驾驶人应付突发事件的时间较短，新手一旦反应不及时就会出现恶性的交通事故，在没有充足把握之前还是老老实实在慢行车道行驶为佳。

（5）做到“四不跟”

不跟大型货车，不跟空驶出租车，不跟大小公共汽车，不跟外地车。

特别提醒

新手要特别当心六种驾驶错觉

有些驾驶人由于经验不足，容易出现的错觉主要有：距离错觉、速度错觉、时间错觉、光线错觉、弯度错觉和颜色错觉。

1）距离错觉。驾车行驶时，驾驶人有时会对外界车辆的间距、跟车间距产生错觉。常见的是参照物少时，感觉偏远；雨雪雾天气中感觉间距要比实际间距大，车速越高误差越大；车辆越小，颜色越浅，感觉距离越远等。

2）速度错觉。车辆加速时易将车速估计过高；长时间以某一速度行驶，对该速度适应后，感觉车速偏低。因此，必须以车速指示表为准，并勤查车速。

3）时间错觉。驾驶人心情愉快，路况好时，感觉时间过得快；心情烦躁时，感觉时间过得慢。时间错觉易导致因急躁而开快车或凭时间估计行程而错过目的地，或开过岔路口等。

4）光线错觉。光线的明暗变化容易引起驾驶人的错误判断，如强光的直射、车头迎光、夜间灯光闪烁等都会引发错觉。光线变明亮也容易引起视线不适，如眩晕，从而给行车安全带来不利影响。在驾车行驶中应避免光线变化的刺激，尽量避开强光或明亮的物体，如霓虹灯、镜面反射等，在遇到光线频繁变化时，应立即减速行驶。

5）弯度错觉。对于未进入的半圆弧弯道，一般会感觉其弯度较实际大，弯道越长感受到的弯度越小，在弯道上行车会因参照物的变化而影响自己对弯度的正确感觉。因此弯道行车时，降低车速特别重要，且不容忽视。

6）颜色错觉。如深颜色会使人感觉重而且较实际形态偏小；浅色的会使人感觉形态较大，距离较近。例如，黄颜色车辆容易识别，主要是由于其使人感觉车辆比实际体积大、距离近的缘故。在五彩缤纷的市区道路行车时，很容易被明亮的色彩所吸引而忽略浅色物体，从而留下安全隐患。

2. 新手驾驶经验

（1）新手驾车容易出现的失误

由于新手驾驶技术不熟练，经验不丰富，对车况、路况的观察和判断能力欠缺，因此出现交通违法或违规操作的可能性比较大。常见的表现有：不按规定使用转向灯，随意变更车道，不注意观察交通标志，闯禁行，路口不按规定让行，跟车距离不当，行车中转向不稳或急转方向，应用制动频繁或突然使用紧急制动，停车地点选择不当，遇到紧急情况反应迟缓、采取措施不当或操作失误等。因此，新手驾车时，要勤于思考，注意积累驾驶经验。

（2）新手安全驾车应对方法

1）粘贴“实习”标志。新手所驾车辆，应当按照《中华人民共和国道路交通安全法实施条例》的要求，粘贴“实习”标志，表明自己是新手，以便取得其他车辆的关照，并提醒过往车辆、行人注意避让。

2）尽量避开交通密集路段行车。新手驾车应当尽量选择道路宽阔和交通流量小的路段行驶，尽量避开在人、车混行的路段通行，此外还应尽量避开在交通高峰时段驾车上路。

3）防止追尾事故。跟车距离不要太近，尤其是尾随出租车时，要注意前车突然制动停车接客。

4）注意观察道路情况。除了要注意车辆前方的道路情况外，还要学会利用后视镜观察了解车辆两侧及其后方的道路情况。

5）注意视线盲区。在通过交叉路口，尾随或超越货车、公共汽车等车体较大的汽车时，尤其是在超越进、出站点的公共汽车时，要防止横向行人、非机动车的突然出现。

6）注意按交通标线行车。在划有车道分界线的路段变更车道时要使用转向灯，进入导向车道后不准再变更车道；在通过减速让行和停车让行的路口时，要按照交通标线的指示通行。

7）注意提高对道路情况的预测能力。注意观察过往车辆、行人的动态，事先考虑好对策，是需要修正方向，还是放松加速踏板减速，或是轻踩制动踏板减速。有了思想准备，才不至于急转方向和使用紧急制动。

二、安全行车的驾驶技巧

1. 防御型驾驶技巧

防御型驾驶，就是将所有交通参与者都想象成随时可能违规的人，在开车时给自己留下较大的处置意外情况的空间的驾驶方法。

（1）全面观察掌握路况

开车是观察、分析、判断和操作的过程。

（2）识别危险，正确迅速地判断

要能识别判断出路面潜在的危险点，并马上做出正确的决定，调整好车速。

（3）遵守交通规则

在驾车转弯或变更车道时非常容易发生事故，因此不准随意转弯。

（4）保持安全距离

安全距离主要有前方车距离、后方车距离和侧向距离三种。安全距离不够，很容易出事故，轻则小碰小刮，重则造成追尾事故。

（5）提前预防危险

开车中最重要的是预防，要善于发现问题，提前预防，最怕的是不懂预防。例如，许多驾驶人喜欢夜晚开快车，殊不知很多重大事故都是夜晚发生的。

（6）控制好车速

控制好车速是最实用的安全行车方法。

2. 行车中预测危险

为实现安全行车，驾驶人不仅要遵守交通法规，还必须要有预见性，预测不断变化的交通情况中可能发生的危险（表3-1），提前做好应对准备，这样在危险发生时才能化险为夷，并能准确无误地进行操作。

表3-1 预测可能发生的危险

	可能发生危险的情况	能够预测的危险
看得见的危险	前方有玩耍、上学或放学的儿童	突然跑到行车道上的危险 突然改变奔跑方向的危险
	前方的车辆要在道路右侧停车	行人跑出的危险 开车门的危险
	在优先道路上行驶时，有车辆从左（右）向交叉路口行驶	从自己前面横穿的危险
看不见的危险	前方有公共汽车等停驶的车辆	行人会从停驶车辆前面跑出的危险
	对向有大型汽车左转时	车辆会从大型汽车背后驶来的危险
	行驶在交叉路口前面时，从右后方有摩托车驶来	刮倒摩托车的危险

行车预测危险通常要注意以下几方面。

（1）交通信号引起的险情预测

1）适时正确发出信号，及时改变信号（如转向灯），注意观察其他车辆信号及交通标志，避免信号标志识别不清或识别错误引起的危险。

2）黄灯闪烁时，为预防后车追尾，应多次亮制动灯示意停车。

3）人行横道绿灯闪烁时，应注意行人抢过横道线引起事故。

4）前车或前前车发出制动信号时，及时减速避免追尾事故。

特别提醒

抢红不抢绿

有些驾驶人在前方遇上信号灯时总喜欢加速“抢灯”。在远处见到绿灯就拼命提速，往往还未驶到路口绿灯就变成了红灯，不得不仓促制动，这是非常不可取的。最好在远处见到绿灯时逐渐减缓车速，保持低速前进，以备接近路口时变灯；在远处见到红灯时则可保持正常车速或略为提速以接近路口。因此，“抢红不抢绿”能避免紧急制动，顺利安全地通过路口。

（2）学校、小区的险情预测

1）看到“注意儿童”标志的时候，必须减速，以随时能停车的速度行驶。

2）看到有皮球突然滚到路上，应立即减速停车。

（3）通过人行横道时的险情预测

1）驶近人行横道时应减速驾驶，遇行人时应停车让行。人行横道内没有行人时，也要预测到可能会有行人或非机动车突然急速通过的情况。有行人通过人行横道时，应预测到有行动缓慢的行人还滞留在人行横道上的情况。

2）夜间通过人行横道，遇对面来车没有关闭远光时，应及时减速，预防在两车灯光的交织处有看不见的行人正在通过。

（4）通过公交车站时的险情预测

通过公交车站时，应减速行驶，仔细观察周围的情况。要预测到可能会有乘客或行人从公交车前或车后突然横穿道路、非机动车或行人有可能会超越公共汽车、公共汽车会突然起步等情况的发生。

从停车站的公交车旁边通过时，应减速行驶。

（5）通过交叉路口的险情预测

1）绿色信号灯亮，通过直行交叉路口时，需要预测到可能有以下危险。

① 行人或非机动车突然横过道路。

② 其他车辆违法转弯，阻碍正常行驶路线。

2）在交叉路口跟随前车右转弯时，需要预测到可能有以下危险。

① 前车突然减速或停车。

② 行人或非机动车突然从车前绕行。

③ 右侧机动车加速直行阻碍右转弯。

3）在交叉路口左转弯时，需要预测到可能有以下危险。

① 行人突然横穿道路。

② 对面左转的车辆后方有机动车直行。

4）通过视线不良的交叉路口时，需要预测到可能有以下危险。

① 两侧路口内有车辆急速驶出。

② 紧急制动后发生后车追尾事故。

(6) 弯道的险情预测

1) 在道路急转弯处，应充分减速并靠右侧行驶。

2) 在城镇的胡同和里弄，经常有直角转弯的路口，必须提前减速和鸣笛。

(7) 跟车、超车的险情预测

1) 前方停有大型汽车时，应减速并稍靠近中心线行驶。

2) 右前方有非机动车时，应减速行驶。

3) 前方的车辆减速靠右停车时，应预先留出横向安全间距，并减速行驶。

4) 在大型汽车后面行驶时，应保持安全距离，减速并稍靠近中心线行驶。

5) 准备超越前方大型汽车时，应确认安全后再超越。

6) 前方有出租车时，应减速并稍靠近中心线行驶。

(8) 其他视线不清路况的险情预测

1) 道路阻塞时，应减速行驶并保持安全车距。

2) 雨天行驶时，应减速行驶并保持安全车距。

3) 雪天行驶时，应减速行驶。

第二节　交通事故的预防

一、驾驶人应养成良好的预防习惯

(1) 交通事故的预防方法

1) 增强法制观念，严守交通法规。国家制定的法律法规、条例和规章制度以及有关规定，都是长期实践经验的科学总结，有的是用血的教训换来的，是行之有效的。作为驾驶人，首行就应该认真学习，深入领会，熟记规定。没有法规和条令，就没有安全保障。遵守交通法规，才能保证行车安全。

2) 遵守职业道德，坚持文明行车。职业驾驶人还应树立和增强职业道德。文明行车不仅是职业驾驶人的必备素质，更是每个驾驶人所必须做到的。

3) 钻研驾驶技术，做到精益求精。过硬的驾驶本领是预防交通肇事的技术基础，有了高超的驾驶技术，就会遇事不慌，临危不乱，灵活自如地处置各种复杂情况。因此，每位驾驶人都要刻苦地钻研驾驶技术，练就过硬的本领。

(2) 危险的开车行为

1) 强行插队。看到前面堵车，遂驶入非机动车道，等快到路口时再强行并线，先妨碍非机动车和行人，再妨碍其他车辆。本来大家都在规规矩矩地停车排队等候，个别驾驶人却非要从旁边的转弯车道跑到最前面，然后硬往直行线里挤，这样很容易造成碰擦事故或交通更加拥堵。

2）远光灯和雾灯长亮。夜晚驾车在灯光通明的市区道路上行驶，深为城市照明设施的完备而欣慰，然而对面一道强光袭来会造成短暂的失明，容易使驾驶人失去方向感，发生危险。

3）抢行。左、右转弯的车辆非要抢在直行的车辆之前通过；支线上的车辆不让干线上的车辆。也许这些抢行者刚刚还在为堵车而抱怨别人，但抢行之后自己又成了堵车的制造者。

4）不打转向灯。在起步、停车甚至像并线这样很危险的驾驶行为中都经常有不打转向灯的“高手”，令后车措手不及。

5）随意停车。这种现象更为常见，出租车和私家车都有。针对出租车的特点，随时停车也无可厚非，但不管后面状况如何就随意停车很容易出事故。现在，私家车多，而停车场分布不均匀，有时车主找不到停车位而急于办事，于是就在路旁随意停车，这样很容易妨碍交通，有被公安交通管理部门处罚的可能。

6）在快车道里慢行。在快车道里慢行，虽然不违规，但极大地影响了道路的通行能力，同时也给那些右侧超车的车辆留下了借口。

7）欺软怕硬，猛停急转。对在道路上欺软怕硬的现象恐怕那些新手最有体会。令新手们战战兢兢的不光是汽车，更可怕的是一旦有丝毫差错，周围定会喇叭声此起彼伏，不绝于耳。另外，个别高档车的车主还自视清高，凭借车的高性能猛停急转。

8）雨后不减速，随意丢废弃物。驾驶人的品行从行车中就能看出来。雨后行车，置路边行人于不顾，依然高速穿过积水区；车内干干净净，却随意向车外丢废弃物。尽管诸如此类的行为或许不会给生命带来威胁，但其品行却令人侧目。

实用锦囊

避免交通事故的有效措施

1）在驾驶前不要饮酒，或者饮酒后让其他没有饮酒的驾驶人代替驾驶。

2）身心状态不佳时不要出发，在感到疲劳时应小憩片刻。

3）在变更车道前，必须仔细观察和提前警示。

4）留意交通标志和标线，通过交叉路口时，遵守优先通行原则。

5）跟车距离保持2s的行驶距离且不要冒险超车。

6）经常检查轮胎的外观和气压，发现问题及时更换。

7）定期检查安全装置，如制动系统和减震器。

8）行车前要保证足够的睡眠和良好的睡眠效果；平时要加强体育锻炼，养成良好的饮食习惯，提高身体素质。此外，合理地安排行车计划，行车途中劳逸结合也是预防交通事故的好办法。当您在驾驶车辆的过程中开始感到困倦时，切忌继续驾驶车辆，应该迅速停车，采取有效措施，适时地减轻和缓解疲劳程度后再上路。

二、安全行车的十二禁忌

（1）一忌雨天行车突然放松或猛踩加速踏板

雨天路面较滑，若制动运用不当会产生侧滑。当汽车高速行驶时突然放松加速踏板，发动机会突然减速，使车轮与地面之间产生了瞬间制动，因而产生侧滑；而猛踩加速踏板与之类似，同样会产生侧滑。因此减速时应缓慢放松加速踏板。

（2）二忌行驶中连续急加速

有些驾驶人喜欢连续急速加油，这种做法极易导致的不良后果有：一是易烧蚀发动机合金缸体，造成发动机工作不良；二是易打坏正时齿轮，造成发动机无法工作。采用连续急加速的做法，将使正时齿轮与啮合齿轮的啮合力随之骤变，极易使正时齿轮的齿打坏，导致配气机构等无法工作。

（3）三忌踩离合器调整车速

有些驾驶人在上坡路遇有情况时通过踩离合器来减速，在转弯过程中通过踩离合器来加速。前者容易引起离合器过早损坏，甚至车辆倒溜；后者极易损坏传动部件。

（4）四忌习惯把右手放在变速杆上

当车辆行驶在交通条件差、需频繁换档的道路上时，有些驾驶人就会习惯性地把右手放在变速杆上。这样不仅不利于安全驾驶，而且还会因手上的压力使变速杆过早磨损。

（5）五忌汽车高档位下强行爬坡

有些驾驶人用高档位爬坡，虽感觉动力不足，但还是不愿减档，试图用加大加速踏板的方法冲过坡道，这样做将造成许多危害。

节气门开度大，进入气缸的混合气量多，形成爆燃的条件，此时往往可以听到发动机发出金属敲击声。会使发动机曲轴轴瓦负荷过大和曲轴扭矩过大，导致烧瓦甚至曲轴折断等恶性事故发生。

因此，**爬坡时一定要注意车速与变速器档位的正确配合，及时减档，以免造成机件损坏。**

（6）六忌自动档车辆高速行驶或下坡时变速杆置于 N 位滑行

为了节油，有些驾驶人在高速行驶或下坡滑行时，将变速杆拨到 N 位滑行，这可能会烧坏变速器。因为，此时变速器输出轴转速很高，而发动机怠速运转，变速器油泵供油不足，润滑状况变差，而对变速器内部的多片离合器来讲，虽然动力已经切断，但其被动片在车轮带动下高速转动，发动机驱动的主动片转速很低，两者间隙又很小，容易引起共振和打滑现象，产生不良后果。**当下长坡确实需要滑行时，可将变速杆拨在 D 位，但不可使发动机熄火。**

(7) 七忌小型汽车紧急制动时使用驻车制动

小型汽车紧急制动时，使用驻车制动器丝毫不能提高制动效果和缩短制动的时间，相应地也就不能起到缩短制动距离的效果。

(8) 八忌用驻车制动或紧急制动防止侧滑

当汽车发生侧滑时，有些驾驶人往往紧急制动，认为这样可使汽车迅速停住，车一旦停下，侧滑当然也就消除了。殊不知，这样做会适得其反，因为汽车出现侧滑，说明轮胎和路面的附着力不够，再用紧急制动将加剧车轮抱死滑移。此时，纵、横向附着系数会进一步下降，即使地面不平也不可能提供足够的制动力使行驶的汽车停下来，在横向力的作用下，反而加剧了侧滑。如果单独使用驻车制动，恰恰形成了后轮抱死产生侧滑的条件。

(9) 九忌高速公路上紧急制动

在高速公路上行车一般不要用制动器，车速的控制主要靠巧用加速踏板来实现。若想稍微减速，驾驶人只要放松加速踏板即可。若进入交叉枢纽或将车驶入停车区域时，应先利用加速踏板减速，然后换入低速档，待车速降低后，再分几次踩制动踏板，切勿紧急制动。

(10) 十忌中速以上行驶猛打转向盘

车速越快，转向盘的移动幅度应越小，否则车辆便会失去稳定性，引起侧翻。有些驾驶人由于经验不足，遇到紧急情况猛打转向盘，虽然避开了前方事故，却可能造成不堪设想的后果。尤其是在高速公路上更应注意。**根据经验，如果汽车速度是一般道路上的两倍，则转向盘的转向角度只要原来的1/4就足够了。**

(11) 十一忌高速公路上行车车距过小

当车辆驶入高速公路时要与其他车辆保持同一速度，注意与前车保持足够的距离。

(12) 十二忌汽车上坡曲线行驶

一些驾驶人驾驶满载货物的车辆上坡时，不走直线而走曲线，认为曲线上坡行驶可以减缓汽车的上坡阻力，其实这种做法不经济也不安全。因为汽车上坡时曲线行驶，肯定要占用下坡车的行驶路线，而下坡车速度一般较快，一旦避让不及就会发生碰撞造成交通事故。

三、安全驾驶五项危险误操作

(1) 跟车超车

跟车超车的情景常常发生在双向两车道且不封闭的国道或省道以及乡村道路上。由于单向车流过多，当出现超车机会时，通常会有几辆车同时准备超车，然而如果前车遭遇速度很快的对面来车，非常容易发生正面冲撞。

(2) 入错档位

自动变速器在车辆还没有完全静止的状态下将变速杆挂入P位是非常有害

的操作，严重时将损坏变速器。

（3）弯路制动

日常驾车应尽量在转弯之前留出制动提前量。另外，出于下意识对弯路的谨慎，一些新手往往会习惯在弯道中踩着制动踏板。这样有两个弊端：入弯带制动会导致左右轮的轮胎磨损有明显差异；制动将加大各轮之间地面反作用力的差异，影响车辆的左右平衡，加大了侧倾幅度。

（4）掩盖安全气囊

安全气囊可以在汽车发生正面碰撞后弹出，为人员提供缓冲和保护。但是当安全气囊在瞬时冲破塑料面板时，如果面板上放有物品，物品就会随即向前弹出，其速度之快可以与子弹相当。安全气囊还未实行保护，“子弹”却先伤了人，可谓功不抵过。正常行驶后，安全气囊就时刻处于待命状态，因此建议**驾驶人不要在安全气囊位置上放置任何物品。一般转向盘和副驾驶人前面板上会有SRS的标识，表示该处安装有安全气囊。**

（5）油箱警告灯亮继续行驶

油箱警告灯亮起意味着油箱内的燃油已经所剩无几。但有经验的驾驶人都知道，凭借着余下的燃油，一般的车辆都还可以行驶四五十千米。殊不知，这其实是很冒险的行为。由于汽车的汽油泵直接安装在燃油箱底部，汽油泵依靠汽油进行润滑和降温，如果汽油数量缺失过多，在行驶状态下汽油泵不能得到正常的润滑和降温，很容易造成泵体的损害。因此，油箱警告灯亮继续行驶会对汽车部件造成损害。

四、反习惯性违章与交通事故的预防

驾驶人习惯性违章，是指驾驶人固守旧有的不良操作传统、工作习惯或贪图省力方便，在行车驾驶或车辆作业过程中故意违反交通安全法规或安全工作规程的长期反复发生的行为方式。驾驶人习惯性违章是道路交通安全的一大祸患，因此驾驶人要端正态度，正确认识违章的危害，自觉远离违章，确保行车安全。

1. 汽车驾驶人习惯性违章的主要表现

（1）不重视养成出车前做准备的习惯

不重视养成出车前做好身体、技术、思想方面准备的习惯，诸如在体力、精力不充沛，注意力难以集中时还坚持出车，或在未了解车辆的安全技术状况和该次行车应注意事项的前提下，匆忙驾驶。

（2）以自我为中心的思维习惯

这种习惯包括越线超车、钻来钻去、违章占道、逆向行驶、不循规让行等以自我需要为前提的随意驾驶。这种状况反映出有些机动车驾驶人缺乏责任心与法制观念。

（3）粗心大意的习惯

观察道路、行人和环境因素不细致，判断情况不准确，因看错或未能看清路面宽窄、道路标志、信号转换、车辆和行人的真正动态，而导致交通事故。

（4）凡事凭估计的习惯

常以自己的感觉或片面的经验驾驶车辆，心存侥幸，在控制车速、跟车、会车、超车、转弯时，缺乏人、车、环境都在运动变化的概念，也不能采取相应的安全措施，驾驶规范意识薄弱。

（5）行车图快、遇事急躁的习惯

驾驶时，为图省事超黄线、走捷径，不愿多想己方与彼方不同的处境与困难，缺乏主动避让的意识，经不起意外事件的刺激，易冲动急躁。

（6）容易分心的习惯

驾驶时聊天、走神，容易被一些与驾驶无关的新奇事物所吸引，注意力难以集中等。

2. 汽车驾驶人习惯性违章的预防对策

违章行为的主体是行为人，而行为人的行为又是通过自身的心理活动而产生的。违章是与意识密切相关的，提高安全意识是制止违章的有效途径。

（1）端正安全态度

人们对安全的认识程度和重视程度主要是通过教育提高的。在安全教育中尤以安全态度教育最为重要。我国交通安全教育已形成了安全行车思想教育、法规法纪教育、安全技术和驾驶技能教育为主要内容的包含学校教育、继续教育、职业教育的三级教育体系，这对于提高驾驶人对安全的理解起到了积极作用。

（2）树立安全风气

安全风气是指推动安全行为的集体力量、社会力量和环境力量。国家的交通安全法规、法律条文，企业的安全操作规程、各项规章制度、安全注意事项等都是集体力量和社会力量的体现，它通过一种无形的约束力来抑制驾驶人的违章行为。

在驾驶人有意违章的动机产生后，如果得到外部环境的制止，驾驶人就可能及时控制自己而不违章。这里的环境指的是设备环境和作业环境。由于驾驶违章多数表现在行车中不按道路交通安全法规行驶，在道路上设置警告警示标牌、安装交通监测设备、加强道路巡查等措施，可以有效地制止驾驶人的违章行为。

（3）养成安全习惯

与安全态度不同的是，安全习惯的养成与驾驶人本身的技术水平、文化程度以及对操作规程的理解、对危险的认识和纠正能力的关系更加密切。如许多新驾驶人没有养成安全习惯，一上车就起动车辆起步，对车辆周围的情况根本没有进行细致的观察，因此也造成了车辆起步时的事故较多。只有养成了规范操作、标准化作业等安全习惯，才能避免事故的发生。

（4）自主安全管理

自主安全管理指的是对不安全问题有预先设想和自我控制、自我防护的措施。例如，驾驶人对道路上的事物在安全距离之外就能注意到，提前做好了应变的准备，在需要反应的一瞬间及时、迅速地做出反应，更加充分地保证行车安全。此外，驾驶人要控制紧张、急躁、侥幸、斗气的情绪，注意保持心理平衡，积极坦然地对待周围的人和事，避免过激的行为。

第四章

意外情况的应急技巧、车辆自救技巧与禁忌

第一节　意外情况的应急技巧

一、意外情况的应急技巧与禁忌

1. 意外情况的应急技巧

口　诀

冷静沉着不慌张，先人后物分轻重；
先打转向后制动，他人安危放心中。

1）首先保持头脑冷静，判明情况，然后采取相应的正确避让措施，必须在瞬间做出正确的判断，果断采取有效措施。

2）减速、停车或是控制方向，避让障碍物是避免和减轻交通事故损失的最有效措施。

① 低速时，重方向，轻减速。若在遇到紧急情况时车速较低，此时要判断能否避开前方障碍物，在道路交通条件允许的前提下，应尽可能优先考虑方向，避免撞车，同时应采取必要的措施，降低车速，直至最后停车。

② 高速时，重减速，轻方向。若在遇到紧急情况时车速较高，不要轻易猛转方向进行避让，否则极易造成倾翻事故。此时，应尽量降低车速，只有当降速后仍然不可避免地要相撞时，才采取转方向的避让措施，选择比较轻的撞车形式。

如果高速时急转方向，往往使本可避免的事故变得无法避免，甚至使本车产生侧滑相撞或在离心力的作用下倾翻。

3）如果避让中会使人员受到伤害，应先顾人，在使人员不受伤害后，再顾物，以保证人员安全。危险情况处理次序如图 4-1 所示。

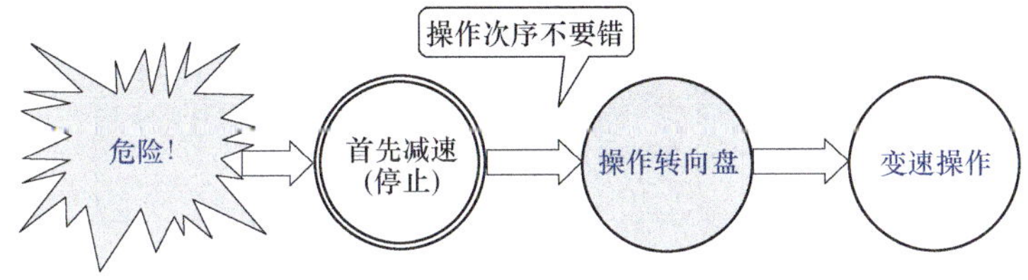

图 4-1　危险情况处理次序

特别提醒

发生意外情况时制动和转向应注意以下事项：

1）制动应尽量在车辆直行状态中使用。正确使用制动是安全行车的保障，而不适当使用制动却是交通事故的主要原因，所以要切记不能随意使用制动。

2）在车辆出现转向不足或转向过度引起的车头或车尾或整车打滑时，切不可使用制动，应慢松加速踏板减速，待停止打滑，恢复转向控制后，转动转向盘回到正确行车路线。

实用锦囊

成功逃生的三大前提

① 正确的驾姿：背臀紧贴座椅，做到身体与座椅无缝隙。

② 系好安全带：安全带下部应系在胯骨位置，不要系在腹部；上部则置于肩的中间，大约在锁骨位置。一定要将安全带下部拉紧，系好安全带，听到“咔嗒”声后，还应再次确认。

③ 头脑冷静，清晰判断。

2. 意外情况应急四禁忌

1）一忌惊慌失措。

2）二忌顾物不顾人。

3）三忌轻重不分。

4）四忌先自己后别人。

二、爆胎的应急技巧与预防方法

（1）爆胎的应急技巧

口 诀

前轮爆胎最危险，控制方向不跑偏；
牵阻制动减速力，谨慎制动莫着急。

在行驶中车辆出现爆胎时，会感到车辆向一侧下沉，同时出现剧烈的爆破或漏气声，转向盘随之以较大的力量自行向爆胎一侧急转，很容易发生碰撞事故。

在行驶途中遇到轮胎突然爆裂时，不要惊慌，要反应灵敏，双手紧握转向盘，迅速放松加速踏板，轻踩制动踏板，让汽车平稳减速，缓慢驶离主干道，这样才能化险为夷。轮胎爆裂后切勿紧急制动，以免因制动力不均造成车辆甩尾、翻车，或发生追尾事故。如图 4-2 所示。

1）如果是汽车后轮爆裂，汽车的尾部就会摇摆。只要驾驶人保持镇定，双手紧握转向盘，通常可以使汽车保持直线行驶。此外，最好反复一下一下地踩踏制动踏板，这样可以使汽车的重心前移，使完好的前轮胎受力，减轻爆裂时后轮所承受的压力。

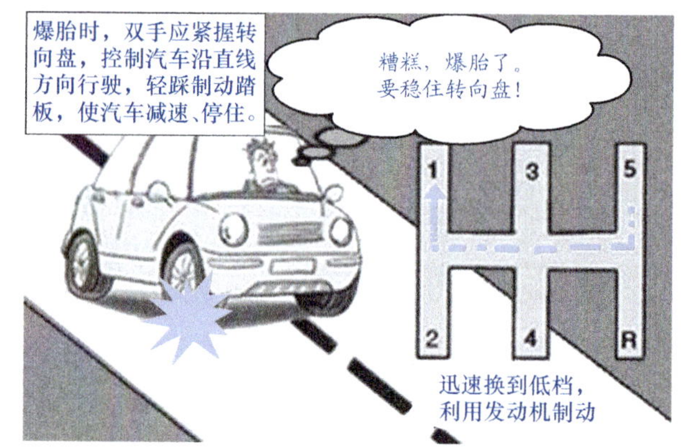

图 4-2　爆胎应急技巧

2）如果是汽车的前轮胎爆裂，会严重影响驾驶人对转向盘的控制。遇到这种情形，不可紧急制动，应该轻踩制动踏板，以免车头承受太大的压力，同时还要用双手紧握转向盘，这样在汽车大幅度偏左或偏右行驶时，还可以立刻矫正方向。

在控制方向的情况下，轻踩制动踏板（绝对不可采取紧急制动）。使汽车缓慢减速，待车速降至适当的时候，平稳地将汽车停住。

切忌在慌乱中向相反方向急转转向盘或猛踩制动踏板，以避免发生翻车或撞车重大事故。当车速下降后，打开转向灯或危险警告灯，并用手示意要退出公路，尽快离开车道，把汽车停在较宽敞的路边。

特别提醒

爆胎瞬间，方向会偏向爆胎一侧，应适当地向另一侧转动转向盘，防止跑偏，但不能回转过多，以防车辆出现“蛇行”而失去控制，甚至与其他车辆或防护栏相撞。

(2) 汽车爆胎的预防方法

造成轮胎爆裂的原因主要有以下几种：

1）轮胎气压过高或者汽车超载时，使轮胎的缺陷处（如以前损伤的部位）发生爆裂；夏季或长时间高速行驶，轮胎的升温会使轮胎气压过高而可能发生爆裂。

2）轮胎充气气压不足，易使轮胎侧壁弯曲折断而发生爆裂。

3）行驶中由锐利的石头和其他物品刺破轮胎而引起爆裂。

轮胎爆裂多发生在行车中，爆胎后汽车会出现偏行现象，前轮爆裂往往偏行更严重。车速越高，危险越大，甚至会引发撞车、掉沟和翻车事故。

实用锦囊

防止汽车爆胎的方法

① 要经常观察轮胎气压，并应检查胎侧和胎顶是否有裂口、胎面磨损状况等，要及时维护和排除隐患。

② 当车速超过轮胎标定的速度时，就会有爆胎的危险。当用手背触摸胎侧感到烫手时，应停车于阴凉处自然降温（不能往胎上泼凉水降湿）。

③ 胎压过高会使胎顶磨损剧烈，同时使轮胎的弹性降低，强度下降，当遇障碍物时极容易爆胎。当胎压过低时，轮胎下沉量增大，胎侧变形加大，使胎体帘线造成周向断裂和胎冠磨损不均，也容易爆胎。

④ 当汽车上路时，防止刮伤胎肩或胎侧。汽车通过碎石或其他坏路时，防止尖锐物切割轮胎。无内胎的子午胎刺伤后要及时修补，以防钢丝带束层生锈而爆胎。

⑤ 要选近期生产的轮胎。选同类型、同规格、同轮辋轮胎；同一车轴要装同花纹、同结构轮胎；同一车辆装用同层级、同速度级别的轮胎，以防个别轮胎超负荷爆胎。子午线轮胎与斜交纹轮胎不能混用。

⑥ 防止汽车下长坡时过多使用制动，引起制动鼓、轮毂温度过高，而传热至轮胎，使之升温爆裂。

⑦ 磨损至标志的轮胎应更新。按照国家标准，汽车轮胎花纹深度应不小于1.6mm。子午线轮胎上标有“TW1”或“△”的磨损标志，其他机动车转

向轮花纹深度应不小于3.2mm。当花纹磨损至标志时，应立即更换新轮胎，以防爆胎。

⑧ 轮胎帘布数级别越大，轮胎强度越高，承载能力越强。低层级别的轮胎不能代替高层级别的轮胎使用，否则，会因超出承载能力而爆胎。

⑨ 定期更换轮胎位置。一般情况下，前胎的胎肩磨损要快于胎心，这是因为前轮经常用于转动，以改变汽车的行驶方向，所以胎肩更容易磨损。而对于后胎，胎心磨损大于胎肩。为了改变不均衡的磨损现象，就要定期更换轮胎位置，使每个轮胎都能均衡磨损，以延长轮胎的使用寿命。

⑩ 让轮胎适当休息降温。在高速公路上长时间高速行驶，会使轮胎的温度升高，这为“突爆”提供了条件，尤其是天气炎热的夏天。长时间高速行驶后，应进入高速公路两侧的服务区休息，使轮胎得到适当降温。

⑪ 高速公路行驶应尽量选用子午线轮胎。

（3）轮胎脱落

如果车轮的固定螺母松动，有时会使车辆的轮胎在行驶中脱落。如果脱落的是前轮，应该在速度允许和方向可控制的情况下谨慎制动，依靠车辆的后轮制动有效降低车速，然后尽快靠路边停车。不过前轮掉轮的情况实在是太危险了！

如果脱落的是后轮，情况还稍好些，这时驾驶人需要在全力控制汽车的方向、谨慎制动的同时，打开转向灯，尽快地靠向路边。检查车轮的固定螺母是否松动就可以基本避免这类现象的发生。如果再勤快点的话，用脚蹬一下轮胎，感觉它是否有松动的迹象，就更加保险了。

三、制动突然失灵的应急技巧与预防方法

口　诀

制动失灵莫慌张，抢档降速稳方向；
驻车制动加牵阻，挂擦障碍强减速。

1. 制动突然失灵的应急技巧

1）当汽车制动突然失灵时，应立即开启危险警告灯，并迅速将驻车制动器操纵杆拉紧，控制好行车方向，避开道路上的行人和车辆，把汽车驶向开阔路段，

最大限度地减少道路上行人的伤亡。在迫不得已时可驶向路边大树、土坡、岩石等障碍物，迫使汽车停住，如图 4-3 所示。

对自动档汽车，可以将变速杆拨到 1 档位置，强制汽车降速。

2）在汽车行驶中突然发现制动器失灵时，要沉着冷静，迅速从高速档位抢换到低速档位，利用发动机的阻力降低车速，再用驻车制动器慢慢地将车停住。

图 4-3　把车转向靠山

抢档操作方法和顺序与正常减档一样，只是操作动作更快些。

3）若仍然感觉汽车速度比较快，或欲停车，可逐渐拉紧驻车制动器操纵杆。拉动时应注意不可一次紧拉不放，也不可拉得太慢。**应采取拉一下、松一下，再拉一下、再松一下的办法，再将驻车制动器操纵杆拉至最紧的位置上，以免将驻车制动盘“抱死”而丧失全部制动能力。**

4）现代汽车制动系统多为双管路制动，因而制动灯亮后，制动系统还没有完全失效，在使用制动器时，要多踩几脚制动踏板，也可在较长的制动距离内将车停住。

5）在平坦的道路上制动失灵，要立即松加速踏板，并在控制好车辆行驶方向的同时迅速减档，利用发动机制动使车辆减速，然后用驻车制动器停住车辆。

6）下坡制动失灵。在下坡道上手动档车应先采取“抢档”措施，即将档位由高速档强行换入低速档，利用发动机牵阻作用实现减速。当车速降至 20km/h 左右时，便可使用驻车制动使车辆停住。如因坡度大、车速快，上述方法难以减速时，应利用天然障碍物，如与路旁的岩石、大树等刮擦，以消耗汽车的惯性能量，直到停车。

由于车辆的惯性加大，应尽可能地减档，利用发动机制动使之减速，并打开前照灯和紧急信号灯，以警示其他车辆注意和避让，待行驶至平坦路段时用驻车制动器将车辆停住。**通常应在即将下坡尤其是下陡坡时，不管有无情况都应该踩一下制动，以检验制动性能，一旦制动失常，可以赢得处置的时间。**

7）上坡制动失灵时，应迅速减档，保持足够的动力，缓缓驶上坡顶后自然停车。如遇到突发情况必须半坡停车，则应在保持前进档位的同时，拉紧驻车制动器操纵杆，再让随车人员用三角木、石块等物卡住车轮。

8）高速公路上，车辆制动全失灵的危险相对一般混合交通的道路上要小一些。

实用锦囊

高速公路上制动全失灵的正确的停车方法

将发动机熄火，利用车辆的惯性，驶离高速车道；不摘档，利用发动机制动来使车辆减速，当车速下降到50km/h以下时，在较开阔的路肩上滑行，同时用灯光和手势等提醒后车注意；当车速下降到15km/h时，用驻车制动器将车辆停在路肩上；按规定处理好现场后，再做进一步的处理。

2. 制动突然失灵的预防方法

- 经常检查制动效果是否正常，如发现制动管有滴漏，或者制动踏板软弱无力、行程异常等情况，要及时到专业的修理厂修理。
- 下坡长时间制动会因制动踏板过热而引起制动力减退。因此，在频繁使用制动踏板后，应选择安全地点或者利用路边的停车带停车，让制动踏板自然冷却。

四、汽车转向失控、失灵的应急技巧

口　诀

转向失灵早停下，报警信号及时发；
动力转向有故障，操作费力不安全；
谨慎驾驶低速行，将车修好有保障。

汽车行驶中转向突然失控，一般是由于转向传动机构中的传力杆件、球销断裂或者脱落所致。对于这种紧急情况的处理，唯一的办法就是尽快制动停车。在制动时可同时开启危险警告灯、鸣笛，或者高声呼喊，以示意道路上的车辆、行人避让。

转向机构失灵往往是因为机构中的一些零件质量低劣或损坏而造成的，如机件损坏、松脱、发卡以及助力装置失效等。此类情况的出现一般无征兆，处理比较困难。**一旦出现这种情况，车辆往往会不走正道，应快速制动，别无其他办法。同时，在使用制动时应对周围的人员、车辆做出明显表示，如开前照灯、鸣笛、开危险警告灯、大声喊叫等。**对使用转向助力器的转向机构来说，若助力失效时，应用力转动转向盘，不可盲目制动，以免造成严重后果。防止此问题出现的有效办法是经常检查和维护转向系统，使之处于良好的状态。

五、汽车侧滑的应急技巧与侧滑的原因

1. 汽车侧滑的应急技巧

口　诀

车身侧滑危险大，减速转向轻轻打；
弯中制动稳定少，车速控制最重要。

1）如果是因制动而引发的侧滑，应立即停止制动，同时把转向盘向侧滑的一侧转动（后轮侧滑时），即可有效制止侧滑，调整方向至可继续行驶。**注意：转动转向盘时不能过急或持续时间过长，以避免车辆向相反方向滑动。**

2）如果转向或擦撞引起侧滑，不可以踩制动踏板，而应依上述方法利用转向盘制止侧滑。

特别提醒

后轮侧滑时，往哪边侧滑，就往哪边转动转向盘，绝不可转错方向。否则，不但无法制止侧滑，反而会使侧滑更加严重。

3）在光滑路面行驶的汽车，起动、停车、转弯都必须缓慢，以减少侧滑发生，使用制动时应采取点制动的方法。在侧滑发生时禁止使用制动，同时要使离合器保持接合状态，用发动机来制动减速。

4）在泥泞道路行车侧滑时，应稳住速度并适当调整方向，缓慢前进。若实在无法驶出或有可能发生更大的危险时，应立即采取措施停车。

5）在附着力差的道路转弯时，特别是悬崖峭壁，应提前减速，切勿在弯道中边制动边转向，以防在弯道中侧滑。

2. 汽车侧滑的主要原因

1）操作不当。汽车在冰雪、泥泞或附着力很小的路面上突然加速、突然减速、紧急制动或猛打转向盘时，很容易导致汽车侧滑。

2）转弯不降速。当汽车在弯道、坡道、不平路面行驶时应降低速度。

3）不检查汽车性能就出车。当汽车前后轮制动不均匀，轮胎气压不符合规定要求或轮胎花纹磨损严重时，汽车也很容易侧滑。

4）当汽车在溜滑路面行驶时，单纯使用驻车制动。

特别提醒

汽车侧滑是由路面附着系数小，更重要的是车速快引起的。必须谨慎驾驶，避免车速过快，避免突然加速、突然减速和猛打转向盘等容易引起侧滑的诱因。

六、汽车发生碰撞时的应急技巧

口 诀

控制尽量用转向，避免发生车碰撞；
努力削弱惯性力，防止挤压躲冲击。

驾驶人发现对面驶来的汽车即将与自己所驾驶的汽车相撞时，要尽力用转向盘控制车辆避免事故，只有在万不得已的情况下才可采取自我保护的应急措施。

汽车碰撞有正面碰撞、侧面碰撞和追尾碰撞等几种形式，应区别情况，采取下列应急措施。

（1）正面碰撞

1）在即将撞车的瞬间，驾驶人应判明即将发生撞击的部位和冲击力。若碰撞的部位不在转向盘前或冲击力不大，驾驶人应两臂伸直紧握转向盘，两脚蹬紧底板，背部紧向后靠，低头收缩于两臂间，这样可减轻撞车后驾驶人头部和胸部撞到前风窗玻璃和转向盘上的危险。

交通事故中的迎面碰撞，受到致命危险的主要是驾驶人和前排乘客。一旦遇有事故发生，当迎面碰撞的主要方位不在驾驶人一侧时，驾驶人应双手紧握转向盘，两腿向前蹬直，身体后倾，保持身体稳定，以免在车辆撞击的瞬间，头撞到风窗玻璃上而受伤。如果迎面碰撞的主要方位在临近驾驶人座位或者撞击力度很大时，驾驶人应迅速躲离转向盘，将两脚抬起，以免受到挤压而受伤。

2）若撞击部位在转向盘前，而且撞击力较大时，则驾驶人应迅速躲开将要撞到的部位，同时迅速将两腿抬起，最好侧卧座位上，以免汽车受冲击变形造成腿部被压。

3）坐在驾驶室内前排的乘客，可将前臂半弯地撑在仪器护板上，头部前倾下压靠在护板上。坐在后排座椅上的乘客应双手护头，倾卧在座位上，如图 4-4 所示。

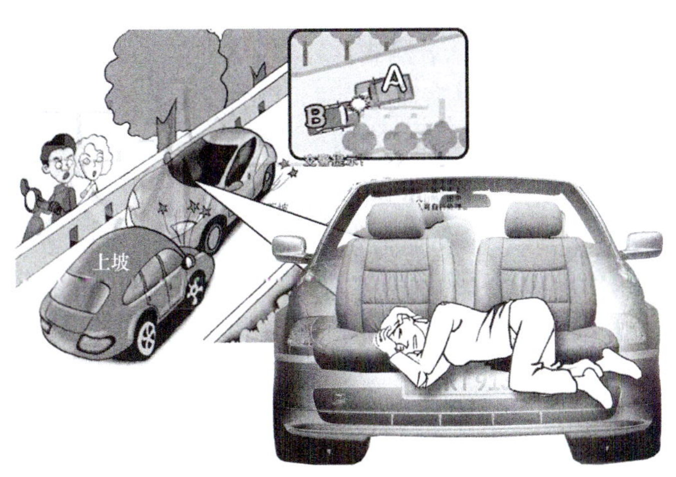

图 4-4　后排座椅乘客避险方法

（2）侧面碰撞

1）当驾驶人预见到要发生汽车侧面相撞时，应立即顺车转向（因为侧面相撞多发生在交叉路口），尽量使侧面相撞变成刮擦，以减小撞击的程度。刮擦时，车门最容易脱开，这时驾驶人的身体应稍向右侧倾斜，双手握住转向盘，后背应尽量靠住座椅靠背，稳住身体，避免被巨大的惯性甩出车外。

2）当侧面相撞的部位恰是驾驶人座位的方位时，应迅速向驾驶室的另一侧躲闪，同时用手拉着转向盘，以此稳住身体和控制汽车方向。

3）若碰撞部位在右侧，撞击力较小时，双臂应稍曲，紧握转向盘，以免肘关节脱位，身体向后倾斜，紧靠座椅靠背，同时双腿向前挺直抵紧，使身体定位稳定，避免头部前倾撞击风窗玻璃以及胸部前倾撞击转向盘。

（3）汽车追尾

车后被撞一般是在停车或汽车减速行驶时，后随车辆停不住而发生的撞击。这种撞车，驾驶人一般难以预料，发生得很突然。

1）一旦发生汽车追尾碰撞时，驾驶人应挺直腰，双手紧握转向盘，防止惯性前冲使身体猛烈地抛离座垫，伤及腰部或颈部。同时，应立即采取相应的停车措施。如果自己的车辆是在行驶中，前方无障碍物时，应稍向前驶一段距离后再制动停车，以防后车追尾碰撞力量过大，加大撞车的损失；如果自己的车辆正在紧随其他车辆，则应立即制动停止，以防止本车再次与前面的车辆发生连环撞车；如果本车被后面的汽车追尾碰撞，并推着向前或左右跑偏时，应立即加大加速踏板，快速摆脱后面的车辆，驶到安全地段再停车；如果汽车已撞坏不能行驶，则应保护好事故现场，报警处理。

2）汽车发生追尾碰撞时，后排座位的乘客（那里常常没有安全带）可以根据人数采取不同的姿势。如果是两三个人，则每个人都应在撞击前身体前倾，手臂抵住前排座位的靠背，把腿弯曲着绷紧；如果是一个人，可以双手护头，双腿蜷在身下，躺在座位或地板上。从后面撞车时，即便撞击力量不大也往往是危险的，所以从后视镜中看到撞车在所难免时，如果没有头枕，就要双手放在脑后，双肘并拢，借以保护颈椎和头部。如果没有系安全带，可以顺着座位滑下去，把头靠在座位靠背上。

七、汽车火灾的应急技巧与预防方法

1. 汽车火灾的应急技巧

口 诀

意外失火莫慌张，停车开门窗撤离；
灭火断油源隔离，人车急疏散远离。

汽车火灾通常发生在吸烟、电线短路、撞车、翻车的时候。发动机火灾大多是由于燃油被明火或过热的排气点燃所引起的。当汽车发生火灾时，首先应考虑救人和报警，接着才是救火和疏散。

急救方法如下所述：

1）当汽车发生火灾时，若附近有加油站、建筑物、高压电线、易燃物品、树林等，则在尽可能的条件下，先将汽车移往较为宽阔、空旷的地段，再设法救火。

2）在无法救火时，应迅速拨打“119”报警，并关闭点火开关、电源总开关。逃离时，如果无法打开驾驶室门，应立即打破风窗玻璃脱离危险。当火焰开始逼近自己，无法躲避时，应用身体猛压火焰，冲出一条生路。冲出时，要注意保护裸露的皮肤，不要张嘴呼吸或高声呼喊，以免被烟火灼伤上呼吸道。

3）及时脱去的确良、尼龙、纤维之类的化纤类衣服（均属于易燃物，燃烧后会黏附在皮肤上，加重烧伤），已经黏附在皮肤上的衣服不要硬性撕扯，以免将表皮一起撕下。

4）灭火方法

① 发动机着火，尽量不要打开发动机舱盖，应从通气孔、散热器及车侧底进行灭火。若要揭开发动机舱盖应戴手套，打开发动机舱盖时应将头部转向一侧，以免烫伤面部。在掀开发动机舱盖之前，要事先准备好灭火器，因为打开发动机舱盖后，空气流通，火势会更猛。在掀开发动机舱盖时，身体不要距车身太近，以免火苗突然窜出烧伤皮肤和面部。掀开发动机舱盖后，要尽快用灭火器灭除火焰。

② 车上若无灭火器，可用沙土扑火，也可用厚布、工作服等将火捂灭。

③ 灭火器要瞄准火源根部，而不是火苗。

④ 灭火时，人要站在上风处。

⑤ 汽车上燃油着火，不得用水浇或拍打的方法灭火，只能用沙、土压灭，或用棉衣、篷布蒙盖使其窒息，最好使用灭火器灭火。

⑥ 由于翻车或撞车引起的火灾，应先将车上的伤员抬下抢救，然后再抢救汽车。

5）加油当中起火的处理方法。汽车在油库加油而引起火灾时，驾驶人应迅速将汽车驶离油库。若是车上高压电引起着火，应迅速切断电源。汽车驶离油库后，必须驶到人口少的地方才能停车再设法灭火，以防烧伤其他人员。

6）车辆在隧道内发生火灾时，应立即离开火源，使用紧急电话报警。当驾驶人能判断离哪个出口最近时，应立即向出口撤离。如果无法判断出口的远近时，应向行车相反的方向撤离，并从隧道的紧急出口逃生。

7）车遇山火，远离植物。当驾车进入山林地带而陷入火灾困境时，可采取如下策略以增加乘车人员幸存的机会：不要使车辆通过浓厚的烟雾地带；把汽车停放在远离大量植物生长的地区；把汽车的前照灯打开，关闭点火装置；关闭车窗和通风设备；把车开到地势较低的地方。

实用锦囊

起火现场浓烟中辨别方向的方法

汽车一旦被火烟包围，驾驶人辨别不清方向时，应沉着冷静。首先注意倾听外面人们的呼救声，以判别方位。另外，用身体接触周围物体，从物体位置上辨别方向和自己所在的位置；也可以蹲下，使头部尽量靠近地面，因地面火势小，没有烟，便于辨别方向。一般来说，烟火的走向处便是一个出口处，在弄不清方向时，身体应顺着烟火的流动方向移动，寻找出口。

8）车上装载货物着火时，应将车驶离商业区、居民区等有人群和建筑物集中的地带，把车停在有水源或空旷的地方，然后设法灭火，并迅速向消防部门报警。当一时扑灭不了火时，应规劝围观群众远离现场，以免发生爆炸死亡事故。

2. 汽车火灾的预防方法

1）减少火灾的诱发因素。改装电路或增加电气设备时，线头一定要包扎好，以防止漏电。车内装饰材料要选择具备防火性能的，以免发生火灾时火势蔓延。不要将气体打火机、空气清新剂、香火等易燃物品放在车内容易被太阳光线直接照射的地方；更不要将汽油、柴油等易燃品放在车厢内。不要在车内乱扔未熄灭的烟头。

2）加强车辆的养护。经常进行车辆的养护，发现漏油、漏电、线路老化、线路接触不良等故障时要及时排除。要使发动机燃料系统、点火系统处于良好的状态下工作，防止发动机回火现象的发生。火花塞工作不良时，应及时清洁或更换，不要用“高吊火”的方法勉强使用。燃油系统发生不来油的故障时，严禁用人工直接供油的方法行驶。养护车辆时，应注意场地的通风，做好防火工作。

3）谨慎驾驶文明礼让。要细心观察道路情况，不要与其他车辆抢行，尽量减少制动，以免车辆行驶的冲击振动。夏季行车应避免汽车停车时的露天暴晒，停车时应注意远离火源。

4）养成随车携带灭火器的习惯。驾驶人应养成随车携带灭火器的习惯，并且要熟悉灭火器的使用方法，这样才能做到有备无患。

特别提醒

车要爆炸，就地卧倒

汽车起火，要在着火的初期迅速灭火。有爆炸危险时，人员应尽快离开危险区。爆炸时，应立即就地卧倒，卧倒的位置应选在爆炸物迸飞出的死角，头部朝着爆炸中心相反的方向，面朝下，两臂护在脑后，不要使身体暴露在危险的空间，可以躲在凹地、地沟和房屋后等处，以免遭受伤害。

八、汽车落水后的应急技巧

口　诀

保持清醒不惊慌，判明方向和水深；
门窗逃生需冷静，漂浮物品巧利用。

1）一旦车辆落水，应保持清醒的头脑，不能惊慌，迅速辨明自己所处的位置，应迅速判明水底、水面的方向和水的深度，判断水是否能淹没车辆，确定逃生的方法。

如果驾驶室不会被淹没，应待车辆稳定后，再设法从安全的出处脱离车辆。如果估计车厢会被水面淹没，不要急着打开车门和车窗玻璃，因为这时在车外水压的作用下车门是难以打开的。此时，应保持片刻的冷静，迅速选择准备脱离的出口。首先使头部保持在水面上，然后迅速用力推开车门，同时深吸一口气，及时浮出水面。或者做好憋气潜水的准备，从容地等待水将驾驶室灌满。当车里和车外水压基本相等或驾驶室里的水将要淹没头顶时，再深吸一口气，破窗或推开车门潜游而出。当然，车辆一旦掉进水里，水下也许一片漆黑，甚至车辆在落水时，身体已经受伤，此时重要的是保持头脑清醒，力争按上述方法迅速脱离险境。

若车门打不开，可背对车窗打开或打碎玻璃，双手抓住车门的上框，钻出汽车，调整呼吸游到安全的地方。若不会游泳，离车前应在车内找能够漂浮的物件，以增加浮力，也可找大塑料袋套在头上，在颈部处扎严，塑料袋内的空气可以提供浮力。

当车内还有其他人员时，驾驶人在采取脱险动作的同时应发出遇险信号，尽量把伤亡程度降到最低。

特别提醒

对于目前多数电动式车窗，如果入水后车窗与车门都无法打开，这时要保持头脑冷静，将面部尽量贴近车顶上部，以保证足够的空气呼吸，等待水从车的缝隙中慢慢涌入，车内外的水压保持平衡后，车门即可打开逃生。

2）入水抢救人员时，应尽可能脱去外衣裤，至少脱去鞋靴，以免妨碍游动。在抢救溺水者时，应从其后面游向溺水者，抓其头发或者拉住腋窝将其托出，使其面部向上，游向岸边。在抢救过程中，千万别被溺水者抓住肢体或被溺水者抱住，进而直接影响自己的游动。如岸上的人无人会游泳，则应尽快弄来木板、门板、木长凳投入水中，或投下长竹竿、绳子，拉住溺水者，将其拖上岸。

3）岸上抢救技巧。溺水者上岸后一般表现为不省人事，脉搏和呼吸明显减弱或停止。在呼吸道被水阻塞时，溺水者的皮肤和黏膜为绀色，嘴唇和手指均为紫青色，口鼻中还会流出大量带血的黏沫。

4）急救溺水者时，先使溺水者屈膝趴在地上，这样头就会低于胸部，然后用干净的布清除口腔和食道中的水、呕吐物和水藻等。然后，用力挤压其胸部，排除其气管与支气管中的水。当呼吸畅通后，应将溺水者放在平坦的地面上，若溺水者呼吸微弱，应立即进行人工呼吸。如果伴有心跳微弱，应同时进行心肺复苏术。

九、汽车水灾事故的应急技巧

（1）汽车水灾的预防

1）高处停放。雨季停车、存车时要尽量在地势较高处，以免低洼地带的积水越来越深，而周围停放的汽车又限制了自己汽车的移动，眼睁睁地看着被水淹没。

2）停车避雨。当遭遇暴雨或洪水时，如果驾驶人意识到有可能因此影响到汽车的行驶安全时，应选择停车避雨。

（2）汽车水灾的车辆施救

如果汽车发生水灾事故，必须对其进行施救。注意事项如下。

1）严禁水中起动汽车。汽车因进水而熄火后，不能贸然起动，否则发动机会因进水而损坏。

2）科学拖车。在对水淹汽车进行施救时，一般应采用硬牵引方式拖车，或将汽车前轮拖起后牵引，一般不要采用软牵引。拖车时一定要将变速杆置于空档，以免车轮转动时反拖发动机运转，导致活塞、连杆、气缸等部件受损。对于自动档汽车，注意不能长距离地被拖曳（通常不宜超过30km），以免损伤变速器。

3）及时检修电气元器件。容易受损的电器（如各类计算机控制模块、音响、仪表、继电器、电动机、开关等）应尽快从车上卸下，排水清洁。电子元件用无水酒精清洗（不要长时间用无水酒精清洗，以免腐蚀电子元件）晾干，避免因进水引起电器短路。

4）及时检查相关机械零部件

① 检查发动机。应检查气缸有没有进水，机油是否进水。检查气缸：将发动机上的火花塞全部拆下，用手转动曲轴，如果气缸内进了水，则从火花塞螺孔处会有水流出来。如果用手转动曲轴时感到有阻力，则说明发动机内部可能存在某种程度的损坏。不要借助其他工具强行转动，要查明原因，排除故障，以免引起损坏的进一步扩大。检查机油里是否进水：将发动机机油油尺抽出，查看油尺上机油的颜色。如果油尺上的油呈乳白色或有水珠，就要将机油全部放掉，在清洗发动机后，更换新的机油。

② 检查变速器、主减速器及差速器。如果上述部件进了水，会使其内的齿轮油变质，造成齿轮磨损的加剧。对于采用自动变速器的汽车，还要检查计算机控制模块是否进水。

③ 检查制动系统。对于水位超过制动主缸的被淹汽车，应更换全车制动液。因为当制动液里混入水时，会使制动液变质，致使制动效能下降，甚至制动失灵。

④ 检查排气管。如果排气管进了水，要尽快地排除积水，以免水中的杂质损坏氧传感器。

5）清洗、脱水、晾晒、消毒及美容内饰。如果车内因潮湿而出现霉味，除了在阴凉处打开车门，让车内水汽充分散发，消除车内潮气和异味外，还需要对汽车内部进行大扫除，更换新的或晾晒后的地毯及座套。同时查看一下车门的铰链部分、行李舱地毯下、座位下的钢铁部分以及备用轮胎的固定锁部位有没有生锈的痕迹。

车内清洁不能只使用一种清洁剂和保护品。由于各部位材质不同，应注意选择不同的清洁剂。多数做车内美容的装饰店会选用碱性较大的清洁剂，这种清洁剂虽然有增白、去污的功效，但如果碱性过强，就会浸透绒布、皮椅、顶篷，最终出现板结、龟裂。专业的做法应该是选择pH不超过10的清洗液，配合车内美容专用的抽洗机，在清洁的同时用大量的循环清水将脏东西和清洗剂带出来，并将此部位内的水汽抽出。还有一种方法是采用高温蒸汽对汽车内的真皮座椅、车门内饰、仪表板、空调风口、地毯等进行消毒，同时清除车内的烟味、油味、霉味等各种异味。

6）维护汽车。如果汽车整体被水浸泡，除按以上方法排水、擦洗消毒等外，最好对全车进行二级维护，全面检查、清理进水部位，通过清洁、除水、除锈、润滑等方式，恢复汽车的性能。

十、前风窗玻璃破碎时的应急技巧

如果行驶途中遇到风窗玻璃碎裂，驾驶人绝对不能惊慌，要把握住转向盘，防止汽车偏离行驶路线，然后缓慢减速，不要突然转动转向盘或过分用力制动。如果是在高速公路上行驶，驾驶人千万不要使用紧急制动。

要把碎裂的前风窗玻璃敲下来并把所有车窗关紧之后才可开车。但不要加快车速，否则车内气压太高，可能会把后风窗玻璃压迫得飞脱出来。

十一、汽车行驶途中抛锚的应急技巧

1）首先要保持镇定，不要惊慌。然后迅速将车移至道路或高速公路的右边允许临时停车的地方。

2）白天在普通公路上，应在来车方向 50～100m 的地方摆放一个三角危险警示牌；如果是在高速公路上，距离至少应是 150m。

3）若没有三角危险警示牌，应将汽车的行李箱盖及发动机盖打开。

4）要打开危险警告灯，示意过往车辆注意减速避让。

5）为了安全起见，不可让乘客留在车内或站在故障车四周。若需要留下来帮忙，应该站在距离来车较远的另一边（右边）。

6）如果车辆在高速公路上抛锚，可立即打电话寻求支援。如果车辆在隧道中抛锚，应该向控制中心寻求支援，请其安排拖车把车辆拖离隧道。随后，可打电话给熟悉的汽车维修厂进行修理。

实用锦囊

异地救援最便捷的方式

遍布全国的汽车 4S 店可以为你的爱车提供异地救援服务。

车友俱乐部一般提供救援服务，但需要加入成为会员后才能享受其服务。一般保险公司的业务中也有事故救援的服务项目，车友可以根据自己投保的保险公司选择救援项目。

无论是自驾游还是外出办事，车辆出现任何意外都可以拨打 114，找到当地的汽车救援公司提供帮助。

十二、汽车发生交通事故的应急技巧

汽车一旦发生交通事故，驾驶人要保持冷静头脑，及时采取正确的措施，最大限度地减小事故损失。

1）立即停车，保护现场。保护事故现场的要点是保护好车辆的制动拖痕及事故发生时的原始状态，双方车辆的位置及车上的散落物，伤（亡）人员的倒位、血迹等。当造成人员死亡时，人体的位置十分重要。

2）及时抢救伤者，采取急救措施，并拦截过路车辆尽快将伤员送到附近医院抢救。必要时可动用肇事车辆，但必须将肇事车的停位及伤员的倒位做出标记。

3）救护车辆，消除危险，防止二次事故发生。发生车辆事故后，除了要注意人员伤亡外，还要注意事故造成的危险因素，如燃油外流、装载有危险品、腐蚀性液体外溢等，要采取必要的措施，防止着火、爆炸和腐蚀事故的发生。

4）发生事故后，应向交通警察报案。可以直接拨打 110 报警电话或 122 交通事故报警电话。

交通警察到达现场后，驾驶人应听从交通警察的指挥且主动如实地反映情况，积极配合交通警察进行现场调查和分析。寻找现场目击证人，并留下证人姓名、家庭住址、联系电话等资料，以供日后联络之用。

在高速公路上发生交通事故时，应注意以下事项。

1）汽车在高速公路上发生事故时，应将车辆停在紧急停车带或路肩上。

2）驾驶人应立即向后续车辆发出危险信号，开启危险警告灯，夜间还需同时开启示宽灯和尾灯，在事故车后至少 150m 处（夜晚至少 250m）设置三角危险警示牌。

3）立即用紧急电话报告交通警察，将事故发生的地点、时间、形态、规模、人员伤亡情况等逐一报告。如车辆载有危险品以及易燃、易爆物品时，应报告这些物品的受损情况。

4）发生事故后，驾驶人和其他乘车人必须迅速转移到右侧路肩上或者紧急停车带内。如有重伤员，可向过往车辆发出求救信号，但不能试图强行拦截车辆求助。不准自行在行车道上抢修车辆。

5）保护好事故现场。

十三、交通纠纷的应急技巧和避免方法

1. 交通纠纷的应急技巧

1）息事宁人化解纠纷。发生交通纠纷在所难免，关键是一旦遇到交通纠纷，应当理智对待，息事宁人化解纠纷。

如果确实是自己一时不慎，冒犯了他人，那就应该主动赔礼道歉，或许误会就容易化解。

如果确实是对方的过错，也不要得理不饶人。有时别人妨碍了自己的正常行驶，就非要以牙还牙，结果很有可能会导致事态恶化。经常在道路上行车，平安无事小心驾驶才是超凡的境界。

2）面对纠纷沉着冷静。如果在行车时遇到恶意寻衅滋事制造事端的人，既不要畏惧也不要冲动，要沉着机智地应对，可在拨打110报警的同时，做好防身自卫的思想准备，并且一定要记清楚滋事方的体貌特征和车牌号码，以便为警方立案查处提供线索和证据。

2. 交通纠纷的避免方法

为了避免交通纠纷，驾驶人应当注意以下几点。

1）保持良好的心态。驾驶人应当加强对交通暴力的自我防范意识，高度重视交通暴力对社会公众和自身利益的危害性。买车是为了缩短在路上花费的时间，提高生活质量，享受现代物质文明给人们带来的快捷、便利和愉悦的感受。

2）严格遵守通行规则。许多交通纠纷是由于当事人一方或双方违反通行规则，扰乱正常的交通秩序而引发的。为了避免交通纠纷，在驾驶车辆时应该严格遵守通行规则，以免路上节外生枝，或因情绪波动而丧失理智。

3）克服不良的驾驶习惯。有些交通纠纷的产生与驾驶人的驾驶习惯有一定的关系。

① 堵车时不要插队。

② 会车时要礼让。

③ 不要带着不满情绪超车。遇到前车让车不及时或者故意不让车时，情绪不要激动，不要赌气，更不能超越前车后立刻急转转向盘或猛踩制动踏板以求报复。

④ 让车就要让出风格。

⑤ 不要与行人、骑车人斗气。遇行人、自行车在道路中间通行或与汽车抢行时，不可大动肝火，更不可表现出过激的行为。

⑥ 不要妨碍他人通行。有些驾驶人在转弯、掉头、靠边停车、驶离停车地点时，常常忽略转向灯的作用。有些驾驶人在非机动车道、人行道行驶，明明是借道通行，本该礼让，却高声鸣笛，驱赶、恐吓骑车人和行人。还有些驾驶人或乘车人在路上停车时不注意观察过往车辆就开门下车，或是停车地点选择不当影响了过往车辆、行人的通行。尤其是雨天行车或行经积水路段时，不顾及行人和骑车人，使泥水飞溅殃及他人，这些都体现了一个汽车驾驶人的社会公德水准。以上这些不顾及他人的行为，迟早是会给自己招惹麻烦的。

第二节　车 辆 自 救

一、汽车侧翻和翻车的自救

（1）汽车侧翻的自救

在车辆半侧翻或侧翻后，应注意防止燃油外溢起火，然后设法将车身回正。

车辆发生侧翻或完成翻转后，一般应用吊车起吊。用吊车起吊时应注意吊车本身的稳定性，并注意吊绳的起吊位置，防止损坏车体。

（2）汽车翻车的自救

1）当驾驶人感到汽车将不可避免地倾翻时，应当用手紧握转向盘，两脚钩住踏板，固定身体，随着车体一起翻转。车内乘客应迅速趴到座椅上，抓住车内的固定物，使身体夹在座椅中，稳住身体，避免身体在车内滚动而受伤。如果在翻车时没系安全带，在车内最安全的位置是身体的纵向位置。这时，必须以前臂抵住转向盘或仪表板，蜷起身体，双手护头，蜷起双膝保护腹部。如汽车向沟内连续翻滚时，身体应尽量往座位下躲缩，避免身体在车内滚动而受伤。

2）如果驾驶室是敞式的，在预感到要翻车时，应抓住转向盘，身体尽量往下躲缩。在车体翻转时，更应抓紧，不可松手，以免身体被甩出车外，被车体碾压。

3）翻车时，不可顺着翻车的方向跳车，防止跳出车外后被车体重新压住，而应向车辆运行方向的后方或翻转方向的相反方向跳跃或跑开一段距离，避免二次损伤。

4）敲碎车窗。如果车门因变形或其他原因无法打开，应考虑从车窗逃生。如果车窗是封闭状态，则应尽快敲碎玻璃。**由于前风窗玻璃的构造是双层玻璃间含有树脂，不易敲碎，而前后门车窗玻璃则是网状构造的钢化玻璃，敲碎一点整块玻璃就全碎，因此应用专业锤在车窗玻璃一角的位置敲打。**

5）逃生先后顺序：如果前排乘坐了两个人，副驾驶人应先出，因为副驾位置没有转向盘，空间较大，易出。

二、汽车陷车的自救

车轮被陷是行车中经常遇到的情况，对陷车的救助可视情况采取下面几种方法。

1）当汽车前轮滑陷时，应挂上倒档后退，绕过滑陷区再继续前进。

2）当汽车后轮滑陷时，应卸载人员、物资，以减轻汽车的负荷。

3）当汽车单边后轮打滑时，应将差速锁锁住，使两后驱动轮同步驱动，驶离打滑区，驶出后应立即分离差速锁。

4）人力协助推出。车轮被陷时，如果前、后桥没有接触地面，可用1档或倒档配合人力协助推出。

用人力协助推出时应注意以下几点：

① 先将车轮打正，以免车轮斜偏，增加前行或后倒时的阻力。

② 推车人员分布在车轮或车厢后方进行推车。如果要使车往后退，推车人员应在车头处推车，车轮行进前方严禁站人。

③ 开始推车时，车辆同时起步，使人员的推力和车辆的动力协调一致。

5）硬木撬抬法。车轮陷入坑内较深，前、后桥已触及地面时，可用坚硬的木杆作为杠杆，用垫木或石块作为木杆的支点，可用人力在另一端压下，使车轮升起。或者用千斤顶将车顶起，使车轮升出陷坑。当车轮升起后，用砖、石等硬质物填入轮下的空隙，并将前、后桥下的泥土挖掉，然后使车轮着地驶出。在挖泥土和填砖、石等硬质物时，为防止车辆滚动，应将变速杆挂入1档或倒档，并拉紧驻车制动器操纵杆。

6）条件允许时，可用其他车辆拖出被陷车辆。用汽车拖被陷汽车时，应根据被陷汽车的情况和地形，决定是向前还是往后拖。

7）绞盘拖曳法。带有绞盘装置的汽车被陷时，可在绞盘钢索允许的范围内选择坚固物体，将钢索一头固定在物体上，然后开动绞盘驶出泥坑。如果绞盘的牵引力不足，可以在钢索上加滑轮，以增加牵引力。如果周围没有固定物体，可在前方打下木桩代替，也可使用停着的车辆代替。但停着的车轮必须用三角木固定，或停着的车辆在绞盘开动时，同时起步拖曳，以增大牵引力。

特别提醒

在泥泞路段行驶的汽车被陷较深时，切不可采取猛抬离合器和猛踩加速踏板的方法前冲或后倒，以防损坏传动机件，给行车造成更大的困难，而且由于驱动轮打滑高速空转，会使车轮越陷越深。

第五章

节油与节胎的驾驶操作技巧与禁忌

第一节　节油的驾驶操作技巧与禁忌

对于一定的车型和环境条件而言，如何使汽车更省油，完全取决于汽车的技术状况和驾驶人的使用技术水平。

一、汽车技术维护

汽车只有在良好的技术状况下，燃油的能量才能充分发挥并得到有效利用，从而达到省油的目的。

（1）保持发动机具有良好的技术状况

发动机技术状况可由汽车的加速时间来判断。若汽车的加速时间在正常数值范围内，则表示发动机的技术状况正常；若汽车加速时间过长而底盘技术状况良好，则说明发动机技术状况不良。为此，应重点维护或检查下列内容。

1）检查空气滤清器，确保其清洁畅通。经常保持其清洁畅通，可节油5%。

2）检查电控燃油喷射系统，确保其工作正常。对于电子控制燃油喷射系统的发动机，当传感器不能准确进行检测时，会向发动机计算机控制模块传递错误的电信号，导致喷油量失准，油耗增加。

3）检查点火系统，确保其点火正常。检查火花塞是否经常保持清洁干燥和正常的间隙，电极是否完整无油污、绝缘无破损等，如有损坏，应更换火花塞。检查点火能量，从分电器端拔下中央高压线进行试火，若有强力的火花，则表示点火系统正常。

4）检查气缸压缩压力，确保压力正常。定期检查气缸压缩压力，若气缸压力过低（在原厂标准的75%以下），则说明气缸、活塞、活塞环、气门等机件磨损严重，导致密封不严，应视需要研磨气门或更换活塞环，以保持合适的气缸压力；若气缸压力过高，高于原厂标准压力，则说明燃烧室有积炭，使压缩比过大，这样容易导致爆燃，点火提前角减小，同样引起燃油消耗增加，此时应清除积炭，保持燃烧室清洁。

5）改善润滑条件，确保润滑良好。定期更换机油，选择合适的机油，保证良好的润滑，减少摩擦损失，从而节省燃油。

选择机油时，应重点考虑机油的黏度。原则是，在满足发动机运动件承载能力的前提下，尽可能选择黏度较低的机油。

（2）保持底盘具有良好的滑行性能

试验表明，汽车的滑行距离每增加10%，其燃油消耗可减少5%。

1）确保传动机件处于正常状态，润滑良好。应使用黏度合适、抗磨性好及黏温性能符合要求的齿轮油，以减少能量损失，降低燃油消耗。

2）确保轮毂轴承松紧度调整合适。在汽车行驶途中停车时，如感觉轮毂和制动鼓有发热烫手的情况，则可能是轮毂轴承间隙调整不合适，须重新进行调整。

3）确保制动器调整正确。制动器间隙的调整对汽车燃油消耗的影响较大。制动器的间隙应调整合适，做到既要保证可靠的制动，又要保证在放松制动踏板后，车轮没有拖滞现象。

4）确保前轮定位符合标准。当前轮出现摆头现象、轮胎发生异常磨损时，应检查前轮定位值，特别是前束值，并进行必要的调整，确保前轮定位正确。

实用锦囊

何时应该做四轮定位

1）车辆直行时转向盘是偏的。
2）双手离开转向盘时车辆会向左或向右偏滑。
3）轮胎磨损不正常，有严重的“吃胎”现象。
4）车身会跳动不稳。
5）转向盘会左右晃动。
6）行驶时有浮游的情形。
7）车辆有杂音或怪声出现。

二、节油驾驶操作技巧

1. 手动档汽车节油驾驶技巧

（1）正确平稳起步

现代轿车冷起动后，暖机时间不要过长，应迅速起步，用低速行驶200m左右后转入正常行驶。在冬季下雪气温较低时，原地暖机 1～2min 即可。

（2）操作脚轻手快

所谓“脚轻”，就是操纵加速踏板要做到“轻踩缓抬”，即轻慢踩下加速踏板，缓慢放松加速踏板。

所谓“手快”，就是首先把握好换档时机，提速时要使发动机保持在中等负荷范围，不要让发动机转速过高；当行驶阻力增大，发动机动力不足时，要及时减档。其次是换档动作要迅速准确，缩短换档过程中发动机的空转时间，以避免造成不必要的动力损失。

（3）合理使用档位

汽车行驶时应尽量选择最高档。汽车在一般道路上，可使用高速档位行驶，但在行驶中深感动力不足时应及时减档，而不应将加速踏板踩到底，以免增大油耗，也不能低速档高速行驶，以免发动机转速过高而导致油耗增加。**一般不大于加速踏板踏板全程的 75% 时耗油最低。**

（4）控制中速行车

经济车速运行时油耗最低。但通常由于经济车速太低，影响汽车运输效率，因此不应在这种车速下行车。但车速过高时，由于汽车行驶阻力过大，油耗会随车速的增加而迅速增长，导致行车不经济，因此，应选择中速行车。在高速公路上行车时，如果情况允许，车速保持在 90～100km/h，比较省油。

（5）保持跟车距离

如果道路拥堵，而前车又经常制动，就应该与前车保持足够的跟车距离，这样既可以从容减速，又可以减少制动次数，以达到省油的目的。

（6）保持适宜的冷却液温度

发动机冷却液温度在 80～95℃时油耗较低，因此，在汽车行驶过程中，驾驶人要注意观察发动机冷却液温度表，当温度过高或过低时，都必须采取相应措施，确保发动机冷却液温度最佳，以达到省油的目的。

2. 自动档汽车的驾驶节油技巧

1）短时间停车时，只要踩住制动踏板就可以了。但如果停车时间超过 2min，就应该挂入 N 位，这样可以保护变速器，避免自动变速器油过热；如果停车时间超过 5min，最好熄火。

2）在起步加速时，不要猛踩加速踏板不放，这样只会使发动机转速增高从而增加变速器的磨损，导致燃油的无谓浪费。正确的方法是：**轻踩加速踏板，循序渐进地均匀提速，待速度提高后再加速行驶。**

3）自动档车使用 D 位爬坡时，如果感觉到无论怎样踩加速踏板也不能使发动机输出的动力像行驶在平坦路面上一样强劲，应当立即换到高转矩的低速档爬坡，这样不仅省油，还能减少或避免发动机的磨损。在城市道路遇到上坡时不要猛加油，应该在上坡前加油提速。

4）驾驶自动档汽车下长坡时，可以根据坡度和车速将档位切换到3档或2档，这样就可以达到通过档位限制控制车速的目的。

5）自动档汽车在市区行驶时，如果车速无法超过60km/h，应选用低于前进档的一个档位。当车速超过60km/h以后，使用前进档行驶。在山路行驶时，则要依据情况使用2档和1档，除了可以维持强劲的转矩输出外，发动机的牵阻作用更可以避免过度使用行车制动，能够确保行车安全。

3. 驾车节油九招

1）冷车起动发动机，不可“热身”过度，发动机运转就要消耗燃油。若等待时间过长时，干脆关掉发动机，这样既可降低污染，也能节约燃料。

实用锦囊

点火后，不要立即用高速行驶。应该慢慢行走几分钟，然后逐渐把速度提起来。冬天的时候慢行驶的时间可以延长一些，平时则不用。

避免不必要的怠速运转。一般汽车怠速运转1min以上所消耗的燃油要比重新起动所消耗的燃油多，所以，如果停车时间较长时，可以将发动机熄火。

2）确保轮胎气压正常。轮胎气压不够或气压太高，都会增加油耗，因此应该定时检查轮胎气压。最好换成节油轮胎，如子午线轮胎。但不要随意更换轮胎的大小，要定期检查转向盘和轮胎是否调准。轮胎和转向盘如果失准，也会多耗油。

3）发动机使用规定的机油，并使用黏度最低的机油。机油黏度越低，发动机就越省力，也就越节油。及时养护发动机，有故障立刻修好，因为不论问题大小，它们都会降低发动机的效率，浪费汽车燃油。

4）行驶中应尽量避免突然加速和减速。行车中应力求保持车速平稳，切忌突然加速和减速。

5）保持合理的行车速度。一般可把发动机转速掌握在2200～2500r/min即可。

6）正确掌握变速时机。换档要及时准确，过早过迟都会增加油耗。起步用1档，动起来就换2档，接近或超过20km/h时换3档，接近或超过40km/h时换4档，接近或超过50km/h时换5档；减速时反过来减档。

7）上路前计划好行车路线，不少驾驶人都没有养成这个习惯，结果走了不少冤枉路，也增加了燃油消耗。

8）正确使用空调。

① 汽车在烈日下曝晒后，车内温度很高，这时应先将所有车门及车尾的行李厢打开，然后再打开空调，这样会比在封闭空间内直接打开空调更容易降低车内温度，当然也更节油。

② 车内温度比外部低5℃左右最合适，在旅途中随时调节车内温度，能够让空调导致的额外能源消耗降到最低。不需要使用空调时，应当将空调完全关闭，这

样不仅能降低油耗，还能减少空调的磨损。

特别提醒

有的驾驶人为了节油，采取高速时关闭空调而打开车窗通风的办法。实际上，当车速高于85km/h时，开窗后的空气阻力所消耗的燃油要比空调系统消耗的燃油更多。

9）做好汽车的维护

① 加强空气滤清器的保养，如空气滤清器过脏或堵塞，将使混合气过浓，增加燃油消耗。

② 火花塞电极间隙调整适当，并保持清洁。否则将影响火花质量，增加燃油消耗。

③ 制动器的调整与燃油消耗也是有关系的。调整制动器，使其必须保证制动的灵敏与可靠，同时也应具有解除制动迅速、无拖滞和“发咬”现象。这既是节油的需要，也是安全行车的保证。

④ 及时更换机油、齿轮油、后桥双曲线齿轮油和锂基脂润滑油。

三、柴油车驾驶操作节油技巧

1）合理使用断油装置。许多驾驶人认为高速空档滑行可以节油，其实对柴油车来说并不节油，而且很不安全。因为柴油车空档怠速滑行时，柴油机怠速情况下每个工作循环的耗油量仍较大，另外柴油车的助力转向装置受柴油机的转速控制，转速低，助力差。

若柴油车挂高速档滑行，使柴油机既以高于怠速的转速运转又使其供油处于怠速状态，那么高压泵调速器控制油量调节拉杆（或齿杆）会向减油方向移动而断油，从而可以节省柴油。

2）制动时充分利用排气制动。使用排气制动，压缩气体分为两路，一路控制柴油机排气阀关闭，另一路控制高压泵油量调节拉杆（或齿杆）向减油方向移动而断油，从而可能节省柴油。

3）良好的操作习惯，行车时不要将脚放在离合器踏板上，合理变换档位，避免高档低速或低档高速行驶，加速踏板轻踩缓抬，平稳行驶。

4）充分利用柴油机经济转速。每台柴油机都有经济转速，在经济转速下行驶，柴油机的配气最佳，排气充分，燃烧完全，故节油效果最好。

5）保持最佳水温。柴油机的水温在80～90℃时柴油蒸发、雾化最好，有利于混合气的形成。

6）保持柴油机技术状况良好。柴油机的气缸压力，配气相位，燃烧供给系统、冷却系统、润滑系统的技术状况与节油息息相关，定期对柴油机进行维护，保持其良好的技术状况，自然能够节油。

7）保持汽车传动和行驶系统技术状况良好。柴油车传动和行驶系统的各部件总成间隙合适，轮胎气压符合规定，可以有效地减少行驶阻力，从而达到节油的目的。

第二节　节胎的驾驶操作技巧与禁忌

一、正确选择轮胎和使用轮胎

试验表明，子午线轮胎与普通斜交轮胎相比，油耗减少6%～8%。

确保轮胎气压正常，可以减少燃油消耗。试验表明：当轮胎气压低于标准气压30%时，燃油消耗将增加12%。因此，应经常检查轮胎气压，并确保轮胎气压正常。

1. 选配轮胎的方法

原则上要按照车辆使用说明书的规定选用轮胎的规格牌号。实际选配时，轮胎的尺寸规格应符合原车的要求；轮胎的速度等级必须与车辆最高行驶速度相适应；轮胎的负荷能力要与载重量相适应；轮胎的花纹要与道路条件相适应。**轮胎的尺寸规格、速度等级及负荷能力均标记在胎侧，选用时必须认真核对，使轮胎的规格、性能完全符合该车型及运用条件的要求，这是用好轮胎的前提条件。**

特别提醒

1）同一辆车所装的轮胎，其厂牌、花纹应一致，不允许混装不同规格的轮胎。否则会使轮胎磨损加剧、油耗增加，破坏汽车的操纵稳定性。

2）换用新轮胎时，最好全车成套更换。如不能这样，应尽量避免只换一个轮胎，最少应同时更换一根轴上的轮胎，不允许在同一轴上装用新旧差异较大的轮胎。

2. 合理使用汽车轮胎

（1）保持合适的轮胎气压

轮胎气压过高或过低，对汽车的使用性能都不利。如轮胎气压过低，会使轮胎的滚动阻力加大，汽车动力性变差，汽车油耗上升，同时汽车操纵性也受到影响；如轮胎气压过高，则轮胎与路面的附着性能下降，汽车制动距离延长，易发生侧滑。轮胎气压过高或过低还会加剧轮胎的磨损，缩短轮胎的使用寿命。

（2）防止轮胎超载

汽车在使用过程中不得超载，轮胎的负荷不应超过额定负荷。运行试验表明：

在转弯和不平路面上行驶时，如轮胎负荷超过20%，则其行驶里程会缩短35%；轮胎负荷超过50%，则行驶里程会缩短59%；轮胎负荷超过100%，则行驶里程会缩短80%以上。因此，汽车必须按标定的容载量装货或载客，以防超载。同时，要注意货物装载平衡，不得偏载，防止个别轮胎超载。

（3）轮胎应定期换位

由于汽车在行驶过程中，前后轮的载荷、受力及功能不同，因而汽车轮胎的磨损不同，为保持同一辆车的轮胎磨损均匀，延长轮胎的使用寿命，并使其寿命趋于一致，轮胎应定期换位。轮胎每行驶15000～20000km，应按一定的顺序进行一次换位。

特别提醒

轮胎换位应注意以下事项：

1）轮胎换位方法选定后，就按顺序定期换位，换位方法只能一用到底，不可改变，否则将对轮胎磨损不利。

2）对有方向性的花纹轮胎，换位后不能改变旋转方向。

3）子午线轮胎换位后，其旋转方向最好不要改变。

4）轮胎有异常磨耗时，可在故障排除后提前换位。

5）前后车轮的轮胎帘线层数不同、承载负荷不同时不能随便换位。

6）轮胎换位后，应按所换的胎位要求，重新调整胎压至规定值。

3. 轮胎防护要点与禁忌

1）防爆胎。爆胎的原因很多，如轮胎的质量问题、轮胎安装不当、轮胎混装、轮胎的气压过高或过低、车辆超载或装载不平衡、车速太高、驾驶方法不当及轮胎的温度太高等。

为预防轮胎爆胎，使用中应重视平时对轮胎的维护和检查。

① 对轮胎充气时，气压应符合出厂说明或胎面上标定的要求。在轮胎使用过程中应勤检查，并用气压表测量，气压不足，一定要充气，不可勉强使用。

② 在每次车辆保养时应进行轮胎换位。为让轮胎均匀磨耗，延长其使用寿命，必须根据磨耗情况进行换位。轮胎换位的具体情况应按有关规定执行。

③ 中速行驶，不超载，不驾车走危险地带，做到安全行车。

④ 收车后检查轮胎以下项目。

▶ 检查气门嘴是否漏气，气门嘴、气门帽是否齐全，必要时检查轮胎的气压是否符合标准。

▶ 检查胎面是否有严重的损伤、较大的裂口、割伤和刺穿漏气现象，如有，应及时修理。

▶ 检查轮胎之间或轮胎花纹中是否有钉子、玻璃、石块、砖头等，如有，应予以清除。

▶ 擦掉胎面上沾有的油类污物，保持胎面清洁，以免轮胎腐蚀、老化。

2）防缺气碾胎。轮胎气压是否符合标准是节胎的重要因素。上车前、行车途中、收车后应及时检查轮胎气压及产生缺气的原因，并予以排除，以防因缺气碾胎。

3）防铁钉及尖锐杂物损伤轮胎。汽车出入工厂、工地、施工路段，应防止螺栓、铁钉、尖石及杂物扎伤轮胎。开车时应选择路面，尽量避让有害物，待通过后应停车检查。

4）防轮胎老化及油、酸、碱侵蚀轮胎。油污（汽油、机油、润滑脂等）及含酸性或碱性的化学物质，能引起橡胶的化学变化，使橡胶发黏膨胀，降低橡胶的韧性、弹性和耐磨性。对轮胎进行保养作业时，应避免油类接触轮胎，更不能在轮胎上抹黄油。停车时要注意轮胎下面是否有废油。

5）防机件损伤轮胎。汽车底盘发生故障或调整校修不当，都会使轮胎造成不正常的磨耗和损伤。

6）防轮胎被冻。冬季停车时，应选择路面无积水的地方，防止轮胎被冻住。

7）防恒压变形。车辆长期停驶或车辆载重停放超过三天，应将车桥垫起，使车轮悬空，卸去轮胎的负荷。

8）防日光暴晒。在高温季节，应将车停在阴凉处，防止车辆被晒导致轮胎提前老化。

二、节胎驾驶技巧与禁忌

1. 节胎驾驶技巧

1）起步不可过猛，尤其是轿车，起步过猛时，驱动轮会相对地面滑转，加速轮胎的磨损。

2）根据道路情况行车。路面的种类及状况对轮胎使用寿命的影响很大，驾驶人应根据道路条件选择路面，掌握适当的行车速度。

3）合理控制车速。车速越高，汽车行驶时轮胎受到的冲击力越大，轮胎的使用寿命越短。而且车辆经常处于高速行驶，会使轮胎温度升高过快，致使橡胶老化加速和帘线层的耐疲劳强度降低，从而使轮胎早期损坏或爆破。

4）尽量避免紧急制动。紧急制动不仅会加剧轮胎的磨损，而且容易引起轮胎的脱胶和爆裂。

5）控制轮胎温度。在高温气候或者汽车长时间连续行驶时，应注意检查轮胎的温度。当发现轮胎温度过高时，应暂时停车休息，待轮胎自然降温后，再继续行驶。

6）常检查轮胎的外观和磨损程度。常检查轮胎有没有断线、鼓包引起的裂缝，轮胎侧面的磨损标记是否露出，如果有上述现象，必须立即更换轮胎。另外，还要及时清理轮胎花纹中的异物。

7）给轮胎卸载。对于重载过夜的汽车，或者长时间停放不动的汽车，可将车桥支起，以卸除轮胎的负荷。

2. 常见轮胎不正常磨损及其原因

1）外侧边缘磨损。如果顺行驶方向观察，在轮胎的外侧边缘有较大的磨损，说明轮胎经常处于充气不足状态，即压力不够。应多检查几次轮胎压力，并按标准气压充气。

2）凸状及波纹状磨损。如果发现轮胎着地部分的两侧呈凸状磨损，而且轮胎周边也呈波纹磨损，说明汽车的减振器、轴承及球形联轴节等部件磨损较为严重。由于更换新轮胎费用较高，建议在更换轮胎前，先检查悬架系统的磨损情况，更换磨损部件，否则即使更换轮胎也无济于事。

3）表面均匀磨损。轮胎的均匀磨损是正常现象，其各部分都会有相应的表现。不过一旦花纹已经磨平，则说明轮胎的寿命已尽，必须更换。另外，花纹还有排遣路面积水的功能，它也是保持汽车地面附着力的重要因素。如果磨损已达1.6～2mm，应立即更换。

4）轮胎内的“暗伤”。车辆与硬物发生冲撞后，如撞在便道边沿或在瘪胎状态下行驶后，轮胎的橡胶层会有严重划痕，影响密封程度。在此情况下，轮胎会漏气或破裂。如面积较小，当然可以修补，但若想长途行驶则必须立即更换。

5）中心部分磨损。如果轮胎着地部分的中心出现严重磨损的情况，表明轮胎经常处于充气过满的状态，此时应检查压力表是否准确，并调整好压力。

6）轮胎侧面裂纹。多因保养不善或常行驶于多石子的路面及建筑工地上，以致坚硬物体接触到轮胎，在重压下造成轮胎内层的破损，此时应更换轮胎。

7）轮胎出现鼓泡。轮胎侧面出现鼓泡是因为轮胎内层尼龙网或钢丝网有断裂而造成的，如果碰到硬物或高速行驶时容易导致爆胎，最好及时更换。

8）轮胎内侧磨损。轮胎内侧磨损，外层边缘呈毛刺状，表明轮胎已经变形，两个轮胎的对称性已受到影响。应检查和更换减振器、球形联轴节等配件，同时应检查前轮定位。

9）轮胎局部磨损。如果轮胎表面只有一块大面积磨损，则说明是紧急制动造成的。在这种情况下，无论如何都必须更换轮胎，更换时可以把旧轮胎暂时换到后轮，以保证安全。

3. 节胎驾驶的十四禁忌

1）一忌轮胎气压不正常。

2）二忌制动过频。在水泥路面上，紧急制动过后，会在地面上留下一条黑色的拖痕，这就是从轮胎上磨损下来的橡胶。即使是带ABS（防抱死制动系统）的汽车，紧急制动对轮胎也是有很大伤害的。

3）三忌无故急转弯。急转弯时，在离心力的作用下内侧的车轮会抬起，负荷减小，外侧的车轮负荷增加，会造成瞬间超载。

4）四忌起步过猛。汽车起步过猛，轮胎会由静止突然转动，引起轮胎打滑，与地面剧烈摩擦，将加速轮胎的磨损。特别是在寒冷地区，由于气温低，轮胎的物理、机械性能将会下降。如果在冰雪路面停驶一段时间，轮胎接地部分可能被冻结，在起步时应特别小心，以防胎面被撕裂或造成胎面与胎体脱层。

5）五忌加速过急。

6）六忌上坡时猛冲硬撑。上坡时要及时换档，尽量避免中途停车起步，防止轮胎滑转。下坡时，应挂低档缓行，不可在下陡坡车速快时采取紧急制动的操作方法，否则会危及行车安全，并会加速轮胎磨损。

7）七忌超载、偏载。超载、偏载都会造成轮胎的负荷过重，加速磨损。

8）八忌选配不当。同一辆汽车，至少是同轴上要选用规格、尺寸、花纹、帘布材料、层级相同的轮胎。

9）九忌不及时进行轮胎换位。通常在汽车二级养护时或发现轮胎磨损异常时，需进行换位。

10）十忌前轮前束值不正确。前轮前束属于前轮定位的项目，若前轮的前束值没调好，既增加行驶阻力，多费燃料，又造成轮胎的严重磨损。

11）十一忌轮毂轴承紧度不合适。轮毂轴承紧，则行驶阻力大、费油；轴承紧度松，则轮胎行驶时偏摆，造成轮胎不正常磨损。

12）十二忌保管不善。主要是防止日光长期照射，防高温火烤，防恒压变形，防酸、碱、盐类化工产品对轮胎的腐蚀，防油渍侵蚀。

13）十三忌不及时清理夹杂物。除了须例行检查轮胎压力、强度、螺母的松紧度外，还要在停车休息时查看轮胎花纹中是否夹石子，是否扎铁钉，双轮胎间是否夹砖块，一旦发现要及时清除。发现轮胎被扎或被划破口子，要及时换用备胎，防止裂口扩大，给修补造成困难。

14）十四忌不及时拆掉防滑链。在泥泞路、冰雪路段行车，若装有防滑链，在通过难行路段后，要及时拆下，以防止链条对轮胎的损害。

附 

容易混淆的交通标志和标线

	禁止通行标志		禁止驶入标志		注意信号灯标志
	环岛行驶标志		环行交叉标志		注意潮汐车道标志
	左右绕行		左侧绕行标志		右侧绕行标志
	靠右侧道路行驶标志		靠左侧道路行驶标志		单行路（向左或向右）标志
	单行路（直行）标志		直行标志		直行车道标志
	两侧变窄标志		窄桥标志		事故易发路段标志

（续）

注意危险标志	注意非机动车标志	非机动车车道标志
减速慢行标志	步行标志	注意儿童标志
双向交通标志	注意行人标志	人行横道标志
会车让行标志	会车先行标志	路口优先通行标志
停车让行标志	减速让行标志	注意保持车距标志
机动车行驶标志	禁止机动车驶入标志	机动车车道标志
非机动车行驶标志	禁止小型客车驶入标志	多乘员车辆专用车道标志
非机动车车道	禁止非机动车进入标志	注意前方车辆排队标志

（续）

标志	名称	标志	名称	标志	名称
	易滑标志		过水路面标志		渡口标志
	有人看守的铁路道口标志		无人看守的铁路道口标志		铁路道口标志（叉型符号）
	铁路道口标志（一道斜杠符号，距离无人看守的铁路道口 50m）		铁路道口标志（二道斜杠符号，距离无人看守的铁路道口 100m）		铁路道口标志（三道斜杠符号，距离无人看守的铁路道口 150m）
	禁止停车标志（禁止临时或长时间停车）		禁止长时间停车标志		错车道标志
	旅游区方向		紧急电话		紧急停车带
	露天停车场		室内停车场		此路不通标志
	停车区预告		服务区预告		停车场预告

（续）

	限制宽度标志		限制高度标志		反向弯路标志
	限制速度标志		解除限制速度标志		连续弯路
	最低限速标志		注意合流标志		两侧通行标志
			注意分流标志		
	左侧通行标志		右侧通行标志	 禁止长时间停车线	
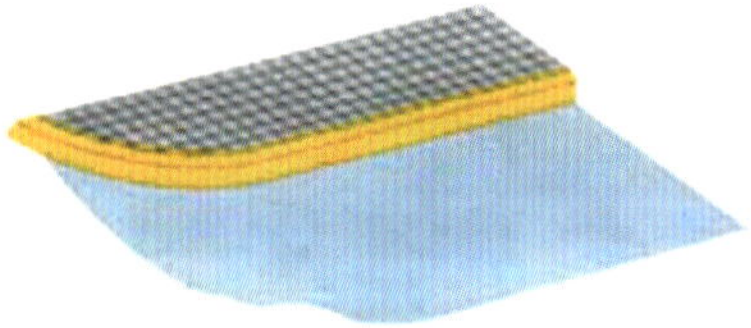 禁止停车线			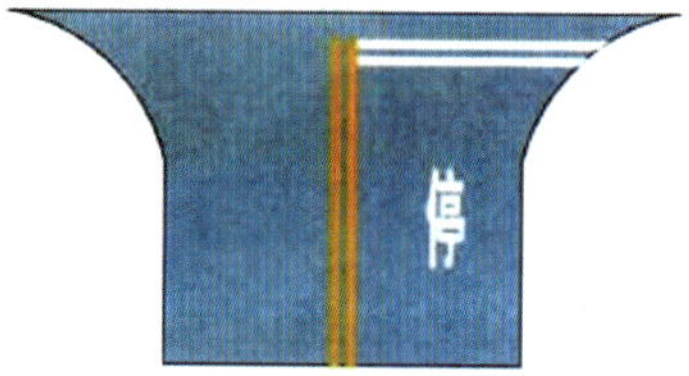 停车让行线		
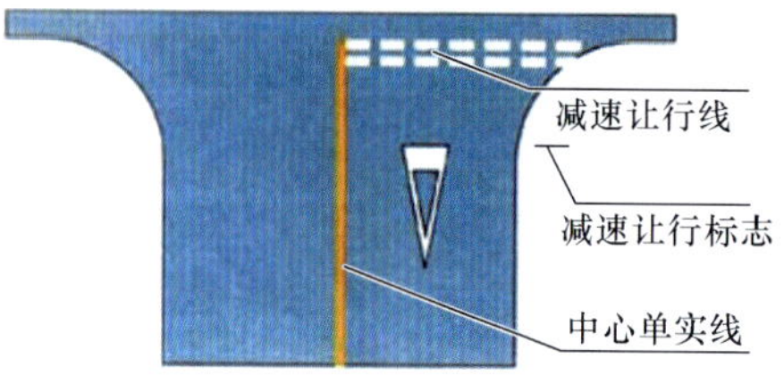 减速让行线					

减速让行线
减速让行标志
中心单实线